A RECONFIGURAÇÃO DO PODER GLOBAL
EM TEMPOS DE CRISE

Cristina Soreanu Pecequilo

Mestre e Doutora em Ciência Política/USP

Professora de Relações Internacionais da UNIFESP e dos Programas de Pós-Graduação em Relações Internacionais San Tiago Dantas (UNESP/UNICAMP/PUC-SP) e em Economia Política Internacional da UFRJ. Pesquisadora do CNPq e do Núcleo Brasileiro de Estratégia e Relações Internacionais (NERINT/UFRGS).

crispece@gmail.com

CRISTINA S. PECEQUILO

A RECONFIGURAÇÃO DO PODER GLOBAL EM TEMPOS DE CRISE

ALTA BOOKS
GRUPO EDITORIAL
Rio de Janeiro, 2023

A Reconfiguração do Poder Global em Tempos de Crise

Copyright © 2023 da Starlin Alta Editora e Consultoria Eireli.
ISBN: 978-85-508-1877-1

Impresso no Brasil — 1ª Edição, 2023 — Edição revisada conforme o Acordo Ortográfico da Língua Portuguesa de 2009.

Todos os direitos estão reservados e protegidos por Lei. Nenhuma parte deste livro, sem autorização prévia por escrito da editora, poderá ser reproduzida ou transmitida. A violação dos Direitos Autorais é crime estabelecido na Lei nº 9.610/98 e com punição de acordo com o artigo 184 do Código Penal.

A editora não se responsabiliza pelo conteúdo da obra, formulada exclusivamente pelo(s) autor(es).

Marcas Registradas: Todos os termos mencionados e reconhecidos como Marca Registrada e/ou Comercial são de responsabilidade de seus proprietários. A editora informa não estar associada a nenhum produto e/ou fornecedor apresentado no livro.

Erratas e arquivos de apoio: No site da editora relatamos, com a devida correção, qualquer erro encontrado em nossos livros, bem como disponibilizamos arquivos de apoio se aplicáveis à obra em questão.

Acesse o site www.altabooks.com.br e procure pelo título do livro desejado para ter acesso às erratas, aos arquivos de apoio e/ou a outros conteúdos aplicáveis à obra.

Suporte Técnico: A obra é comercializada na forma em que está, sem direito a suporte técnico ou orientação pessoal/exclusiva ao leitor.

A editora não se responsabiliza pela manutenção, atualização e idioma dos sites referidos pelos autores nesta obra.

Dados Internacionais de Catalogação na Publicação (CIP) de acordo com ISBD

P365r   Pecequilo, Cristina Soreanu
            A reconfiguração do poder global em tempos de crise / Cristina Soreanu Pecequilo. - Rio de Janeiro : Alta Books, 2023.
            320 p. ; 16cm x 23cm.

            Inclui bibliografia e índice.
            ISBN: 978-85-508-1877-1

            1. Economia. 2. Geoeconomia. 3. Geopolítica. 4. Crises. 5. Poder. I. Título.

2022-2814   CDD 330
                                                   CDU 33

Elaborado por Odilio Hilario Moreira Junior - CRB-8/9949

Índice para catálogo sistemático:
 1. Economia 330
 2. Economia 33

Produção Editorial
Grupo Editorial Alta Books

Diretor Editorial
Anderson Vieira
anderson.vieira@altabooks.com.br

Editor
José Ruggeri
j.ruggeri@altabooks.com.br

Gerência Comercial
Claudio Lima
claudio@altabooks.com.br

Gerência Marketing
Andréa Guatiello
andrea@altabooks.com.br

Coordenação Comercial
Thiago Biaggi

Coordenação de Eventos
Viviane Paiva
comercial@altabooks.com.br

Coordenação ADM/Finc.
Solange Souza

Coordenação Logística
Waldir Rodrigues

Gestão de Pessoas
Jairo Araújo

Direitos Autorais
Raquel Porto
rights@altabooks.com.br

Produtor Editorial
Thales Silva

Produtores Editoriais
Illysabelle Trajano
Maria de Lourdes Borges
Paulo Gomes
Thiê Alves

Equipe Comercial
Adenir Gomes
Ana Carolina Marinho
Ana Claudia Lima
Daiana Costa
Everson Sete
Kaique Luiz
Luana Santos
Maira Conceição
Natasha Sales

Equipe Editorial
Ana Clara Tambasco
Andreza Moraes
Arthur Candreva
Beatriz de Assis
Beatriz Frohe
Betânia Santos
Brenda Rodrigues
Caroline David
Erick Brandão
Elton Manhães
Fernanda Teixeira
Gabriela Paiva
Henrique Waldez
Karolayne Alves
Kelry Oliveira
Lorrahn Candido
Luana Maura
Marcelli Ferreira
Mariana Portugal
Matheus Mello
Milena Soares
Patricia Silvestre
Viviane Corrêa
Yasmin Sayonara

Marketing Editorial
Amanda Mucci
Guilherme Nunes
Livia Carvalho
Pedro Guimarães
Thiago Brito

Atuaram na edição desta obra:

Revisão Gramatical
Flavia Carrara
Thamiris Leiroza

Diagramação
Rita Motta

Editora afiliada à:

ALTA BOOKS
GRUPO EDITORIAL

Rua Viúva Cláudio, 291 — Bairro Industrial do Jacaré
CEP: 20.970-031 — Rio de Janeiro (RJ)
Tels.: (21) 3278-8069 / 3278-8419
www.altabooks.com.br — altabooks@altabooks.com.br
Ouvidoria: ouvidoria@altabooks.com.br

Ao CNPq pela Bolsa Produtividade em Pesquisa

Às Equipes de Monitoria da UNIFESP do Projeto "Pensando a Política Internacional", que, desde o seu início, contribuem para o debate das grandes questões internacionais.

Sumário

Introdução 1

Capítulo 1
O Poder e a Liderança no Século XXI:
Um Novo Paradigma? 7

    1.1 O Poder..8
    1.2 A Liderança 22

Capítulo 2
A Geopolítica 29

    2.1 A Tradição Geopolítica...31
    2.2 A Dimensão Clássica (1899/1945) 38
    2.3 A Evolução Contemporânea (1946/1989) 52
    2.4 Da Invisibilidade aos Grandes Jogos de Poder
        (1990/2021)..69

Capítulo 3
A Geoeconomia 95

    3.1 Os Antecedentes (1945/1988)............................. 100
    3.2 A Geoeconomia em Foco (1989/2021).................113

Capítulo 4
O Panorama das Crises   **137**

4.1 A Economia: Da Recessão de 2008 ao
Choque dos Modelos 138

4.2 Os Desequilíbrios Sociais e Ambientais 154

4.3 Política, Polarização e Conflito........................171

4.4 A Covid-19 e as Emergências Sanitárias........... 191

Capítulo 5
A Reconfiguração do Poder Global   **213**

5.1 Os Estados Unidos e a China:
Os Polos em Disputa.. 214

5.2 A União Europeia e o Japão:
Força e Fraqueza.. 231

5.3 A Rússia e a Índia:
Sobre Novos Velhos Poderes................................ 246

5.4 A África e o Oriente Médio:
Tabuleiros em Xeque 262

5.5 A América Latina e o Brasil:
Ainda no Jogo?... 277

Considerações Finais   **285**

Referências   **287**

Índice   **307**

Introdução

Ao longo das últimas décadas, o século XXI caracteriza-se por uma série de crises que se alternam e se sobrepõem. De naturezas multidimensionais, econômicas, sociais, políticas, culturais, estratégicas, diplomáticas e sanitárias, como a mais recente representada pela pandemia da Covid-19, essas crises possuem escala global e efeitos sobre o cotidiano. Devido a essas características, essas tensões demandariam respostas na mesma dimensão internacional, por meio da cooperação e da coordenação de ações públicas e privadas.

Guardadas poucas exceções, o que se observa é o oposto: um acúmulo de problemas, processos de exclusão, radicalização e polarização, que fragmentam e individualizam esforços que poderiam ser coletivos. As soluções parecem impossíveis em curto e médio prazo, e o longo prazo apenas parece anunciar novos desafios. A sensação e a percepção social oscilam entre um cenário de exacerbado pessimismo, um otimismo descontrolado ou uma inércia generalizada. A normalização dos fatos vale tanto para as tragédias quanto para as conquistas, o discurso fácil da autoajuda é buscado para suprir o vácuo ou simplesmente predomina a atitude do "aproveitar ao máximo", sem se atentar às consequências. Tudo se torna muito imediato e intenso e de fácil esquecimento pouco tempo depois. Em meio a isso, deixam-se de compreender as causas e consequências das realidades vividas.

Basta lembrar que o próprio século XXI iniciou-se à luz de uma catástrofe antecipada: o *bug* do milênio, que previa que na virada de 1999 a 2000 todos os sistemas de informática do mundo parariam devido a uma falha de programação de software que faria com que os computadores voltassem ao ano 1900. Serviços públicos e privados seriam paralisados (transporte, telecomunicações, abastecimento de itens básicos como água, gás e luz), governos, empresas e hospitais deixariam de funcionar, centrais e armas nucleares, aparatos de guerra sairiam de controle, dados seriam irremediavelmente perdidos. Nas sociedades mais informatizadas do mundo desenvolvido, Estados Unidos (EUA) e União Europeia (UE), a sensação de pânico iminente, estabelecia o dia 31 de dezembro de 1999 como o fim do mundo. Contudo, o *bug* do milênio teve poucas implicações práticas, uma vez que se tratava de um erro de software que foi facilmente corrigido quando identificado.

Em 2001, pouco tempo depois, os atentados terroristas às cidades de Nova York e Washington nos EUA levaram a uma espiral de pânico, com consequências abrangentes: uma guerra global contra o terrorismo; duas guerras em solo no Oriente Médio deflagradas pelos EUA — o Afeganistão (2001/2014) e o Iraque (2003/2011) —, cujos subprodutos foram a Primavera Árabe e a emergência do Estado Islâmico (EI); o aprofundamento da xenofobia e do nacionalismo; o aumento do desrespeito às normas dos regimes democráticos e o crescimento dos Estados de vigilância em nome da segurança (muitas vezes com o consentimento do público), em uma lista não exaustiva.

Nem todas as crises são iguais às do *bug*, ao 11/09/2001, ou fabricadas. Além disso, nem podemos aqui listar todos os solavancos dessas últimas duas décadas. Porém, é preciso destacar esta dinâmica de incerteza que parece não ter fim, e a capacidade de distinção entre o que é imaginado e concreto parece se tornar escassa.

Isso é impulsionado pelas mudanças nas formas de comunicação e mídias representadas pela explosão das redes sociais. Se positivamente o espaço de debate amplia-se e democratiza-se, por outro lado mecanismos como WhatsApp (ou similares, como Telegram, Signal, dentre outros), Facebook, Twitter, Instagram canais do YouTube, para citar os mais conhecidos, funcionam praticamente sem legislação. Alguns desses canais se tornaram fóruns para a rápida propagação de *fake news* e discursos de polarização e preconceitos ou a venda do que seria um melhor modo de vida e comportamento na saúde, alimentação, relacionamentos. A exposição diária do que antes era privado é cada vez mais constante.

Esses meios facilitam a coleta de dados de usuários (e o uso de algoritmos para incentivar votações políticas, compras, propagandas, filmes, séries, *streamings* que se assistem), criando cada vez mais "bolhas" que não dialogam. Essas bolhas, a presença de *influencers* e disparos automáticos de mensagem por *bots* são tomados como representativos se ultrapassam um certo número de seguidores e de envios. Ao mesmo tempo, esquece-se a exclusão educacional e digital, que dificultam o acesso da maioria da população a essas práticas e a manipulação desses canais pelo poder econômico. Em muitos países em desenvolvimento, incluindo o Brasil, parte significativa da população não possui acesso à internet (ou TV a cabo, ou *streamings*, ou celular), ou a itens básicos de sobrevivência, como a infraestrutura de saneamento básico ou alimentação.

Neste processo, de "fim do mundo" em "fim do mundo", pouco se resolve e nada se compreende. Diante desse contexto, o objetivo deste livro é dar pistas para que se possa compreender o que está acontecendo no sistema internacional contemporâneo. O texto traz dimensões de reflexão e provocações, desenvolvidas em cinco capítulos.

O Capítulo 1, "O Poder e a Liderança no Século XXI: Um Novo Paradigma?" visa, por meio de uma discussão breve, lançar os primeiros debates sobre a natureza dos desafios atuais. A proposta é discutir o que é poder e o que é liderança, indicando que tudo aquilo que se supõe novo, talvez não o seja. A compreensão do presente e as projeções de futuro demandam um melhor entendimento do que são e como evoluem as capacidades dos Estados e demais atores.

Para dar conta dessas variáveis, o Capítulo 2 "A Geopolítica", explica sua tradição clássica e sua evolução, o que permite uma visão mais abrangente sobre os jogos de poder contemporâneos. Os componentes adicionais dessas disputas são trabalhados no Capítulo 3 "A Geoeconomia", termo muito utilizado, mas pouco estudado. A partir desses referenciais, o Capítulo 4 "O Panorama das Crises" analisa, separadamente, as dinâmicas recentes de tensão econômica, política, social, estratégica, ambiental e sanitária.

Dentre os principais temas abordados estão a crise econômica global de 2008, o choque dos modelos econômicos de produção, a organização do Estado e da sociedade e suas consequências. Aborda-se a agenda social e ambiental, a pandemia da Covid-19 e seus impactos, lembrando que essa não foi a primeira nem será a última ameaça sanitária global deste século: e se essa não é a primeira nem a última ameaça, por que ela parece ter sido (e/ou estar sendo) a única?

O Capítulo 5 "A Reconfiguração do Poder Global" apresenta a política e a estratégia do ponto de vista dos Estados e blocos regionais. O embasamento para essas reflexões encontra-se na geopolítica, na geoeconomia, no poder e liderança e nas crises, e propõem o repensamento e a compreensão do equilíbrio de poder mundial. Desde o fim da Guerra Fria (1947/1989), são mais de 30 anos de transição em direção a um novo mundo, que parece nunca chegar. As crises contemporâneas são resultado desse longo caminho de transformação? Ou de resistência à mudança daqueles que tradicionalmente detêm o poder?

Parte-se da constatação de que os Estados Unidos e a China são os principais polos em disputa pela liderança do sistema internacional, o que isso significa? Uma nova bipolaridade e, consequentemente, uma nova guerra fria? Um processo de acomodação em torno de esferas de influência? Haverá uma transição hegemônica? Em meio a esse reposicionamento estratégico, examina-se a dualidade força e fraqueza da União Europeia (UE), do Japão, e as posturas da Rússia e da Índia. Também são abordadas as nações em desenvolvimento, pertencentes ao chamado "Sul Global". A África e o Oriente Médio, a América Latina e o Brasil podem assumir um papel de maior autonomia? Ou serão sempre tabuleiros em xeque e alvos das grandes potências? As respostas não são fáceis nem definitivas e pretendem ser mais um guia de reflexões. Com esse guia, espera-se que mais indagações sejam trazidas, sem bolhas, acomodações, imediatismos ou fatalismos.

Agradeço ao Ruggeri da Alta Books e a toda a equipe dessa editora, que tem sempre apoiado e valorizado publicações na área de Relações Internacionais. Além disso, um reconhecimento especial aos alunos da graduação em Relações Internacionais da Universidade Federal de São Paulo (UNIFESP), em especial à Luiza Goloubkova, ao Richard Campos Costa e à Sara Mariano Serrano de Miranda, pelo apoio ao longo de 2020 nas inúmeras atividades realizadas, e ao Igor dos Santos Lacerda, que ajudou nas pesquisas que compuseram este livro. Agradeço também aos discentes da pós-graduação em Relações Internacionais do Programa San Tiago Dantas (UNICAMP/UNESP/PUC-SP) e em Economia Política Internacional da Universidade Federal do Rio de Janeiro (UFRJ). Em meio à pandemia de Covid-19 no Brasil, essas turmas da graduação e da pós-graduação mostraram-se dispostas a encarar o desafio de valorizar o ensino da melhor forma possível: estudando e pensando.

Maio 2022

CAPÍTULO

1

O Poder e a Liderança no Século XXI: Um Novo Paradigma?

As disputas nas relações internacionais que definem o ordenamento do equilíbrio mundial resultam de uma combinação de choques em áreas políticas, estratégicas e econômicas. Existem, ainda, elementos sociais e culturais que passam na maior parte do tempo despercebidos, apesar de sua presente e crescente relevância como mecanismos de projeção de poder e exercício da liderança. Nesse contexto, este capítulo dedica-se a explorar as classificações para o que se entende como poder e as habilidades e competências relativas ao exercício da liderança. Haverá, de fato, um novo paradigma em formação no século XXI ou apenas uma reciclagem de antigos recursos e comportamentos?

1.1 O Poder

No que se refere ao poder, diversas disciplinas de estudo, além da Ciência Política, procuram oferecer explicações sobre o que significa esse conceito. Autores como Nye Jr. (1990; 2005; 2008; 2011) também procuram associar o termo a metáforas. Uma das mais famosas de Nye Jr. é que o poder, assim como o amor e a paixão, é mais fácil de sentir do que definir. Ou que o poder é como a meteorologia, uma prática caracterizada por previsões que nem sempre se confirmam. Porém, tanto os apaixonados quanto os meteorologistas discordam em alguma medida de Nye: existem pistas e fatos que comprovam tanto o amor quanto as estações do tempo, e com o poder não é diferente. Existem elementos de consenso e percepções que nos ajudam a entendê-lo.

Independentemente da área, e das metáforas, o que se observa é a convergência em torno de um mesmo tema, assim descrito no verbete "poder" escrito por Mario Stoppino no Dicionário de Política de Bobbio, Mateucci e Pasquini (2004, p. 933): "Poder designa a capacidade ou a possibilidade de agir, de produzir efeitos. Tanto pode ser referida a indivíduos e a grupos humanos como a objetos ou a fenômenos naturais (...)."

Acrescente-se a habilidade de moldar as preferências e/ou impor a vontade de um (ou de um grupo) sobre outro em uma interação social. Não há poder no vácuo, ele sempre existe em uma troca permanente entre agentes sociais, o que o caracteriza como um elemento relacional. Nessa configuração relacional, o mais forte impõe sua vontade ao mais fraco ou ao menos eficiente: os mais fracos e menos eficientes são os que têm menos recursos e capacidades de poder ou os que detêm menor sabedoria para a utilização desses recursos e capacidades, caso estejam disponíveis. Está em jogo o domínio e a possibilidade da definição da agenda e controle das preferências, mas também da sua imposição e coerção por um determinado ator. Não há só imposição envolvida, mas a possibilidade de recompensas oferecidas ao outro. Ao longo do tempo, este é um aspecto paradoxal do poder: para se exercer poder, é preciso ter poder ou a capacidade de exercê-lo, e caso não se tenha, já se parte de uma desvantagem.

Isso pode levar a um certo determinismo de decretar que um determinado ator estatal ou não estatal com pouco poder sempre se manterá assim, em termos comparativos aos que já detêm poder previamente. Não haveria, assim, a possibilidade de inovação ou equiparação (o *catch up*) aos mais poderosos. Todavia, a história prova que esse é um pressuposto equivocado à medida que ocorrem transições de poder e mesmo entre empresas e indivíduos que derivam de condições e escolhas ao longo do tempo. Nesse campo, o papel da liderança para executar e exercer poder é essencial, e afetará as dinâmicas competitivas por meio de escolhas e políticas. Os recursos de poder atualizam-se e transformam-se ao longo do tempo, assim como a sua relevância.

Sobre o aspecto relacional, é preciso acrescentar que essa troca ocorre em todos os níveis e em todos os momentos, em escala familiar, empresarial, governamental, local, regional e mundial, estabelecendo hierarquias. No sistema internacional, as relações entre os atores estatais e não estatais produz, por meio de trocas constantes, disputas por posições e influência, definindo a configuração de poder global. A ordem internacional e nacional, ou mesmo em qualquer unidade social, é produto desse choque de interesses e movimentos permanentes.

Somado a essas discussões, pode-se classificar o poder quanto à sua disponibilidade e seu uso, i.e., a existência dos recursos e a habilidade do ator político converter o recurso em instrumento efetivo de imposição de vontade. Outros conceitos que podem ser aqui aplicados são a ideia de posse e conversão de poder para representar esta passagem da existência bruta do recurso à sua utilização. Pode-se avançar em uma tipologia dos recursos de poder, sendo uma das mais populares a do próprio Joseph S. Nye Jr., que a elabora, além das metáforas, para demonstrar o que é concreto e o que é subjetivo no poder. Nesta tipologia são apresentados três tipos de poder: o poder duro (*hard power*), o poder brando e de cooptação, e o poder inteligente (*smart power*).

O poder duro possui forte aderência à dimensão da geopolítica, uma vez que parte de suas concepções tradicionais de geografia, território, disponibilidade de matérias-primas e recursos naturais neste território, condições climáticas, aproveitamento e uso do espaço. Entretanto, a classificação de Nye Jr. complementa essas perspectivas com a análise de outros recursos tangíveis e materiais disponíveis que permitem aos Estados utilizar de forma mais efetiva esse poder, convertendo-o em força interna e externamente. Dentre esses, outros componentes podem ser mencionados: a demografia e as capacidades industrial e bélica.

A demografia refere-se à questão populacional que combina uma série de fatores: perfil populacional associado à faixa etária; nascimentos e mortes dentro de uma sociedade que impactam suas relações políticas, sociais e econômicas (disponibilidade interna de mão de obra, população economicamente ativa); distribuição da população no espaço geográfico do Estado; dispersão e equilíbrio entre zonas rurais e urbanas; índice de emprego; acesso a bens básicos (como alimentação, saúde, educação, saneamento) e distribuição de renda (políticas públicas em geral). Dependendo da forma como esses fatores coexistem, um Estado tenderá a ter maior ou menor possibilidade de sucesso, assim como as suas empresas e instituições públicas e privadas.

No que se refere à capacidade industrial, ela se aplica nesse setor de produção, como a maior ou menor capacidade de agregar valor às mercadorias, a habilidade de atender ao mercado interno (que dependerá, para sua configuração do elemento renda citado como parte da questão populacional) e ao externo. Há uma forte intersecção da capacidade industrial com a geoeconomia, aqui abordada no Capítulo 3, e com os debates sobre modelos sociais, políticos e econômicos a serem estudados no Capítulo 4. Os pontos de contato estendem-se também às dimensões analisadas abaixo sobre o poder brando e de cooptação (principalmente a ciência e a tecnologia), o poder inteligente e as capacidades de liderança.

A promoção do desenvolvimento interno e o papel a ser desempenhado por um Estado e seu setor produtivo são decisões políticas e estratégicas que afetam a sua capacidade de converter e maximizar recursos. Dependendo dessas escolhas, que afetam todo o setor produtivo e não só o industrial, incluindo o setor primário no qual se localizam o agronegócio e a produção de matérias-primas — as chamadas *commodities* —, definem-se os que são protagonistas e os que são coadjuvantes no sistema internacional. A questão da autossuficiência de um Estado, seja na posse ou na conversão dos recursos, explica a diferença entre o nível de resistência e de vulnerabilidade que cada país possui.

Finalizando o campo do poder duro, não se pode deixar de aprofundar um pouco mais a questão bélica, que, mais uma vez, tem aderência com temas da tecnologia e do conhecimento, que impactam a indústria associada a esse recurso de poder. Nos EUA, por exemplo, o termo complexo industrial-militar é utilizado justamente para definir a interdependência entre as indústrias, o setor de defesa e o Estado, como decisor e indutor de políticas públicas. Ao longo do tempo, essas políticas públicas referiam-se tanto à atuação direta de empresas estatais no setor como à terceirização de serviços e produção para companhias privadas por meio de financiamentos e investimentos.

O campo militar possui as dimensões que são chamadas de convencionais e de alta tecnologia, no qual se incluem o campo nuclear e os mais recentes desenvolvimentos do campo cibernético. Uma das mais importantes atualizações da tipologia de Nye Jr. (2011) foi um estudo mais ampliado do impacto da revolução da informação nos recursos de poder, em particular no final do século XX e agora século XXI. Nye Jr. transita em sua definição do poder cibernético como um poder duro ou um poder brando, à medida que esse possui características de ambos. Sobre este poder, segue uma definição básica (2011):

> (...) o poder cibernético pode ser definido em termos de um conjunto de recursos que se relaciona à criação, controle e comunicação de informação eletrônica e baseada em computadores — infraestrutura, redes, software e capacidades humanas (...) habilidade de obter os resultados desejados por meio do uso dos recursos de informação eletronicamente interconectada no domínio cibernético (...) pode ser usado para produzir resultados preferenciais dentro do espaço cibernético (...) ou em outras esferas fora do espaço cibernético (NYE, 2011).

Os recursos de tipo cibernético podem ser incluídos em uma categoria híbrida, derivada de sua definição básica e de sua operacionalização como um todo. Além disso, seu surgimento e evolução não podem ser desconectados das competições entre os EUA e a URSS, que ocorreram na Guerra Fria, envolvendo os setores de armas nucleares, convencionais e a busca de novas fronteiras como a corrida espacial e a guerra de informações. A DARPA (*Defense Advanced Research Projects Agency*) dos EUA, criada em 1958 no contexto da Guerra Fria, é um tipo ideal de esforço concentrado em desenvolvimento tecnológico e científico, que serviu de inspiração para agências e políticas de inovação globalmente.

No mundo contemporâneo, as guerras cibernéticas ocorrem por meio de ataques de software e hardware, hackeamento e inativação de sistemas, monitoramento e espionagem. No cotidiano civil, instrumentos de vigilância e reconhecimento facial são alguns dos mecanismos aplicados. Esses recursos têm como ponto de partida o setor militar e as tecnologias desenvolvidas para o aprimoramento tecnológico de armamentos e troca de informações, nos quais se incluem redes de computadores, a criação da internet, e-mails e sites da rede mundial de informações (*world wide web*, WWW). Celulares, drones, fornos de micro-ondas, tecidos de alta tecnologia, redes de telecomunicações e infraestruturas se inter-relacionam aos processos de inovação gerados pelo setor militar.

Os sistemas operacionais, como Android, iOS, Windows, representam uma capacidade de domínio que afeta tanto os hardwares quanto os softwares, gerando uma disputa pela venda de programas e apps. As tecnologias de assistentes de voz e monitoramento, gerenciamento de empresas e residências, como a Alexa, Siri e Google Assistant, são apenas alguns outros mecanismos que podem ser citados.

O deslocamento dessas aplicações militares ao setor civil e à produção econômica, chegando ao cenário complexo dos dias de hoje, tem como ponto de partida a década de 1970. O fenômeno conhecido como Terceira Revolução Industrial, a Revolução Científica-Tecnológica (RCT ou RTC Revolução Técnico-Científica) possui relação direta com as políticas de inovação. Essa revolução do século XX foi precedida pelas anteriores: a Primeira Revolução Industrial, que dá origem aos processos industriais da Inglaterra do século XVIII, e a Segunda Revolução Industrial, que ocorre a partir da metade final do século XIX até meados da Primeira Guerra Mundial, com ênfase nos setores de transporte, energia, indústrias químicas e pesada (e que marca o surgimento da indústria automobilística e da iluminação elétrica dentre suas conquistas).

Muitas das diferenças mais significativas que se impõem nas relações entre países desenvolvidos e em desenvolvimento relacionam-se a essas etapas produtivas e às inovações. Qualquer progresso demanda altos investimentos públicos e privados em setores de educação, pesquisa e desenvolvimento e ciência e tecnologia. A etapa seguinte à RCT adensou os desenvolvimentos nesses campos de inovação e alto valor agregado tecnológico, dando início ao que se define como uma Quarta Revolução Industrial. As origens do termo relacionam-se ao incremento das políticas de inovação na Alemanha, visando um salto qualitativo em sua produção. A definição Indústria 4.0 também é um termo recorrente para definir esse processo que depois inspirará outros países como a China (ver Capítulos 2 e 3). Segundo Arbix, Miranda, Toledo, Zancul (2018),

> A plataforma *Industrie 4.0*, adotada pelo governo alemão em 2015, foi pioneira no esforço de criação e configuração de um novo paradigma industrial e, por isso mesmo, tornou-se referência para

> países avançados que procuram não perder seu espaço de atuação e sua competitividade, assim como para emergentes que ambicionam disputar um lugar proeminente na arena internacional, como a China. O termo *Industrie 4.0* faz referência à Quarta Revolução Industrial atualmente em curso (segundo seus idealizadores), caracterizada pela aplicação intensiva de tecnologias da comunicação e da informação na indústria, com expectativas de disseminação de seu uso em sistemas chamados de cyber-físicos, voltados para a produção de bens e serviços. A evolução tecnológica em andamento prenuncia enormes impactos na competitividade industrial e aponta para uma reconfiguração de toda a indústria (...) (ARBIX, MIRANDA, TOLEDO, ZANCUL, 2018, p. 154).

Há um debate que se estende além da esfera da informação e virtual para definir essa quarta revolução. Há alguns anos, temas como a biotecnologia, os avanços em pesquisas genéticas e a neurociência foram inseridos nessa agenda. O que chama a atenção é que, independentemente deste debate, são sempre investimentos de alto valor agregado nos setores científicos e tecnológicos. Outro tema correlato é o da "Sociedade 5.0" que surge atrelado ao programa japonês de modernização social, política e econômica proposto em 2012, na gestão do ex-Primeiro Ministro Shinzo Abe. Essa proposta se definia como "a visão japonesa sobre o próximo passo da evolução humana" (ABENOMICS, p. 04). Embora voltada a esse país, essa proposta, assim como a da Indústria 4.0 que surge na Alemanha, traz direcionamentos relevantes sobre desenvolvimento sustentável e, mais uma vez, a aplicação da alta tecnologia para a modernização econômica-social. Esses paradigmas influenciam outras nações.

Lonsdale (2013), ao discutir as implicações desses desenvolvimentos e da chamada "esfera da informação", avança nas mesmas características: poder cibernético refere-se ao campo no qual estão os dados, as informações, os sistemas operacionais, os programas (*softwares*) e os equipamentos (*hardware*). Deve-se mencionar o desenvolvimento da

Inteligência Artificial (IA) nesse campo associado à tecnologia, que possui implicações na arena da informação e outros setores associados ao poder virtual.

A informação, composta de dados da mais diversa natureza, é o recurso-chave desse campo que envolve a disseminação pública ou uso privado desses dados por governos e companhias de tecnologia e controladoras de redes sociais (vide Google, Cambridge Analytica, Twitter, Wikipedia, Facebook, WhatsApp, dentre outros). As empresas privadas de bens de consumo e indústrias de mídia beneficiam-se dessas práticas, à medida que podem produzir, direcionar e estruturar preferências de determinados nichos de mercado, aumentando a sua lucratividade.

Seja um agente público ou privado, aquele que tiver mais acesso e flexibilidade na coleta, armazenamento, utilização e interpretação dos dados possui uma vantagem comparativa. Prevalece sobre essas novas práticas um grande vácuo de legislação para lidar com a coleta, armazenamento, utilização e interpretação dos dados adquiridos. Isso possui implicações sociais, políticas, econômicas e de segurança, à medida que predominam certa liberalidade e insegurança jurídica.

Diante desse contexto, a sociedade civil mostra-se dividida entre a suposição da privacidade, da liberdade de expressão e a necessidade de tornar as redes sociais menos anônimas diante da proliferação de ataques virtuais e discursos de ódio e preconceito. Essas práticas disseminam-se baseadas no mesmo discurso de defesa da privacidade e, principalmente, da liberdade de expressão. A desregulamentação do setor tem levado à ampliação de disparos automáticos de mensagens, por meio de perfis e sites ditos individuais, que, quando examinados de perto, são falsos, controlados por empresas responsáveis pela criação de identidades inexistentes. Na maioria das vezes, esses perfis falsos estão associados a grupos políticos, empresariais ou governamentais, que disseminam propagandas e notícias inverídicas. Essa dimensão, inclusive, relaciona-se muito à discussão a seguir de poder brando e de cooptação e as dinâmicas de polarização e conflito (abordadas em 4.3).

Por outro lado, os governos, pendentes às demandas das populações, buscam regulamentações, mas, ao mesmo tempo, preservam sua capacidade de manter a coleta e controle dos dados por motivações securitárias. Segundo Halliday (2002), após os atentados terroristas de 11/09, cresceu a tolerância social com ações de espionagem, intervenção e monitoramento dos Estados sobre as sociedades, em uma situação de vigilância permanente. Os paralelos remontam à obra *1984* de George Orwell, que expressava situação similar de controle. Mas, voltando à pergunta inicial, por que esse é um recurso de poder híbrido?

Embora o espaço e a guerra cibernética possam parecer virtuais, eles necessitam de uma infraestrutura básica, que remete aos recursos tradicionais de poder: território, infraestrutura e capacidade industrial. Como destaca Lonsdale (2013),

> (...) a infoesfera é melhor pensada como uma entidade polimorfa onde a informação existe e flui (...) partes são fisicamente concretas no sentido mais estrito. Isso se aplica substancialmente aos diversos componentes físicos que compõem a infoesfera como satélites, cabos e computadores. Portanto, existe uma significativa sobreposição entre (...) esta dimensão e o mundo físico (LONSDALE, 2013, p. 139).

Portanto, não há poder cibernético sem haver a infraestrutura e os meios físicos pelos quais ele pode operar. Essa situação pode ser percebida, por exemplo, na disputa pela tecnologia 5G entre os EUA e a China, a ser mais detalhada em 5.1. O que está em jogo é múltiplo: o controle da tecnologia, da informação e da infraestrutura para essas redes de comunicação entre Estados, empresas e indivíduos, que implicam também o acesso e controle físico de meios terrestres, aéreos, marítimos e espaciais.

Passando à análise da seguinte dimensão de poder, a do poder brando e de cooptação[1], as fontes de poder apresentam-se como mais diversas. O poder duro possuía forte componente de proximidade à geopolítica, esta dimensão detém pontos de contato com a geoeconomia, em termos de recursos comerciais e financeiros. Entretanto, essa dimensão envolve outras questões: as ideológicas, as sociais e culturais (relacionadas à construção e promoção de valores e modos de vida), as tecnológicas derivadas da ciência, pesquisa e inovação e a produção do conhecimento e do desenvolvimento das habilidades e competências associadas à adaptação, à capacidade de ouvir, planejar e flexibilizar.

Como os tópicos econômicos serão abordados no Capítulo 3, o foco aqui recai sobre este segundo grupo de temas, divididos em dois blocos: ideologia, sociedade e cultura, tecnologia, ciência, pesquisa, inovação e produção do conhecimento. O primeiro bloco possui aderência com o que se define como geocultura. Todavia, este não é um termo de uso corrente como os anteriores, e de alcance abrangente ou consensual na literatura.

Para autores como Wallerstein (2007), a geocultura seria o exercício do poder geopolítico por outros meios, impondo determinados padrões universais às sociedades. A reprodução cultural seria, apenas, uma reprodução da dominação de tipo capitalista como apontado por Cox (1986) e Halliday (1999). Explicando o fim da Guerra Fria, Halliday (1999) aponta como um dos fatores para a fragmentação da URSS e aliados a relevância das imagens produzidas pelas sociedades ocidentais vis-à-vis o bloco soviético, a atração gerada pelos bens de consumo e o modo de vida em geral representado pelos EUA (o *American Way of Life*).

O *American Way of Life* é simbolizado por uma série de fatores: o acesso a bens materiais da mais diversa natureza, o exercício pleno da

---

[1] Aqui não será possível detalhar em profundidade a evolução e disseminação dos esforços associados a essa esfera de poder nas últimas décadas, em particular no campo das políticas públicas e culturais, trabalhando-se apenas alguns exemplos. Recomenda-se, para esse panorama, a coletânea organizada por Chitty, Ji, Rawnsley and Hayden, 2017.

liberdade individual, informação e entretenimento, padrões comportamentais, valorativos, alimentícios, dentre outros. O acesso a esses bens concretos e subjetivos faz parte do que é definido como "sonho americano", no qual ainda se inserem as perspectivas de liberdade e individualismo. A disseminação global de marcas e produtos empresariais e o desejo a seu acesso são alguns dos componentes da globalização que, como citado, correlaciona-se ao poder geoeconômico.

Além disso, existe o componente ideológico, que vai além desses fatores associados ao modo de vida, com implicações sobre o funcionamento e perfil dos regimes políticos e econômicos. O ápice desse modelo teria ocorrido no pós-Guerra Fria, com a mencionada Ordem Internacional Liberal (OIL), mas que vem enfrentando desafios nas últimas décadas. O choque de modelos, o aumento da violência e fragmentação social têm sido associados a uma resistência ao poder brando e de cooptação de outras nações, mas igualmente a seus limites naturais para agregar apoio devido à sua subjetividade e volatilidade na construção das preferências.

Nye Jr., criador do termo, tem avançado em uma relativização do peso desse recurso de poder para o exercício da liderança dos EUA e outros Estados que investem nessas agendas sociais e culturais. Uma fala recorrente em suas últimas obras (2005; 2011) é lembrar que o consumo de marcas dos EUA por outras nações e povos não garante a cooptação e pode gerar o efeito contrário: a rejeição. Os exemplos utilizados são diversos, mas um dos mais interessantes é afirmar que um cidadão de outro Estado frequentar o McDonald´s não é garantia de que ele não cometerá atos violentos contra os EUA ou o que representa esse país. Potenciais rejeições podem ser encontradas também em padrões de vestimenta, comportamento e acesso à informação que levam a escolha de símbolos mais relacionados ao nacionalismo ou a fundamentalismos religiosos.

Essa questão é real e não deve ser subestimada, tendo em vista as inúmeras contrarreações atuais ao modo de vida dos EUA, fora de suas fronteiras e mesmo dentro delas via movimentos xenofóbicos. O choque deriva tanto da pretensão universalista do modelo e das resistências que isso gera como da sua fragilidade em cumprir suas promessas. O que a análise de Nye Jr. deixa de abordar é justamente este segundo aspecto: as limitações da cooptação ideológica residem não só na crença, mas no fato de que, para ser efetiva, ela precisa ser acessível a toda população que se deseja cooptar.

Não adianta falar em inclusão, crescimento e prosperidade como pilares do modo de vida dos EUA ou ocidental, quando o que prevalece é a exclusão diante desse modo de vida. Voltando ao caso do McDonald´s, ou qualquer *junk food* norte-americana, a cooptação só será efetiva se além do reforço da marca existir também a possibilidade de um ou mais consumidores a comprarem. E o acesso a qualquer bem de consumo passa necessariamente pela renda e classe social. No caso dos bens, a equação é a mesma: podem-se produzir quantos iPhones se desejar, mas o sonho americano do consumo tecnológico estará naturalmente limitado a uma elite econômica.

Tendo em vista essas disparidades de consumo e renda, uma das movimentações mais interessantes que a China realizou nas décadas de 1980 e 1990 foi justamente a de disponibilizar, por meio do barateamento de custos, mais bens para um maior número de pessoas. De acordo com Brzezinski (2012), a versão chinesa do sonho americano é a democratização do acesso a esses bens de consumo, permitindo um reforço duplo: o da imagem produtiva chinesa e os ganhos econômicos pela expansão das exportações. Isso permite que a China reproduza uma das mais eficientes fórmulas utilizadas pelos EUA na expansão do seu poder segundo o autor: a mistura do idealismo com o materialismo.

De toda forma, não se deve subestimar o impacto e as possibilidades de projeção de poder associadas às indústrias culturais e marcas. Tudo dependerá do objetivo que estiver associado a elas do ponto de vista estratégico do Estado: um aumento do valor agregado e do consumo de seus bens materiais e culturais com ênfase no poder econômico, a cooptação de aliados e populações, aumento do turismo e uma imagem positiva são algumas possibilidades. Não necessariamente um ganho na indústria cultural e de comportamento social tem como objetivo último uma dominação em escala global, mas sim um reforço regional ou local da esfera de influência do Estado ou, como citado, um ganho econômico multidimensional.

Exemplos mais recentes de utilização desses mecanismos para elevar a posição de um país são o Japão, a Coreia do Sul e a China, somente para citar alguns. O Japão saiu na frente nos anos 1980, com a criação de séries e desenhos, mais recentemente, joguinhos como Pokemon Go tornaram-se febre mundial. A realização das Olimpíadas de Tóquio tinha como objetivo trazer uma imagem renovada do país no mundo, que foram limitadas pela pandemia da Covid-19.

A Coreia do Sul, por sua vez, tem se destacado com um maciço investimento estatal na produção de filmes e séries para serviços de streaming, que culminou com a vitória do filme *Parasita* no Oscar como o melhor filme de 2019. Os grupos de K-pop (Korean Pop) masculinos e femininos (e visual andrógino) também se enquadram nessa agenda, que é conhecida como Hallyu Wave ("onda coreana"). O país passa uma imagem de modernidade, associada à tradição. Figuras caricaturais como as de Psy, com sua música e dança virais, de *Gangnam Style*, foram substituídas pelas boys e girls bands do K-Pop, tornando-se um fenômeno global. Consolidou-se a ampliação dos mercados de marcas como Samsung, Hyundai e Kia. O encerramento da produção de celulares pela LG é um ponto negativo nessa trajetória, mas revela a ampliação da competição acirrada nesse setor e o avanço da China.

A China, dentre esses países mencionados, possui uma ação mais multidimensional que envolve elementos da geoeconomia, da cultura e do segundo bloco aqui mencionado: tecnologia, ciência, pesquisa, inovação e produção do conhecimento. A produção de bens de consumo pela China consolida seu poder econômico. No campo da cultura, a ação do país reforça imagens positivas de sua civilização para o Ocidente e no Oriente, parte relevante da política externa é a revitalização de uma Comunidade de Destino Comum (CDC) na região asiática baseada no respeito, soberania, não ingerência, desenvolvimento e cooperação. Como formas de projeção externa, a criação dos Institutos Confúcio foi um marco, assim como o reforço de intercâmbios universitários que não se focam só o ensino da língua chinesa, mas todas as áreas do conhecimento.

Essa tática permitiu à China uma interpenetração de mercados bastante fortalecida, com produtos de alto valor agregado. Marcas como Huwaei, Xiaomi, no setor de telecomunicações são o tipo ideal desse investimento com forte caráter estatal e interdependência entre os setores público e privado. Não é coincidência que a China se tornou referência em muitos setores ambientais (energia solar, eólica, biocombustíveis), de comunicação (5G) e de insumos para indústrias farmacêuticas (e equipamentos hospitalares de alto e de baixo valor agregado).

Esse processo resulta de programas de desenvolvimento e investimentos estatais como a China 2025 e 2035, temas dos capítulos 2 e 3. Um de seus pilares, antes pouco visível, a produção de vacinas, tornou-se perceptível apenas com a pandemia da Covid-19, mas resulta de um processo interno de longo e não de curto prazo. Lembre-se, ainda, de que qualquer ganho tecnológico impacta duplamente a indústria de bens de consumo e a bélica, associada ao poder duro.

A última classificação sobre o poder apresentada por Nye Jr., e também a mais recente e politicamente orientada é a de poder inteligente, o *smart power*. O termo foi elaborado como uma crítica direta à presidência de George W. Bush nos EUA, percebida como intervencionista e unilateralista, como será abordado, pelo uso equivocado dos recursos de poder do país. Como contraponto a esse uso equivocado, ou *dumb* (burro), a proposta do autor relaciona-se à campanha eleitoral e chegada do democrata Barack Obama à Casa Branca. Um dos principais assessores de governos democratas no período Obama e, antes dele, de Bill Clinton (1993/2001), Nye procura reconstruir o debate interno sobre política externa, criar um mecanismo externo de expansão ideológica-cultural do poder norte-americano e de reconciliação dos EUA com aliados.

A ação foi efetiva, pois, embora genérico em excesso, o conceito de poder inteligente criou uma impressão de completa quebra entre as duas gestões. Além disso, gerou um debate abrangente a respeito do tema no meio acadêmico, governamental, na mídia e entre leigos, sendo objeto das mais diversas interpretações. Sobre a generalidade da definição, ela pode ser vista nesta citação "O poder inteligente não é nem duro e nem brando. É ambos (...) Poder inteligente significa aprender como melhor combinar poder duro e brando (...)" (NYE JR., 2005, p. XIII e p. 32).

Portanto, as classificações e disputas sobre o que é e como se usa o poder são diversas. Entretanto, para que todas essas dimensões sejam efetivas como instrumentos de projeção de poder e obtenção de benefícios e interesse, é necessário um processo organizado de formulação de políticas e tomadas de decisão eficientes. Para isso, o papel da liderança na compreensão dos projetos estratégicos, meios, recursos, opções e comportamentos preferenciais é essencial.

1.2 A Liderança

Assim como o conceito de poder, o de liderança é sujeito a inúmeras interpretações e não se resume a uma só área do conhecimento e das atividades. Para Estados, organismos públicos e privados, empresas e indivíduos, o desafio de pensar, decidir, fazer e implementar ações e políticas é diário. Independentemente da área, tais ações e políticas podem ter dimensões de continuidade ou de mudança, visando a ajustes ou proposições atualizadas para o enfrentamento dos problemas existentes. Ou, ainda, essas ações e políticas podem optar pelo caminho da inovação ou da antecipação dos acontecimentos.

A base de muitos estudos de liderança são a Guerra e a Ciência Política, que avançaram pela área de administração e pensamento estratégico. Dentre as obras mais conhecidas que tratam de liderança estão *O Príncipe,* de Maquiavel, e os trabalhos de Max Weber sobre tipos de dominação e "A política como vocação". Da mesma forma, fala-se em uma ética própria da política e da liderança, que se julga não pelo bem ou mal, mas sim pela ética das finalidades: se os objetivos foram ou não atingidos.

Essa ideia que deixou como legado a ideia de que os "fins justificam os meios", algo nunca corroborado por Maquiavel ou Weber, infelizmente se mostra ainda presente em muitos círculos político-sociais. Caso isso já tivesse sido eliminado, não prevaleceriam, dependendo das circunstâncias, demagogos, líderes que pregam a violência ou o preconceito e que impulsionam muitas das crises contemporâneas. Por outro lado, já foram criados mecanismos que permitem as sociedades ir além desse cálculo estratégico sem consideração às consequências. Regimes internacionais, a ética do trabalho e da responsabilidade social são apenas alguns dos avanços já obtidos nesse setor.

Avançando as características da liderança e dominação, elas associam-se muito à tradição e aos costumes (principalmente quando se fala em setores religiosos), à personalidade do líder e seu carisma e à legitimidade e à legalidade (o que sustenta a crença na liderança, a construção pessoal e a sua inter-relação com a legislação). Weber denomina essas três fontes como de dominação legítima e no perfil do líder se encontram muitas vezes entrelaçadas. Afinal, "a obediência é determinada pelos motivos bastante fortes do medo e esperança — medo da vingança dos poderes mágicos do detentor do poder, esperança de recompensa neste mundo ou no outro — e, além de tudo isso, pelos mais variados interesses" (WEBER, 1982, p. 99).

O poder, a política e a imposição de vontades sempre envolvem uma relação de violência, paixão, mas clareza de objetivos. Essas qualidades e dinâmicas aplicadas à política servem, na realidade, de lição para todas as áreas como ensinamentos sobre a paixão, a objetividade e a dedicação.

> A política é como a perfuração lenta de tábuas duras. Exige tanto paixão como perspectiva. Certamente, toda experiência histórica confirma a verdade — que o homem não teria alcançado o possível se repetidas vezes não tivesse tentado o impossível. Mas, para isso, o homem deve ser um líder, e não apenas um líder, mas também um herói, num sentido muito sóbrio da palavra. E mesmo os que não são líderes nem heróis devem armar-se com a fortaleza de coração que pode enfrentar até mesmo o desmoronar de todas as esperanças. Isso é necessário neste momento mesmo, ou os homens não poderão alcançar nem mesmo aquilo que é possível hoje. Somente quem tem a vocação da política terá certeza de não desmoronar quando o mundo, do seu ponto de vista, for demasiado estúpido ou demasiado mesquinho para o que ele lhe deseja oferecer (WEBER, 1982, p. 153).

Como não lembrar de metáforas como a do leão e da raposa, de Maquiavel, que une em uma mesma pessoa as qualidades da coragem, da astúcia e da sabedoria? Também não se pode esquecer do dilema entre escolher ser amado ou temido, que sintetiza as oposições força e fraqueza. Ou como melhor equilibrar a sorte (a fortuna) para liderar com as qualidades (virtù) para fazê-lo? A sorte deriva das qualidades do líder? Ou são as qualidades do líder que trazem a sorte?

A capacidade de adaptação, de agir individualmente sem deixar de trabalhar coletivamente, a visão de futuro, a sabedoria, a capacidade de gerar medo, admiração, lealdade ou amor são características correlatas. Nye Jr. (2008), analisando a liderança em nível internacional, chega a considerar como necessárias as "habilidades políticas maquiavélicas", no que define como os "poderes para liderar". Mas, ao mesmo tempo, indica que essas não são suficientes aos indivíduo ou coletivos que desejam liderar. A liderança demanda habilidades de transformação, competência transacional para negociar e criticamente desenvolver a inteligência emocional e a contextual.

A inteligência emocional refere-se à capacidade de atrair os demais por sua empatia, autocontrole e disciplina, a capacidade de comunicação e organização. A inteligência contextual refere-se ao entendimento do ambiente, do contexto e das necessidades, equilibrando-os com os recursos de poder, as demandas da sociedade e suas necessidades. Mecanismos de consulta, delegação e cooperação são essenciais, alternando a centralização com a dispersão de poder. Sempre se está diante de uma combinação de fatores objetivos e subjetivos, e é seu equilíbrio que definirá o que é uma liderança mais ou menos eficiente. Como destaca Kissinger (2011, p. 215),

> Os líderes não definem os contextos nos quais atuam. A sua contribuição distinta consiste em agir no limite que aquela situação dada lhes permite. Se eles excedem esses limites, eles falham; se eles não atingem o que for necessário, suas políticas se encontram estagnadas (KISSINGER, 2011, p. 215).

Há de se considerar os tipos de jogos e ganhos com que a liderança precisa lidar: os jogos em que todos perdem e somente um ganha, conhecidos como jogos de soma zero? A competição ganho-ganho na qual todos têm benefícios? Ou os jogos de equilíbrio que alternam vitórias e derrotas? E quando se ganha, o que é mais importante? Aquilo que se conquista em absoluto ou em comparação a outros? Como medir os ganhos relativos e absolutos? Olson (1971) relata esses dilemas como os da ação coletiva, e que se relacionam à forma como os grupos se comportam e as lideranças. O comportamento dos indivíduos e instituições, grandes ou pequenos grupos tendem a buscar seus interesses mais egoístas, dificultando a obtenção de um bem comum e a distribuição de ganhos.

Para isso, a liderança precisa escolher caminhos e ajudar os grupos a fazerem essas escolhas e seguirem as medidas necessárias para obter um resultado positivo. Essas escolhas derivam de avaliações sobre a realidade e o peso de custos e benefícios como discutido. Esses mecanismos desenvolvem-se conforme as análises de cenário. Mais uma vez, aqui o campo é distinto: política, guerra, administração, pensamento estratégico em uma lista não exaustiva. Como indica Schwartz (1991), analisar cenários significa seguir oito passos (ou perguntas orientadoras ou variáveis):

1. A identificação do problema, definida como questão focal e que demanda decisão.

2. O reconhecimento de quais são os atores principais envolvidos nesse processo.

3. O estabelecimento de quais são as forças motrizes, recursos de poder e fenômenos envolvidos.

4. O ranqueamento, por ordem de importância, incerteza e certeza desses elementos prévios, indagando quais são os mais e menos importantes.

5. A seleção de cenários possíveis, estabelecendo um conjunto limitado de hipóteses em torno dos eixos prioritários do problema definido.

6. Um novo ranqueamento entre cenários possíveis, por ordem de probabilidade.

7. A avaliação das consequências e implicações de cada cenário.

8. A definição dos principais indicadores e referenciais, que estabelecem, a partir da questão focal de onde viemos, onde estamos e para onde vamos.

Em um mundo ideal, sustentado na escolha racional, esta interação entre pensamento e planejamento estratégico visa alcançar os objetivos a que se propõem os atores, gerando mais benefícios e menores custos. A definição clara de interesses, as tentativas de construção dos consensos, a imposição de vontades por aqueles que detêm mais poder são faces inter-relacionadas dessas dinâmicas. Em escala nacional e internacional, essas trocas de conhecimento levam à formulação de políticas e tomadas de decisão que terão impactos sobre todos os envolvidos.

Todas essas colocações parecem, de certa forma, óbvias e redundantes. Afinal, parece improvável que algum Estado, órgão ou indivíduo deixe de escolher a melhor opção que se considera possível para atingir seus interesses. Além disso, supõe-se que em um ambiente coletivo, público ou privado, as decisões coletivas seriam obtidas pelo consenso e refletiriam, ainda mais, as escolhas mais adequadas. De fato, os envolvidos sempre escolherão as opções que vejam como melhores, por meio de suas reflexões e percepções. Porém, não necessariamente elas podem ser as melhores opções em termos de eficiência e consecução dos interesses. Na verdade, a definição do interesse já passa por uma decisão subjetiva, derivada de um outro cálculo estratégico.

Portanto, tão importante quanto entender a escolha é entender o processo que levou a ela: como os oito passos de perguntas orientadoras foram percorridos? Quais os componentes que foram considerados como elementos concretos para fornecer as respostas a essas perguntas? O papel da liderança é este, com todas as características previamente listadas: conduzir o processo, fazendo perguntas, respondendo, em meio a condições nem sempre ideais ou com todos os recursos e capacidades disponíveis.

Não há essencialmente um novo paradigma de poder ou liderança, mas sim atualizações naturais de uma era de transição. Nos próximos capítulos, o estudo da geopolítica, da geoeconomia, das crises e da reconfiguração da ordem internacional nos ajudarão a compreender estas dinâmicas estruturais de continuidade, mudança e o cenário do século XXI.

CAPÍTULO

2

A Geopolítica

E m épocas de crise, a compreensão das dificuldades existentes deixa escapar o essencial: as origens da instabilidade. Embora essa pareça uma constatação simples, no dia a dia a conjuntura ganha precedência sobre os componentes estruturais. Em entrevista para o *Center of Strategic and International Studies* (CSIS), um dos mais relevantes *think tanks* de Washington, D.C.[1], o ex-Assessor de Segurança Nacional dos Estados Unidos (1977/1981), Zbigniew Brzezinski ressaltou a importância dessa compreensão multidimensional. Na oportunidade, estava sendo estabelecido, dentro do CSIS, o *Brzezinski Institute on Geostrategy*, que tinha como objetivo restaurar a relevância dessa visão. Sem ela, as reflexões estratégicas tornam-se cronicamente frágeis.

Essa crítica pode ser estendida a outras sociedades. Esse pensar nem sempre é rotina, principalmente no que se refere a recursos vistos como ultrapassados, como território, matérias-primas, dentre outros, que são objetos da geopolítica. Na sequência, são examinadas a tradição geopolítica, a sua dimensão clássica (1899/1945), a evolução contemporânea (1946/1989) e da invisibilidade aos grandes jogos de poder (1990/2021)[2].

---

[1] Os *think tanks* congregam em um mesmo espaço de reflexão membros do setor público, privado e da sociedade civil. Como fóruns permanentes de pesquisa, reflexão e promoção de contatos entre todos esses setores, buscam impactar os processos de formulação de políticas nos EUA, informar o público e grupos de interesses diversos. Por definição, são entidades não governamentais com financiamentos próprios. No espectro político-ideológico, alguns se autodefinem como neutros, enquanto outros assumem posições mais claras. No caso do CSIS, o mesmo se denomina de centro e bipartidário desde sua fundação em 1962, tendo como missão principal a proposição do diálogo no campo da segurança e estratégia (para mais informações, seu site oficial é https://www.csis.org/). No Brasil, são relativamente escassos e menos atuantes politicamente. Dentre os mais relevantes e reconhecidos internacionalmente, deve-se mencionar o Centro Brasileiro de Relações Internacionais (CEBRI), localizado no Rio de Janeiro (http://www.cebri.org/). Ver TEIXEIRA, 2007.

[2] Esses recortes temporais e os demais presentes no livro, assim como classificações conceituais e escolha dos autores-chave a serem analisados, são opções da autora.

2.1 A Tradição Geopolítica

Assim como muitas outras disciplinas, a Geopolítica possui uma trajetória que pode ser dividida entre a prática e o seu "nascimento"[3]. Essa passagem surge da necessidade de oferecer instrumentos para sistematizar a compreensão da realidade. A geopolítica

> (...) é o mundo que cada Estado enfrenta. É o que está de fora do Estado, o ambiente no qual e ao qual ele deve responder (...) a geopolítica ou a realidade geopolítica é definida pelas linhas de comunicação e a disposição de centros de recursos econômicos e naturais. Estas duas variáveis, por sua vez, determinadas pela interação entre as características geográficas e as ações humanas, criam um conjunto de constrangimentos objetivos e geográficos para a política externa dos Estados (...) é uma realidade objetiva, independente dos desejos e interesses dos Estados (...) (GRYGIEL, 2006, p. 24).

A citação de Grygiel estabelece que a geopolítica se dedica ao estudo das realidades geográficas de cada Estado e como isso implica em suas ações internas e externas. Outra definição útil é a de Blackwill e Harris (2016)

> (...) a geopolítica é um método de análise de política externa que busca entender, explicar e prever o comportamento político internacional em termos de variáveis geográficas. Outras definições mais gerais tendem a focar a relação entre política e território — isto é, a

---

[3] No caso das Relações Internacionais, a emergência da área é ligada à eclosão e ao encerramento da Primeira Guerra Mundial, em 1918. A necessidade de explicar o conflito, mas principalmente de construir um novo ordenamento global e institucional no cenário internacional, encontra-se nas motivações que dão origem à disciplina, embasada na teoria do Idealismo Wilsoniano. A criação, em 1919, da Cátedra Woodrow Wilson na Universidade de Aberystwyth no País de Gales marca o início dessa experiência acadêmica que surgia para explicar e formatar uma nova realidade política. Pode-se até sugerir que as Relações Internacionais surgem em 1919 para tentar resolver problemas gerados pela geopolítica do século XIX (PECEQUILO, 2016).

> arte e a prática de fazer uso do poder político em um dado território (...) Colocado de outra forma, a geopolítica é um conjunto de pressuposições de como o Estado exerce poder sobre o território — o que constitui este poder e como ele pode ser maximizado ou utilizado (Blackwill and Harris, 2016, p. 24).

Sloan e Gray (2013) avançam na definição, e destacam que a geopolítica é um referencial para a compreensão estratégica do potencial e das possibilidades de ação de um Estado. Porém, seus ensinamentos teóricos e propostas de ações prescritivas práticas só poderão tornar-se eficientes por meio do pensamento estratégico que envolve a formulação de políticas e a tomada de decisão nos Estados. Assim,

> Um dos principais objetivos da geopolítica é enfatizar que o predomínio político é uma questão de não somente ter poder no sentido dos recursos humanos ou materiais, mas também em função do contexto geográfico no qual esse poder é exercido. Isso não significa dizer que o ambiente geográfico determina os objetivos ou as estratégias de política externa e interna de um Estado em particular; pelo contrário, a geografia, ou as configurações geográficas apresentam oportunidades para formuladores de política e políticos (...) A maneira como essas oportunidades geográficas serão exploradas depende da estratégia (SLOAN and GRAY, 2013, p. 2).

Mais definições ainda poderiam ser trazidas sobre a geopolítica, compartilhando diferenças e semelhanças. Todavia, é preciso avançar a partir dessa breve síntese e lembrar, como nos indica Tuathail (1998, p. 1), que "Todos os conceitos possuem histórias e geografias e o termo 'geopolítica' não é exceção". Mas quais seriam as histórias e geografias do conceito de geopolítica?

Pensar a política em termos espaciais já vinha sendo realizado por todas as sociedades ao considerarem em suas estratégias fatores como território, a disponibilidade e a distribuição de recursos. Trabalhos como os de Sun Tzu, Maquiavel, Montesquieu, Clausewitz, de diversas temporalidades, origens civilizacionais e áreas de reflexão exploravam as interações entre a liderança, a organização do poder e do governo, o impacto das condições naturais nas sociedades e as estratégias de paz e guerra. Em termos formais, o nascimento do conceito "geopolítica" é localizado em 1899 na obra de Rudolf Kjellén. De acordo com Costa (1992),

> O pioneiro da geopolítica foi Rudolf Kjellén. Sueco, germanófilo e catedrático de Direito Político nas Universidades de Gotemburgo e Upsala. Sua fama deve-se praticamente ao fato de ter cunhado o termo geopolítica para expressar as suas concepções sobre as relações entre o Estado e o território. Suas principais publicações foram *As grandes potências*, de 1905, e *O Estado como forma de vida*, de 1916. Concebia a geopolítica como ramo autônomo da ciência política (...) (COSTA, 1992, p. 56).

Apenas citar essa data pouco nos diz ainda sobre as especificidades das "histórias e geografias" da geopolítica, mas já apresenta pistas importantes: o período de transição do século XIX para o XX. Dentre as características principais desse período, encontram-se processos de reordenamento do poder mundial, desenvolvimentos tecnológicos e o surgimento de novas abordagens sociais.

O cenário é de declínio da tradicional ordem europeia estabelecida no século XVII com o Tratado de Vestfália de 1648 e o Tratado de Utrecht de 1713. A partir desses tratados é criada tanto a concepção de Estados, sociedade de Estados, de sociedade e ordem internacional. De acordo com Bull (2002), Estados podem ser definidos como

> (...) comunidades políticas independentes, cada uma das quais possui um governo e afirma a sua soberania com relação a uma parte da superfície terrestre e a um segmento da população humana. De um lado, os estados têm, com relação a esse território e a essa população, o que poderíamos chamar de "soberania interna", ou seja, a supremacia sobre todas as demais autoridades dentro daquele território e com respeito a essa população; de outro, detêm o que

> se poderia chamar de "soberania externa", que consiste não na supremacia, mas na independência com respeito às autoridades externas. A soberania dos estados, interna e externa, existe tanto no nível normativo como no factual. Os estados não só afirmam a sua soberania interna e externa como, na prática, exercem efetivamente, em graus variados, essa supremacia interna e independência externa. A comunidade política independente que simplesmente afirma o direito à soberania (ou é julgada soberana por outros), mas não pode exercer na prática esse direito não é propriamente um Estado (BULL, 2002, p. 13).

Hobsbawm (1990) aponta que todo Estado é uma comunidade que se constrói a partir de elementos comuns que unem um determinado povo em torno de uma concepção política. Dentre esses elementos comuns, podem ser identificados: a nacionalidade, a raça, a região, a etnia ou construções socioculturais-linguísticas. O ponto-chave é que esses elementos convergem no sentido de prover a essa comunidade um sentido político, mas igualmente um sentimento nacional que permita a esse povo autodeterminar-se em um determinado espaço físico-territorial e diferenciar-se daquele definido como "outro". Todos esses componentes compõem as bases do nacionalismo e encontram-se ligados a posturas nativistas que reafirmam estes sentimentos de pertencimento, diferenciação e posse de um determinado modo de vida naquelas fronteiras definidas (ver 4.3).

A partir da interação estatal, gera-se um sistema internacional (também definido por Bull como um sistema de Estados) e uma sociedade internacional, que existe,

> quando um grupo de estados, conscientes de certos valores e interesses comuns, formam uma sociedade, no sentido de se considerarem ligados, no seu relacionamento, por um conjunto comum de regras, e participam de instituições comuns. Se hoje os estados formam uma sociedade internacional (...), é porque, reconhecendo certos interesses comuns e talvez também certos valores comuns,

> eles se consideram vinculados a determinadas regras no seu inter-
> -relacionamento, tais como a de respeitar a independência de cada
> um, honrar os acordos e limitar o uso recíproco da força. Ao mesmo
> tempo, cooperam para o funcionamento de instituições, tais como
> a forma dos procedimentos do direito internacional, a maquinaria
> diplomática e a organização internacional, assim como os costumes
> e convenções da guerra (BULL, 2002, p. 19).

Não cabe entrar nessas discussões teóricas das relações internacionais (PECEQUILO, 2016), mas apontar o que se entende por ordem internacional a partir de Bull e Mearsheimer (2019), fazendo uma mescla de conceitos. Portanto, ordem internacional é a inter-relação entre fatores complexos que evoluirão das primeiras concepções do século XIX ao XXI: Estados e Distribuição de Poder, Instituições, Ideologia, Regras, Regulamentação da Cooperação e das Dinâmicas de Competição, que leva à construção de Estruturas de Dominação e Equilíbrios. Como aponta Mearsheimer (2019, p. 9), "Uma ordem é um grupo organizado de instituições internacionais que ajuda a administrar as interações entre os Estados membros (...) pode abranger instituições que possuem abrangência regional ou global".

A realidade que antecede a criação da geopolítica é a ordem de caráter europeu cujo ciclo inicia-se em 1648 e encontra-se em inflexão no final do século XIX, como citado. Como sustenta Tuathail (1998), o impulso para a sua criação foram as rivalidades imperiais que se acirram a partir de 1870 e contestam o equilíbrio vigente. Tal equilíbrio sustentava-se na multipolaridade e na hegemonia da Inglaterra representada pela Pax Britannica. Estabelecida em 1815 no Concerto de Viena, a multipolaridade composta de Inglaterra, França, Prússia, Rússia e Império Austro-Húngaro não mais vigorava desde os processos de unificação da Alemanha e da Itália, em 1870. Nesse equilíbrio, a Inglaterra atuava, periodicamente, como uma garantidora da ordem por meio do "Isolamento Esplêndido" representado por intervenções no equilíbrio de poder europeu caso o considerasse ameaçado (KENNEDY, 1991; KISSINGER, 1994).

Outra característica dessa ordem era a decadência dos impérios multinacionais, Rússia e Áustria-Hungria já citadas, e do Império Otomano. A segunda metade do século XIX, no continente europeu, caracteriza-se pelas disputas entre Inglaterra, França e Rússia pelos espaços territoriais da Ásia Central, denominado de "O Grande Jogo" por Rudyard Kipling. Percebida como zona estratégica pelas potências europeias para a aquisição de recursos e novas rotas, para a Rússia esse espaço era visto como parte natural do seu entorno geográfico.

A consolidação do poder da Alemanha na Europa e dos EUA no outro lado do Atlântico era outro elemento que colocava em questão a ordem europeia. Adicionalmente, era o momento da corrida imperial na África e na Ásia entre as potências europeias, ao qual essas duas novas potências se juntavam. Alemanha e EUA concentravam igualmente a liderança da Segunda Revolução Industrial, ultrapassando em eficiência, produção e recursos as demais nações. Na América Latina, a segunda metade do século XIX em diante é marcada pelos processos de independência local, e a "troca" de dependências das antigas metrópoles Espanha e Portugal, para a Inglaterra e os EUA. Somados, estes acontecimentos revelam uma das facetas mais marcantes desse período: a globalização.

Socialmente, teorias de superioridade racial-ocidental, associadas ao determinismo geográfico e ao darwinismo social, e as ideologias do progresso eram dominantes. Enquanto o Determinismo Geográfico estabelecia, por princípio, que as condições do espaço fronteiriço daquele Estado eram dadas, o Darwinismo Social preconizava que um povo superior e com maior capacidade de adaptação deveria impor-se. O progresso só poderia ser obtido com uma combinação desses elementos, como um direito e um dever das sociedades mais desenvolvidas e capacitadas. Da Primeira à Segunda Revolução Industrial, a aceleração dos processos econômicos, políticos e sociais era marcante. Além disso, o progresso era visto como uma função da ordem e da coesão interna das sociedades, ligado à ciência.

A geopolítica nasce como resposta a esse cenário, como um instrumento de análise auxiliar para o reposicionamento das novas potências em ascensão (e fortalecimento de suas identidades nacionais), para a eventual defesa das nações em decadência e reforço de suas posições e para a compreensão dos fluxos de poder que se tornavam globais e os avanços em termos de capacidades e conversão de recursos via tecnologia. Não pode ser desconectada de uma ação estatal e das políticas de poder.

Essa característica básica, de estar associada a políticas de poder, é um dos pontos mais abertos à crítica e às tentativas de decretar sua invisibilidade, seja por sua suposta ineficiência como instrumento de análise ou pelo viés de preconceito que atrelaria aos estudos. O risco de seguir esse caminho é um processo de esquecimento ou mesmo de "cancelamento", que reescreve fatos e conceitos históricos, frequente nos tempos atuais.

Como toda disciplina, a geopolítica tem evoluído, ampliando suas abordagens para incluir temáticas associadas a atores não estatais, questões sociais, como meio ambiente e gênero. Toda e qualquer escola de reflexão passa por um processo de amadurecimento, e isso pode ser observado na geopolítica crítica dos anos 1990 e nos novos olhares e suas intersecções disciplinares.

> A geopolítica crítica busca desvendar a política que se esconde por trás do conhecimento geopolítico. Ao invés de definir a geopolítica como uma descrição sem questionamentos do mapa político, ela trata a geopolítica como um discurso, como uma forma culturalmente e politicamente diferente de representar e escrever sobre geopolítica e a política internacional. A geopolítica crítica não assume como um dado que o "discurso geopolítico" é a linguagem da verdade; ao contrário, entende que é um discurso que procura estabelecer e validar suas próprias verdades (...) a produção do conhecimento geopolítico é essencialmente uma atividade política contestada. Em síntese, a geopolítica é sobre política! (TUATHAIL, 1998, p. 3).

Enfatizando a importância do entendimento do lugar da geopolítica de forma crítica, Grygiel (2006) estabelece que ela é um, dentre três níveis de ação, sendo os demais, a geografia e a geoestratégia. A geografia é definida como a condição concreta, a geopolítica é o nível sistêmico, e a geoestratégia é o produto da formulação de políticas de decisão do Estado e é influenciada pela condição dada da geografia (ou permanente), pelas concepções geopolíticas e demais interações político-sociais intraestatais. Portanto,

> (...) geoestratégia é a direção geográfica da política externa de um Estado (...) descreve onde um Estado concentra os seus esforços pela projeção de poder militar e o direcionamento da atividade diplomática (...) Portanto, a geoestratégia de um Estado não é necessariamente motivada por fatores geográficos ou geopolíticos. Um Estado pode projetar poder (...) por razões ideológicas, devido a grupos de interesse ou simplesmente pela vontade de seu líder (GRAY, 2006, p. 22).

Feitas essas considerações e a contextualização histórica breve, cabe analisar, dentro das tradições do pensamento geopolítico no século XX, a evolução desse campo de estudo e das forças de poder correlatas.

2.2 A Dimensão Clássica (1899/1945)[4]

Como não poderia deixar de ser, e já foi aqui circunscrito, a dimensão clássica tem como ponto de partida a data de nascimento da geopolítica com o uso original do termo por Kjellén em 1899. Para muitos críticos, incluindo Costa (1992), essa teria sido a principal contribuição do autor, cujo

---

[4] Aqui segue-se a mesma linha de Wu (2017) e Tuathail *et al.* (1998), que é a definição de geopolítica clássica como as agendas de pesquisa tradicionais dos séculos XIX e XX, a qual se juntaram os pensadores estadunidenses no pós-1945.

pensamento se encontrava baseado majoritariamente na agenda de pesquisa de outro analista: Friedrich Ratzel em *Political Geography* (1897).

Embora não tenha criado o conceito de geopolítica, a obra de Ratzel trouxe reflexões da geografia política que definiam como relevante a análise do espaço territorial como precondição do poder dos Estados. O Estado é um organismo único que evolui e se desenvolve, dependendo das ações políticas que foram empreendidas naquele espaço territorial com maior ou menor eficiência para a utilização dos recursos que se encontram disponíveis. A capacidade de toda e qualquer unidade política depende, portanto, da inter-relação entre a liderança e a população para maximizar o poder existente. A centralização do poder político era vista como elemento essencial para o fortalecimento do elo população-Estado-Progresso.

As conquistas imperiais, as guerras pela expansão de espaço territorial são essenciais a qualquer unidade política, uma vez que poderiam lhe garantir o território necessário e adequado para a subsistência, existência e progresso de um determinado povo. Independentemente de fronteiras preestabelecidas, são as movimentações populacionais e as demandas da nação e seu povo que deveriam desenhar os mapas geográficos, assegurando o espaço vital.

Nos anos 1930, essa concepção de espaço vital, *Lebensraum*, tornou-se indissociável da ideologia do Partido Nacional Socialista Alemão, isto é, o Partido Nazista, de Adolf Hitler. Sua evolução em termos intelectuais ocorre no início do século XX, sendo impulsionada por uma combinação de elementos históricos: a eclosão da Primeira Guerra Mundial (1914/1918), a paz punitiva à Alemanha do Tratado de Versalhes, a consolidação de uma escola de pensamento geopolítica e sociopolítica alemã, a Grande Depressão de 1929, a ascensão do nazifascismo e o ciclo de mais uma Guerra Mundial (1939/1945).

Os ecos do espaço vital, entendido como resultado de uma expansão necessária do Estado em nome do bem-estar e da superioridade de sua população, podem ser encontrados muito antes desses acontecimentos. A conquista imperial europeia do século XIX na África e na Ásia, o domínio dos impérios multinacionais europeus e a construção dos EUA são exemplos de lógicas similares. No século XIX, a tese da fronteira de Frederick Jackson Turner e o Destino Manifesto sintetizavam o dever e a necessidade de expansão dos EUA por sua massa territorial continental como forma de assegurar seu progresso, dos povos menos desenvolvidos e do país. Em 1823, a Doutrina Monroe preconizava a "América para os Americanos" como zona de influência a ser preservada de poderes intra e extrarregionais que ameaçassem seu regime democrático e governança.

Cronologicamente, porém, antes de aprofundarmos esta discussão sobre espaço vital e a escola geopolítica alemã, é importante avançar nos estudos de Alfred Thayer Mahan e Halford J. Mackinder. Se Kjellén cunhou o termo geopolítica, Mahan tornou-se a referência nas análises sobre a relevância do poder marítimo e Mackinder é apontado como o "pai da geopolítica" mesmo sem ter usado o termo *stricto sensu* em seus trabalhos.

No caso de Mahan, Almirante ativo da Marinha dos EUA, segundo Sumida (2013) sua principal contribuição refere-se à quadrilogia sobre a marinha no período de 1660 a 1815, dentre os quais se destaca o volume *The influence of Sea Power upon history 1670-1783* (1890). O contexto dessas reflexões é a mudança no perfil da política externa dos EUA, que, a partir da segunda metade do século XIX, tornara-se mais proativa e internacionalista. Por sua localização geográfica e vantagens comparativas, saídas para os dois oceanos (Atlântico e Pacífico), o acesso fácil à região do Caribe e América Central, era essencial que os EUA fizessem a ocupação de seu espaço estratégico preferencial e que abrissem possibilidades de expansão a outras regiões para incrementar sua defesa e prosperidade.

A defesa viria por meio da contenção, dissuasão e projeção de poder do Estado por meio das vias marítimas, enquanto a prosperidade estava associada ao livre trânsito dos mares para o comércio e o controle de zonas de passagem estratégicas que permitissem maior rapidez e interconexão nas rotas navais. O desenvolvimento tecnológico de uma marinha mais eficiente, com maior poder de trânsito e bélico é uma prioridade. O desenvolvimento tecnológico é um dos pilares para atingir esses objetivos, construir e manter o domínio marítimo. As experiências portuguesa, espanhola e holandesa traziam bons ensinamentos, mas principalmente a inglesa e japonesa (lembrando que mesmo países sem geografia facilitada para a projeção marítima também não poderiam prescindir da marinha). De acordo com Sumida (2013),

> As visões de Mahan sobre posição geográfica podem ser sistematizadas da seguinte forma. Primeiro, um estado insular tem mais probabilidade de concentrar seus recursos no desenvolvimento marítimo e expansão marítima do que um continental. Segundo, fatores geográficos podem tanto "promover uma concentração ou demandar a dispersão das forças navais" com efeitos amplos sobre as circunstâncias estratégicas navais de um país. Terceiro, a posição geográfica vis-à-vis outros poderes pode conferir "uma vantagem estratégica adicional de uma posição central e uma boa base para operações hostis contra prováveis inimigos não somente em termos de ataques ou território ou importantes rotas comerciais. Quarto, Mahan percebeu que o controle de certos espaços marítimos era particularmente importante por razões econômicas e militares (SUMIDA, 2013, p. 47).

Em 1899, a Política de Portas Abertas, um dos principais pilares da abertura dos EUA para o mundo e sua projeção de poder, é inspirada nas preocupações de Mahan, com foco no acesso aberto e trânsito sem constrangimentos às rotas oceânicas. Em 1918, a liberdade dos mares foi tema novamente das preocupações do Estado norte-americano nos 14 Pontos de Woodrow Wilson, referenciais do futuro Tratado de Versalhes

(1919) no encerramento da Primeira Guerra Mundial (1914/1918). A garantia do livre trânsito pelos espaços oceânicos era uma prioridade, que se mantém como permanente nas visões estratégicas dos EUA e inspira outras nações como a China.

Ao longo do tempo, a questão marítima tem se mostrado chave nas relações internacionais, e no período contemporâneo os desenvolvimentos tecnológicos contribuem para facilitar os deslocamentos marítimos, modernizar rotas estratégicas e descobrir novas rotas. Segundo Grygiel (2006), esse tem sido um dos fatores essenciais no jogo de poder contemporâneo entre as potências que envolvem a disputa por essas rotas e seu controle, a soberania de águas territoriais e a possibilidade de autorizar e negar acesso a essas águas territoriais a outras nações competidoras. O autor lembra que mesmo que uma nação possa fornecer à outra liberdade de passagem em seus mares territoriais, isso não significa que ela esteja disposta a desistir do controle estratégico desse espaço.

Se Mahan analisa o poder e o espaço do mar, a obra de Mackinder desloca-se para a dimensão terrestre. As contribuições do autor demonstram-se chaves no debate da área e referência para todas as gerações de estudiosos da geopolítica, da geografia, da história, da estratégia e das relações internacionais. Tornaram-se escritos essenciais para a orientação das doutrinas estratégicas das potências europeias e asiáticas. A tríade da literatura mackinderiana é: *The Geopolitical Pivot of History* (1904), *Democratic Ideals and Reality: A study in the politics of reconstruction* (1919) e *The round world and the winning of the peace* (1943).

As análises do autor são tanto descritivas quanto prescritivas. Essas reflexões colocam problemas a serem resolvidos a partir da compreensão geográfica do mapa mundial. O pano de fundo de *The Geographical Pivot of History* (1904) é a derrota da Inglaterra na Segunda Guerra dos Boers (1899/1902), que havia gerado a preocupação, como aponta Sloan (2013), com o desconhecimento inglês das condições concretas que enfrentaria. O início do século XX parecia trazer pressões adicionais, devido ao rápido crescimento da Alemanha na Europa e no mundo, as instabilidades da Rússia e dos demais impérios multinacionais. O objetivo era explicar o contexto em termos geográficos e históricos, e as estratégias e táticas necessárias para o reposicionamento britânico.

Para Mackinder (1904), o pressuposto básico era o do enfrentamento histórico entre poderes terrestres e marítimos, sendo que os primeiros teriam uma vantagem comparativa. Esse tema, na realidade, é motivo de interpretações diversas na obra do autor, com alguns analistas como Wu (2017), indicando que Mackinder não considerava tão irrelevante o poder marítimo. Por outro lado, Mello (1999), Costa (1992) e Sloan (2013), convergem no sentido de apontar a preferência de Mackinder pelo controle do poder terrestre, e os riscos que a Inglaterra sofria por não ter uma base concreta territorial de ação no continente europeu.

Os críticos apontam que o autor subestimava o risco de estrangulamento que os poderes terrestres poderiam sofrer em suas fronteiras geográficas, fechando suas rotas de projeção. Análises como as de Nicholas J. Spykman nos anos 1940 e os subsequentes desenvolvimentos do pensamento geopolítico nos EUA apresentam uma concepção mais abrangente. Mas, antes de passar a essas dimensões, é necessário compreender as percepções de Mackinder. Em sua visão, os referenciais básicos da geopolítica são:

A. A existência de um sistema internacional fechado e global como unidade de análise, resultante do processo de expansão e interconectividade, característica de um período pós-columbiano iniciado no século XX.

B. A conformação dessa totalidade internacional como um espaço único de disputa por posições e poder entre os Estados foi alcançada devido aos desenvolvimentos tecnológicos e conhecimentos disponíveis para a projeção de poder.

C. Independentemente de ser um espaço único, prevalece no sistema internacional a disputa pelo controle de áreas estratégicas, que devem ser avaliadas como de maior ou menor importância por suas condições geográficas.

D. Historicamente, essas disputas por controle ocorrem entre poderes terrestres-continentais e poderes marítimos, que se chocam pelo mencionado controle das áreas estratégicas.

E. A partir da análise dessas condições geográficas, o mundo pode ser dividido nas seguintes áreas estratégicas: a *Pivot Area* (ou área-pivô ou basilar), a *Outer Crescent* (crescente externo oceânico — a Inglaterra, o Canadá, o Japão, os EUA, a Austrália e a África do Sul) e *Inner Crescent* (crescente interno oceânico e terrestre — Alemanha, Áustria, Turquia, Índia e China).

O termo *Pivot Area* foi substituído pelo conceito de *Heartland* em *Democratic Ideals and Reality: A study in the politics of reconstruction* (1919), que emerge sob a sombra dos arranjos de paz da Primeira Guerra Mundial. A Primeira Guerra havia sido o ápice do processo de reordenamento de poder citado no início do capítulo, que culminara com o conflito global entre a Alemanha de um lado, e as forças ocidentais Inglaterra, França e EUA do outro. Ao mesmo tempo, a Rússia fazia a sua revolução de caráter socialista em 1917, ano da entrada tardia norte-americana na guerra. A derrota alemã e o Tratado de Versalhes (1919) são símbolos do encerramento das hostilidades, mas que iniciam outro período de tensões entre 1919-1939, denominado por Carr (2001) de vinte anos de crise.

O Tratado de Versalhes (1919), como aponta Kissinger, resultou de uma mescla de concepções europeias sustentadas na Paz Punitiva à Alemanha, baseada em reparações financeiras, limitações a suas forças armadas e perdas de fronteira, com as visões wilsonianas de autodeterminação dos povos, segurança coletiva (Liga das Nações) e democracia.

Outros elementos da lógica wilsoniana eram a liberdade dos mares e do comércio, a transparência das negociações diplomáticas e o controle de armamentos.

A autodeterminação dos povos criaria uma série de novos Estados no continente europeu, que emergem como unidades políticas pouco sustentáveis a partir do fim dos impérios multinacionais. Essas regiões como a Europa Oriental convertem-se tanto em espólios de guerra como em zonas de vácuos de poder, não representando uma separação entre a Europa e a Rússia ou um elemento de contenção ao renascimento alemão (cordão sanitário ou zona tampão). Sem essas zonas de separação, não só a Alemanha, mas outros países em situação similar, podem sofrer o que se define como estrangulamento (*encirclement*).

O contexto é paradoxal em termos do comportamento dos EUA no pós-Guerra: ao mesmo tempo em que cria a arquitetura de paz sob novos princípios e instrumentos de poder, incluindo a Liga das Nações, uma organização internacional governamental, e se encontram como líderes do poder econômico-diplomático do período, os EUA não se engajam ativamente. Isso gera um vácuo de poder, à medida que a nação mais poderosa não atua para a preservação da estabilidade ou gerenciamento do equilíbrio de poder.

É neste contexto de instabilidades que Mackinder atualiza seu pensamento. A análise repensa o cenário estratégico-geográfico europeu, já levando em conta esses arranjos. Embora não fosse político ou diplomata, o autor aponta na obra de 1919 a fragilidade institucional e valorativa da paz democrática e o enraizamento de um sentimento de exclusão e revanche na Alemanha. O retorno ao tema da área-pivô resulta de um estudo do mundo do pós-guerra e das possibilidades latentes de uma nova confrontação pelo controle dos mesmos espaços-chave continentais.

Define-se a massa continental terrestre composta de Europa, Ásia e África como uma Ilha Mundial (*World Island*), cuja área-pivô essencial ao seu controle é denominada de *Heartland* (o coração do mundo). As características básicas desse espaço são a sua extensão territorial, o isolamento e a planície, como aponta Mello (1999). Wu (2017) complementa destacando a potencial insularidade e dificuldade de acesso a esse território, que concentra a maior parte da população global, e a sua proteção de ataques externos e capacidade de desenvolvimento. Nas palavras de Mackinder,

> (...) para os objetivos do pensamento estratégico, inclui o Mar Báltico, a parte baixa e do meio navegável do Danúbio, o Mar Vermelho, a Ásia Menor, a Armênia, a Pérsia, o Tibet e a Mongólia. Neste espaço estavam incluídos, portanto, a Prússia de Brandenburgo, a Áustria-Hungria, assim como a Rússia (...) O heartland é a região na qual, sob condições modernas, pode-se negar o acesso marítimo (MACKINDER, 1919, p. 35).

Estrategicamente, para o domínio e a conquista do poder mundial, o autor estabelece uma espécie de "mantra" da geopolítica[5]: "Aquele que comanda a Europa Oriental controla o coração do mundo; aquele que comanda o coração do mundo comanda a Ilha Mundial; aquele que comanda a Ilha Mundial comanda o mundo." A visão de Mackinder prioriza em 1919, ainda, o poder terrestre como protagonista, assim como as movimentações das potências europeias. Em 1943, contudo, o próprio autor atualizaria mais uma vez sua visão sobre a divisão espacial e geográfica do mundo, as potências e sua projeção de poder, confrontado por dois acontecimentos interdependentes: a Segunda Guerra Mundial (1939/1945) e a ascensão dos EUA.

Em 1943, com a guerra em andamento, já se discutiam os primeiros arranjos de paz para o novo sistema internacional. Naquele contexto, reconhece a consolidação dos EUA como referencial na política

---

[5] No original, Who rules East Europe controls the heartland: who rules the heartland commands the world-island: who rules the world-island commands the world.

internacional, estabelecendo mais uma zona estratégica: o Oceano Central (*Midland Ocean*). Para Mello (1999, p. 65), "o Oceano Central era o equivalente marítimo da Terra Central". Destaca-se também que a tecnologia tem possibilitado uma maior ação global dos Estados, podendo-se falar em poderes anfíbios, como os que mesclam poder terrestre e marítimo. Especificamente, o Oceano Central é assim definido por Mackinder:

> Dentro dele encontram-se duas características de igual relevância: o Heartland e a base do Midland Ocean (Atlântico Norte), com seus quatro mares subsidiários (Mediterrâneo, Báltico, Ártico e do Caribe). Distante desta região está o Great Ocean (Pacífico, Índico e Atlântico Sul) e as terras que lhe são próximas (monções asiáticas, Austrália, América do Sul e a África ao Sul do Saara) (MACKINDER, 1943, s/p).

Mackinder mantém que "O heartland é a maior Fortaleza natural da terra". Em sua versão mais acabada, sintetizando a evolução desse pensamento, Mello indica que a:

> A noção de Heartland — que pode ser entendida como área-pivô, região-eixo, Terra Central ou coração continental — é o conceito-chave que constitui a pedra de toque da teoria do poder terrestre (...) todos os demais conceitos dessa teoria — Grande Oceano (Great Ocean), Ilha Mundial (World Island), Crescente Interno (Inner Crescent), Crescente Externo (Outer Crescent) e Oceano Central (Midland Ocean) — só adquirem plena significação geopolítica e estratégica em relação com esse conceito basilar (...) mais do que um conceito político o Heartland é um ideia estratégica (...) (MELLO, 1999, p. 45).

Na Alemanha, a formação do pensamento geopolítico alemão e seu desenvolvimento nas décadas de 1920 e 1930 apresentou forte interdependência entre as reflexões acadêmicas e a política de Estado. O pensamento alemão, simbolizado por Haushofer, apresentou muitas similaridades às concepções de Mackinder, ao defender como essencial para a Alemanha a sua expansão e potencial conquista da Eurásia como forma de garantir seu espaço vital. Na mesma época, e avançando nos anos 1940, o pensamento de Spykman contesta a importância do *Heartland*, por meio da criação de novos conceitos, como o *Rimland* (as bordas territoriais, em uma tradução livre), e com foco na projeção dos EUA.

Como sustenta Herwig (2013), havia uma profunda interdependência entre a ação acadêmica e a política de Haushofer na conformação do pensamento nazista[6], como foco nas seguintes questões: a centralização autárquica do Estado para o seu desenvolvimento e a conquista do espaço vital como mecanismo essencial para a Alemanha garantir seu potencial, realizar seu destino nacional (entendido como destino de superioridade dos povos germânicos diante das outras sociedades). Para o autor, a despeito de uma relativa mudança de nomenclatura, o pensamento de Haushofer ecoa o *Heartland* ao definir o mundo em pan-regiões: América, Rússia, Ásia e a Euráfrica. Mello (1999) aponta que:

> Em síntese, a Geopolitik de Haushofer defendia a constituição de um bloco transcontinental eurasiático formado por uma aliança russo--germânica-japonesa, que teria à sua disposição um excedente de

---

[6] A obra de Carl Schmitt (2009), cientista social, igualmente traz temas adotados pelo nazismo. Schmitt, assim como Haushofer, negava sua intencionalidade em colaborar com o nazismo, mas seus textos mantiveram-se sob essa sombra. Os temas específicos são: o espaço vital e a construção do inimigo como elemento necessário para a definição da própria identidade e missão de um povo. A diferenciação amigo-inimigo, quem é o outro, contudo, é comum na política e não necessariamente só foi aplicada pelo nazifascismo, sendo um dos motes ideológicos das relações internacionais dos EUA na Guerra Fria. A definição genérica de Schmitt estabelece: "(...) inimigo é apenas um conjunto de pessoas em combate ao menos eventualmente (...) A contraposição política é a contraposição mais intensa e extrema, e toda dicotomia concreta é tão mais política quanto mais ela se aproxima do ponto extremo, o agrupamento do tipo amigo-inimigo" (SCHMITT, 2009, p. 30-31).

poder não compensado em termos militares, econômicos e demográficos, capazes de colocar em xeque o poderio naval britânico (MELLO, 1999, p. 80).

A eclosão da Segunda Guerra Mundial e as ações alemãs colocariam em xeque mais uma vez o contexto europeu. Em 1939, a invasão da Polônia pela Alemanha sedimentava a expansão do espaço vital germânico e o programa nazifascista (VISENTINI, 2020; VISENTINI, 2021). A crise econômica da Grande Depressão somente acelerou esse processo, ao lado dos vácuos de poder e crise lançados por Versalhes. A guerra mais uma vez oporia de um lado França, Inglaterra, EUA e então União Soviética (URSS), os aliados; e, do outro, as forças do eixo, Alemanha, Japão e Itália. EUA e URSS haviam entrado tardiamente na guerra em 1941, respectivamente pela política de neutralidade e pelo Pacto de Não Agressão Nazi-Soviético, e foram as forças decisivas para a derrota dos projetos imperialista germano-japonês: projetos que permitiriam o controle do *Heartland* por essas nações.

A obra de Spykman abre duas novas fontes de debate: uma prática referente ao futuro dos EUA como potência mundial e uma geográfica sobre o controle da região eurasiana, introduzindo o conceito de *Rimland*. De acordo com Padula (2018), as reflexões de Spykman permitiram pensar a geoestratégia dos EUA a partir da geografia. O impacto de Spykman na construção das relações internacionais do país permite, em linhas gerais, falar de uma tradição americana a partir de 1945 (que, com Mahan e Mackinder, compõem a escola anglo-saxã).

Os livros de referência para a compreensão das teses de Spykman são *America´s Strategy in World Politics* (1942) e *The Geography of the Peace* (1944). Avaliando as dimensões prioritárias aqui identificadas dessa obra, o papel dos EUA e o novo conceito de *Rimland*, o trabalho do autor claramente dialoga com o passado recente da política externa norte-americana. A crítica é contra a política definida pelo autor como de isolacionismo[7] assumida no pós-1918, demonstrando a necessidade de que o país assuma uma posição mais ativa globalmente.

Caso contrário, sua segurança estaria ameaçada, principalmente pelos rumos da Segunda Guerra Mundial em andamento, que poderiam levar à vitória da Alemanha. E, mesmo se não ocorresse essa vitória, sem uma ação concreta de construção da ordem dos aliados, mas principalmente dos EUA, poderia se repetir o histórico de uma paz frágil e instável. Se permitissem que uma outra nação dominasse a Eurásia e seu entorno, os EUA estariam deslocados do eixo de poder mundial, sem possibilidades de ação ou projeção de poder além de seu hemisfério. Mais ainda, a concentração de recursos que qualquer nação alcançasse ao controlar essa região poderia colocar em xeque a própria zona de influência dos EUA, seu espaço preferencial hemisférico. Como indica Padula (2018),

> O autor a um só tempo justifica o intervencionismo (e a preocupação com o equilíbrio de poder) na Eurásia e a hegemonia no hemisfério ocidental. Spykman observa um paralelismo geográfico entre a América do Norte e a Eurásia, por terem a mesma vizinhança (Atlântico, Pacífico e Mar Ártico) e, portanto, se cercarem mutuamente, estando próximas e interligadas por ilhas transoceânicas — ainda mais com o avanço do poder aéreo e das tecnologias que proporcionam maior raio de alcance para a agressão militar. Assim, os EUA seriam uma ilha transoceânica cercada pelas extremidades da Eurásia e deveria atuar permanentemente nessa área geográfica para promover seu equilíbrio de poder, além de dominar as ilhas transatlânticas e transpacíficas. Não interessaria uma federação

---

[7] A definição da política externa dos EUA no período é fonte de debate, podendo-se usar o termo isolacionismo ou o termo internacionalismo unilateral, como referência ao comportamento do país no mundo. Considera-se o mais correto internacionalismo unilateral, à medida que o não engajamento pleno dos norte-americanos na construção e na estabilidade da ordem mundial do primeiro pós-guerra não significou o pleno distanciamento do sistema. Tratava-se de uma opção tática ligada à premissa de Washington, primeiro presidente do país, que defendia o não engajamento permanente e a preservação da margem de manobra do país (PECEQUILO, 2011).

> da Europa formando um único ator com supremacia na região. Na América, hemisfério ocidental, a supremacia estadunidense não poderia ser ameaçada, dentro do seu objetivo mais amplo de segurança; não só na "América Mediterrânea" (Mar do Caribe e Golfo do México, incluindo Venezuela e Colômbia), mas também na "zona equidistante meridional" ao sul do Amazonas, para utilizar as referências espaciais de Spykman (PADULA, 2018, p. 34-35).

A política externa dos EUA deveria ser baseada em uma visão de poder que preservasse o equilíbrio de poder mundial favorável aos norte-americanos, por meio de sua ação, tendo como área-pivô a Eurásia. Aqui, porém, reside uma diferença essencial de como pensar e garantir o controle da Eurásia em comparação ao pensamento de Mackinder (ainda que, como discutido, o autor tenha ampliado sua percepção de zonas estratégicas-chave no texto de 1943). Enquanto Mackinder pensava em um controle da Eurásia de dentro para fora — ou seja, o sentido da projeção é do continente para as periferias e/ou bordas oceânicas —, considerando esse espaço como uma fortaleza geográfica de difícil acesso pelo poder marítimo, a lógica de Spykman é inversa. Mas o que significa isso?

Spykman não nega como relevante o controle estratégico da Eurásia pelo Estado que se defina como potência, mas aponta que essa massa terrestre pode ser estrangulada, isto é, o controle da Eurásia poderia ocorrer de fora para dentro, acessando-a, como indica Mello (1999), via Europa, Oriente Médio e China (que na terminologia de Mackinder correspondem ao *Inner Crescent*). Essas regiões eram vistas como periféricas, mesclando zonas litorâneas e terrestres (COSTA, 1992). Assim, para Spykman, quem controlasse o *Rimland* estaria no controle do mundo, pois isso lhe permitiria dominar a Eurásia e as suas bordas. Ou seja, "Em virtude de seu caráter anfíbio, o *Rimland* era fisicamente uma área-tampão entre o poder marítimo que controlava a linha circunferencial costeira e o poder terrestre que dominava a região central eurasiana (MELLO, 1999, p. 122).

A vitória aliada na Segunda Guerra Mundial em 1945 levaria em conta essas questões da geopolítica clássica na construção da ordem, em um processo que se inicia mesmo antes do encerrar do conflito desde 1943. As contribuições da geopolítica clássica demonstram-se essenciais no estabelecimento dessa nova etapa, como trazem para o debate novos colaboradores e agentes da estratégia.

2.3 A Evolução Contemporânea (1946/1989)

Em 1945, a Segunda Guerra Mundial consolidou os EUA como a potência hegemônica do sistema internacional. Iniciava-se a era da *Pax Americana*, por meio de uma concentração inédita de recursos políticos, sociais, econômicos e estratégicos nas mãos de uma só nação. A preservação do território dos EUA, a vitalidade comercial-financeira-produtiva encerrando a crise de 1929 e o monopólio nuclear permitiram que o país tomasse a frente dos processos de construção da paz mesmo antes do encerramento do conflito ao lado dos demais aliados: Inglaterra, França e URSS.

Essa construção possuía elementos geopolíticos e geoeconômicos (abordados no Capítulo 3). Essa multidimensionalidade recuperava elementos do pós-1918, como a segurança coletiva e a criação de organismos multilaterais, somados aos ensinamentos da geopolítica clássica. Esses ensinamentos estavam na base dos arranjos territoriais propostos pelos vencedores para a sua acomodação e estabilidade. Para os perdedores, estabeleciam-se limites e processos de contenção, visando reconstruir o mapa europeu e asiático à luz das derrotas alemã, japonesa e o embrionário processo de descolonização afro-asiático no vácuo do declínio definitivo das potências europeias.

Do pensamento acadêmico, passava-se a uma geopolítica ativa, de intersecção entre o governo e as universidades que permanece até o século XXI. Essa interdependência entre a teoria e a prática era definida por Stanley Hoffmann (1977[8]) como "porta rotatória". O termo "rotatória" refere-se ao processo permanente de entrada e saída de especialistas das universidades para o governo. Igualmente, ocorre o inverso: membros da carreira governamental (Forças Armadas, Diplomacia) atuando na academia e empresas.

Essa ação era reforçada por políticas sistemáticas de formação de quadros com financiamento de universidades de ponta e comunitárias pelo governo, de projetos e centros de pesquisa, denominada de "Universidade da Guerra Fria". De acordo com Vaisse (2013), o objetivo era identificar e formar uma geração de pensadores jovens para atuar em segmentos específicos. Isso permitiu a consolidação nos EUA dos chamados estudos de área, com a formação de especialistas em temas-chave do interesse nacional. Henry Kissinger e Zbigniew Brzezinski representam o tipo ideal desse modelo. Assim, "A Universidade da Guerra Fria (...) foi a incubadora de muitos centros de pesquisa sobre assuntos internacionais, combinando o ensino a uma abordagem orientada à formulação de políticas" (VAISSE, 2013, s/p).

Esse processo reforça a consolidação de um pensamento geopolítico dos EUA e não pode ser dissociado de sua ascensão à condição hegemônica. Segundo Venier (2010), havia uma preocupação da parte norte-americana de desvincular suas ações de uma política de poder, distinguindo-a das escolas inglesa e alemã. Entretanto, o que mudaria não seria a visão da geopolítica como política de poder, mas sim as variações táticas que a visão dos EUA associaria a esse exercício hegemônico. A construção desse exercício hegemônico e da ordem liderada pelos EUA apresenta três períodos que conformam esse pensamento geopolítico:

---

[8] Para Hoffmann (1977), a ascensão hegemônica dos EUA solidifica as Relações Internacionais como uma "ciência social norte-americana".

1944 a 1945, de construção da ordem hegemônica; 1945 a 1947, de embrião da Guerra Fria; e 1947 a 1989, a Guerra Fria.

O primeiro período corresponde ao estabelecimento das linhas divisórias entre vencedores e perdedores como indicado e, mais importante, à definição das zonas de influência dos vencedores. Como indica Kissinger (1994), esse processo consolida-se por meio do reconhecimento do papel da URSS na vitória diante das forças do eixo, ressaltado pelo Presidente norte-americano Franklin Delano Roosevelt (FDR). A Conferência de Yalta (fev. 1945) foi o marco no estabelecimento desse desenho global. A lógica é a da "terra pela paz", e/ou estabilidade, com o respeito às fronteiras soviéticas existentes antes da guerra e a ampliação da sua esfera de influência como um cordão sanitário/zona-tampão de proteção à Europa Oriental e aos países bálticos.

Isso poderia parecer contrário às concepções de Mackinder, que ressaltavam a relevância do controle do *Heartland*. Parecia, assim, que os EUA cediam à URSS uma região que tornaria o seu domínio global mais frágil. Entretanto, um exame da divisão do mundo na época indica que o controle da Europa Ocidental pelos EUA, do Japão e, a partir dos anos 1950, da Coreia do Sul, eram mais do que suficientes na região eurasiana para reforçar seu controle territorial e marítimo de espaços-chave. Se a URSS parecia controlar o *Heartland*, os EUA controlavam grande parte do *Rimland*. Não se pode esquecer que a América Latina já se encontrava sob a liderança dos EUA. A expectativa até o fim do primeiro semestre de 1945 não era o de uma nova confrontação no sistema internacional, mas sim de acomodação. Portanto, não havia contradição em "ceder" esse espaço à URSS.

A URSS foi mantida isolada, mas ainda assim conseguiu desenvolver importantes recursos de poder, em particular no que se refere ao setor energético. Ao longo da Guerra Fria, estabeleceu uma rede de gasodutos e oleodutos, responsáveis majoritariamente pelo fornecimento de gás para a Europa Ocidental. Essa rede atravessava seu território, assim como nações europeias, sendo um lado pouco conhecido da bipolaridade: as trocas comerciais entre o Leste e o Oeste, baseadas em energia e alimentos. Assim, a dependência energética Europa-Rússia foi construída durante a Guerra Fria, com foco no gás e petróleo, sendo considerada, de certa forma, uma "realidade dada" que escapava às condicionalidades do conflito político e à margem da influência estadunidense. Tal realidade não se alterou com o encerramento da bipolaridade, com países europeus dependendo fortemente do gás russo para o funcionamento de sua matriz energética residencial e de empresas. Na Alemanha, por exemplo, essa dependência do gás russo varia entre 50%-60% do consumo interno. Esse cenário, contudo, não se dá, ou se deu, isento de conflitos, principalmente no pós-1989. Ainda que essa dependência não se altere, a busca de alternativas não era um movimento inédito da parte de europeus e nem dos russos.

Como se analisará nos próximos capítulos, o Ocidente promoveu políticas de aquisição e competição com a Rússia no setor energético via diplomacia dos dutos, e a Rússia tem buscado a diversificação de mercados consumidores com foco na China e na Índia. Porém, foi a Guerra da Ucrânia de 2022, definida pela Rússia como uma Operação Especial (ver 5.3), que inaugurou uma nova etapa dessa disputa que envolve elementos geopolíticos e geoeconômicos.

Somado a isso, a inovação de um sistema internacional baseado no engajamento dos Estados em organizações e regimes internacionais, especificamente o Sistema das Nações Unidas (também conhecido como Sistema de Dumbarton Oaks) no campo político-estratégico-diplomático e o Sistema de Bretton Woods na arena econômica, que tinha como seus pilares respectivamente a Organização das Nações Unidas (ONU), o Fundo Monetário Internacional (FMI) e o Banco Mundial (BM)[9] permitiam a disseminação do poder dos EUA por meios alternativos. O

---

[9] Dentro do BM encontrava-se localizado o Banco para a Reconstrução e Desenvolvimento (IBRD).

multilateralismo é um aspecto essencial da ordem à medida que a lógica das "teias" de compromisso se aplica à dimensão macro e micro: à escala global, com instituições de escopo mundial, e à escala regional, com organismos regionais.

Ainda que a URSS fosse incluída na ONU e no seu Conselho de Segurança como membro permanente (ao lado dos EUA, França, Inglaterra e China), o país mantinha-se alijado dos organismos da ordem econômica internacional (ver 3.1). Dessa forma, realizava-se a política de Spykman de ativismo globalista e de prevalência no *Rimland*, com bases territoriais e não territoriais.

A *Pax Americana* sustenta-se em instrumentos de projeção de poder diversificados, que seguem as linhas abordadas no Capítulo 1: o poder estrutural, bélico, que permite a imposição de força e vontade; o poder institucional, sustentado em organismos internacionais governamentais, cooptando os demais Estados para a ordem internacional, oferecendo-lhes benefícios como ajuda financeira, apoio político e segurança; e o poder ideológico, que se inclui também na arena da cooptação, disseminando o modelo político-econômico dos EUA e o seu modo de vida baseado no capitalismo e bens de consumo. Os Estados tornam-se clientes da hegemonia e, ao se beneficiarem da ordem, têm menos incentivos para desafiá-la. O termo usado por Gaddis (1998) é "império por convite" (a URSS, por oposição é o "império por imposição"), aplicando-se a lógica também do "liberalismo interpenetrado" de Ruggie (1996).

Os EUA fornecem garantias a esses clientes que respeitarão seus Estados e interesses, não fazendo uso de seu poder ao máximo, o que caracteriza o "Leviatã Liberal" de Ikenberry (2012). Os compromissos e o engajamento são mútuos entre os EUA e os aliados (*binding, lock in* e *engagement*), sustentado, adicionalmente, na autorrestrição estratégica da hegemonia (*strategic restraint*). Em uma lógica geopolítica, a potência norte-americana assume o papel de mantenedor do equilíbrio de poder em todas as regiões que estão em sua esfera (*holder of the balance*).

A intervenção só é realizada quando necessário e como Estado-pivô, os EUA tornam-se também o parceiro mais confiável e principal mercado e/ou aliado e/ou provedor de segurança dos demais Estados daquele espaço (*honest broker*).

De acordo com Joffe (1997), o controle do equilíbrio do poder regionalmente permite que os EUA realizem uma espécie de cooptação e contenção permanente de aliados e não somente de potenciais inimigos. Aliados e potenciais inimigos são todos ameaças, assim é preciso circunscrever sua área de atuação e recursos de poder, e comprometê-los com o *status quo* de tal modo que não interesse o seu desmonte. A concessão de benefícios aos "clientes" permite uma condução mais estável e com menos custo das ordens regionais e, consequentemente, da ordem global para os EUA.

Essa política externa é definida como internacionalismo multilateral, quebrando os padrões unilaterais prévios que custaram aos norte-americanos a presença no sistema internacional pós-1918. O lado menos benigno da hegemonia revela-se nos documentos estratégicos e indica a necessidade de impedir a ascensão de qualquer poder, em qualquer região, que ameaçasse a presença ou o acesso dos EUA a esse espaço, afetando o seu equilíbrio. Trata-se, portanto, de um jogo político e territorial complexo, mas que garante aos EUA presença mundial, além de suas fronteiras originais. A contenção da URSS viria a completar esse cenário a partir de 1947.

Do segundo semestre de 1945 a 1947, construiu-se a lógica do conflito. O que era antes uma zona-tampão, a Europa Oriental, passou a ser classificada nas palavras de Churchill (1946) como uma "Cortina de Ferro", construída pela URSS, cuja natureza expansionista trazia a ameaça do comunismo a todos os povos. A lógica bipolar e da oposição Leste-Oeste presente nesse discurso de 1946 já havia sido sinalizada pelo endurecimento do novo presidente Truman diante da URSS na última conferência de paz de 1945 em Potsdam, após a morte de FDR.

Simbolicamente, o uso das duas bombas nucleares no Japão, Hiroshima e Nagasaki, surgira como prenúncio desta nova era, que seria conhecida como Guerra Fria.

O elemento nuclear e demais desenvolvimentos tecnológicos alteram significativamente a questão dos limites geográficos do poder a uma nação, permitindo-lhe, cada vez mais, atuar de forma global. Ainda que se mantenham as lógicas "poder marítimo-poder terrestre", elas passam a ser insuficientes para compreender a nova dinâmica de ocupação de espaços existentes e o potencial de destruição dos conflitos. Aron (1986) denomina o início da era nuclear do momento do equilíbrio do terror pela destruição mútua assegurada (MAD-*Mutual Assured Destruction*). As fronteiras territoriais continuam relevantes para compreender o mundo, mas, ao mesmo tempo, tornam-se insuficientes para abordar toda a dinâmica das guerras de posição entre as superpotências.

Com o nascimento da Guerra Fria e da política de contenção nos EUA, as motivações externas relacionam-se à permanência do temor dos aliados europeus de uma eventual política de expansão da URSS nos territórios ocidentais. Segundo Kissinger (1994), essa probabilidade era muito baixa naquele momento, devido às perdas da guerra soviética. Entretanto, essa era, como dizia Churchill, uma "sombra que pairava na Europa". Majoritariamente, são as raízes internas aos EUA que levam à definição da URSS como inimiga. A construção de uma ameaça que justificasse a presença, inclusive física, com tropas, no exterior dos EUA, era percebida como essencial para quebrar, em definitivo, o unilateralismo. Era vista como função para a construção do aparato bélico-governamental que sustentaria a hegemonia. A ameaça soviética era funcional para a solidez do internacionalismo multilateral e o exercício da *Pax Americana*.

O conjunto de textos e documentos estratégicos que compõem o início da geopolítica da Guerra Fria são: de George Kennan, *o Longo Telegrama* (1946) e o artigo *The Sources of Soviet Conduct* (1947), que assina sob o pseudônimo de Sr. X; o discurso de Truman de 1947 que dá origem à Doutrina Truman e/ou Doutrina de Contenção e diretrizes NSC-20 (1948) e NSC (1950), emitidas pelo nascente Conselho de Segurança Nacional, principal órgão assessor da Casa Branca para a formulação de políticas a partir de 1947 (que se sobrepõem ao Departamento de Estado responsável pelo campo diplomático). O Sr. X estabelece as linhas orientadoras desta política externa:

> Nestas circunstâncias está claro que o principal elemento de qualquer política dos Estados Unidos em direção à União Soviética deve ser *o de uma contenção de longo prazo, paciente, mas firme e vigilante das tendências expansionistas russas* [...] a pressão soviética sobre as instituições livres do mundo ocidental é algo que pode ser contido pela habilidosa e vigilante aplicação de contrapressões em uma série de pontos geográficos e políticos em constante mudança, correspondentes às alterações e manobras da política soviética [...] É totalmente possível para os Estados Unidos influenciar por suas ações os desenvolvimentos internos, tanto dentro da Rússia como através do movimento comunista internacional pelo qual a política russa é amplamente determinada [...] É uma questão de em que medida os Estados Unidos podem criar genericamente entre os povos do mundo a impressão de um país que sabe o que quer, que está lidando com sucesso com os problemas de sua vida interna e com as responsabilidades de um poder mundial, e que tem uma vitalidade espiritual capaz de destacar-se entre as principais correntes ideológicas do tempo [...] Para evitar a destruição, os Estados Unidos somente precisam estar à altura de suas próprias tradições [...] (X, 1947, p. 575-576 e 581-582. Grifo nosso).

A Guerra Fria é, como define Halliday (1999), um conflito multidimensional e sistêmico, que será "lutado" a partir de pressões e contrapressões entre as superpotências em cenários globais. Desde o início, a URSS saía em desvantagem comparativa, à medida que sua economia, política, e extensão de bloco eram regionais, enquanto os EUA alcançavam escala verdadeiramente global e possuíam uma rede de instituições e vantagens econômicas com as quais a URSS não poderia competir. A política da contenção é um jogo de defesa, de isolar a URSS em suas fronteiras e espaços, promovendo o seu estrangulamento no *Heartland* na prática.

Dois acontecimentos na Ásia validaram essas percepções e impulsionaram o consenso doméstico: a Revolução Comunista da China (1949), liderada por Mao Tse-Tung, que deu origem à República Popular da China (RPC) e a Guerra da Coreia (1950/1953), que levou à divisão das Coreias entre Sul capitalista e Norte comunista. Se os EUA não ocupassem esse vácuo, a "marcha comunista" soviética poderia sair vitoriosa (relacionada à teoria do dominó, que se um país se tornasse comunista os demais seguiriam). Em síntese:

▷ A maior ameaça aos EUA, e a todo o mundo livre, é a URSS, sendo ela essa principal ameaça, cabe aos norte-americanos conterem a sua expansão imperial baseada no comunismo.

▷ Por pressuposto, o comunismo deve ser contido à medida que quanto mais países aderirem a esse regime, mais ameaçado o modo de vida dos EUA estará.

▷ A presença estratégica é essencial por meio da Organização do Tratado do Atlântico Norte (OTAN) e da presença física dos EUA em todas as regiões que forem identificadas como prioritárias.

▷ Estabelecimento de Comandos Militares para a projeção do poder militar dos EUA, garantindo a presença física norte-americana em todos os continentes e oceanos, por meio de vetores de poder terrestre, aéreo e marítimo — na Guerra Fria foram estabelecidos, em ordem cronológica: o Comando Militar do Pacífico (USPACOM, 1947), o Comando Militar Europeu (USEUCOM, 1952, o Comando Militar do Sul (USSOUTHCOM, 1963) e o Comando Militar Central (CENTCOM, 1983).

▷ Além dos instrumentos estratégicos para barrar a URSS e o comunismo, outra frente de batalha é o fortalecimento e a disseminação da democracia liberal e do capitalismo econômico, daí derivando políticas de ajuda e reconstrução como o Plano Marshall (1947) e os investimentos na Ásia (Japão e Coreia do Sul).

▷ Na Europa Ocidental, o processo de integração político-econômico europeu funcionava como uma linha de contenção da URSS, por meio da consolidação da estabilidade e do mercado comum em torno dos valores e práticas liberais.

Geopoliticamente, as dimensões eurasianas da Guerra Fria prevalecem até 1989, assim como são parte essencial dos jogos de poder até o século XXI. O conflito, em si, é composto das seguintes fases: Confrontação (1947/1962), Coexistência Pacífica (1962/1969), Detente (1969/1979), Confrontação Renovada ou Segunda Guerra Fria (1979/1985) e Reaproximação (1985/1989). As mais relevantes na formação da escola geopolítica americana são: Confrontação, cujos pilares foram examinados nos parágrafos anteriores e a Detente.

O processo que desemboca na Detente deriva de alterações ocorridas nos anos 1960. Nesta década, observou-se a abertura de novas frentes de disputa estratégica entre os EUA e a URSS, gerados pelos processos de descolonização afro-asiática. Isso levou as duas superpotências a disputarem por aumento de influência nessas nações independentes, que, por sua vez, também buscavam políticas de barganha e autonomia.

Esses choques nas periferias do sistema (ou novas fronteiras, como se consolidou a terminologia nos EUA) tiveram custo para ambas as superpotências em termos de superextensão imperial: a Guerra do Vietnã (1968/1973) para os EUA, as tensões africanas e a Guerra do Afeganistão para a URSS (1979/1989). Há de se mencionar a Revolução Cubana de 1959 como um custo adicional para os EUA, que levou à perda de um pivô em sua área de influência hemisférica, com custos políticos-estratégicos e diplomáticos. A Crise dos Mísseis em Cuba (1962) representou uma quase confrontação direta entre EUA e URSS em uma região, por princípio, sob controle norte-americano. Para a América Latina, a "perda de Cuba" levou os EUA a intensificarem a Guerra Fria na região com o apoio a golpes de Estado e aumento da ingerência política contra o comunismo nas décadas de 1960 e 1970.

As relações internacionais tornaram-se mais complexas com a divisão Leste-Oeste sendo complementada pela Norte-Sul, além do surgimento do Movimento Não Alinhado, que tem como ponto de partida a Conferência de Bandung, em 1955. Nessa Conferência ocorre a volta da China às relações internacionais e a consolidação dos cinco princípios da coexistência pacífica associados à paz, à não ingerência, garantia da soberania e defesa do desenvolvimento. Nas palavras do Chanceler Zhou Enlai,

> Ao seguir os princípios do respeito mútuo de soberania e integridade territorial, não agressão, não interferência nos assuntos internos de outros, de igualdade e benefícios mútuos, a coexistência pacífica de países com diferentes sistemas sociais pode ser encontrada. Quando se garante a implementação desses princípios, não existe nenhuma razão pela qual as disputas internacionais não poderiam ser resolvidas por meio da negociação (ENLAI, 1955, s/p).

O sistema internacional passou a ser visto como organizado em "mundos": Primeiro Mundo, Norte Desenvolvido, Segundo Mundo, mundo comunista, Terceiro Mundo, países de pobres e de menor desenvolvimento relativo. As nações do Sul tornavam-se mais ativas em suas coalizões e multilateralismo, promovendo uma elevação dos organismos internacionais governamentais. Somado a isso, o Primeiro Mundo se demonstrava mais complexo, com o crescimento de Europa Ocidental e Japão, a trilateral, e o desgaste dos EUA devido à Guerra Fria.

De que forma isso impacta a geopolítica? Ainda que o jogo central se mantivesse EUA-URSS, ambas sofriam os custos da Guerra Fria e dois nomes destacam-se em ordem cronológica de atuação direta no governo dos EUA nos governos de Richard Nixon (1969/1974), Gerald Ford (1974/1977) e Jimmy Carter (1977/1981), e depois como consultores: Henry Kissinger (1969/1977) e Zbigniew Brzezinski (1977/1981).

Ambos são produto da "porta rotatória" e da "Universidade da Guerra Fria", atualizando a escola geopolítica dos EUA aos novos contextos. Iniciando por Kissinger, ex-Assessor de Segurança Nacional (1969/1975) e ex-Secretário de Estado (1973/1977), suas contribuições principais referem-se à reaproximação diplomática entre os EUA e a RPC, o fim da Guerra do Vietnã, as negociações de armamentos EUA-URSS e os processos de paz do Oriente Médio[10].

A aliança bilateral EUA-RPC, e a *One China Policy*, que se inicia em 1969, podem ser vistas como a chave para a compreensão da política mundial. Esse processo permitiu a reinserção da RPC como membro pleno da comunidade internacional, abrindo o caminho para sua posterior modernização e transformação em potência. Após 1949, os EUA haviam rompido relações diplomáticas com a RPC, reconhecendo Taiwan como Estado, devido à ascensão do regime comunista. Com isso, as duas nações mantiveram-se distantes, e havia uma percepção de unidade no bloco comunista URSS-China.

Todavia, como Kissinger (1994; 2011) indica, essa percepção era equivocada, à medida que existiam diferenças políticas substanciais entre os dois regimes e um temor de ingerência soviética sobre a China. Prevalecia, portanto, um racha sino-soviético que somente foi se

---

[10] Todos esses processos são descritos de forma detalhada por Kissinger em diversas obras literárias, como *Diplomacy* (1994) e *On China* (2011), somente para mencionar alguns. Todavia, aqui o foco recai nas políticas em si e suas concepções geopolíticas, não abordando esses relatos mais pessoais. O mesmo se dará na análise do pensamento de Brzezinski, recomendando-se fortemente os textos citados para uma abordagem mais completa dos temas a partir da visão de dois membros ativos da política dos EUA.

aprofundando ao longo dos anos, que se agravou com a Doutrina Brejnev (1969). Na visão chinesa, essa doutrina poderia preconizar uma ameaça clara à soberania do país que, desde 1955, também buscava uma retomada de um papel internacional mais autônomo e significativo. Da mesma forma, a China buscava uma forma de modernizar sua sociedade, fortalecendo seus recursos de poder.

Do lado dos EUA, a crise no Vietnã colocava em xeque sua posição na Ásia, assim como o crescimento exponencial do poder econômico japonês. Uma aproximação com a China poderia servir como elemento de contenção da URSS e do Japão. Havia, ainda, o papel da Índia como membro do movimento não alinhado. Aproximar-se da China permitiria aos norte-americanos manter o equilíbrio de poder favorável na Ásia, minimizar as perdas no Vietnã e pressionar a URSS. Essa agenda reforçava a premissa de que a contenção era mais uma política contra a URSS, barrando seu avanço na Eurásia, do que contra o comunismo. Ainda assim, dentro dos EUA, essa aproximação com um país comunista foi motivo de controvérsias na gestão Nixon e um dos pontos mais atacados da política externa do período.

A lógica geopolítica surge em dois triângulos sobrepostos: EUA, Europa Ocidental e Japão, como núcleo duro do capitalismo global, EUA, URSS e agora China como pivôs eurasianos. No médio e no longo prazo, isso significava o fim da bipolaridade e a possibilidade da multipolaridade pelo estabelecimento de uma pentarquia de poder: EUA, Europa Ocidental, Japão, China e União Soviética. Em qualquer cenário, o dos triângulos sobrepostos ou da multipolaridade, o resultado era o mesmo: o estrangulamento e isolamento da URSS.

As negociações de paz no Oriente Médio possuem um componente geopolítico, que é o aumento da influência dos EUA na região, cuja importância crescera devido ao seu diferencial de poder: o petróleo, do qual os norte-americanos eram dependentes. A manutenção de uma política atrelada a Israel, como ocorria desde a fundação desse Estado em

1948, mostrava-se contraproducente, devendo-se buscar processos de acomodação. Baseadas na lógica da troca de reconhecimento ao Estado de Israel pela devolução de territórios ocupados por esse país, esses processos de paz iniciam-se à luz da Guerra do Yom Kippur (1973) e do primeiro choque do petróleo (1973). Em 1979, segundo choque do petróleo, seria assinado o Acordo de Paz de Camp David Israel-Egito.

No caso das negociações de armamentos nucleares, dois impactos geopolíticos podem ser apresentados: primeiro, a relativização da corrida armamentista entre as superpotências, buscando torná-la menos custosa e previsível; segundo, dar continuidade aos esforços antiproliferação nuclear iniciados em 1967 com o Tratado de Não Proliferação Nuclear que buscava limitar o acesso de novos países a esse recurso. A posse ou não da arma nuclear era relevante desde 1945 e, portanto, quanto mais restrito fosse o clube nuclear, menor a ameaça ao poder das potências dominantes.[11]

Ainda que as linhas mestras do pensamento e ação de Kissinger orientem-se no sentido de reforçar a presença dos EUA na Eurásia, suas concepções geopolíticas não se encontravam tão expressas em sua obra. A lógica prevalecente dos estudos e ações kissingerianas, em suas palavras, remetem às análises teóricas do realismo clássico e do equilíbrio de poder. A sua linguagem se mostra mais próxima às Relações Internacionais, História e Teoria. Essa dinâmica leva, muitas vezes, a não incluir Kissinger entre pensadores da geopolítica, uma vez que ela era um componente de suas reflexões, mas não sua lógica dominante.[12]

---

[11] Essa tentativa de limitação foi definida pela política externa brasileira como o congelamento do poder mundial (VISENTINI, 2020).

[12] Esse "lugar" da geopolítica e suas variáveis nas agendas dos pensadores e formuladores de política, principalmente nos EUA, possui limites bastante tênues e não há consenso entre críticos e analistas. A opção é analisar os autores e políticas por seu peso e aderência com a geopolítica, e será feito o mesmo com a geoeconomia, e não traçar linhas claras de "quem é quem" (que muitas vezes leva a um falso debate e menor atenção ao conteúdo e prática do que o necessário).

A obra de Brzezinski, por sua vez, possuía uma preocupação mais direta em relacionar-se à geopolítica, com a atualização das teses de Mackinder e Spykman sobre novas condições estratégicas associadas às mudanças no poder relativo ocorridas entre os Estados, na dinâmica entre as superpotências e a conjugação de fatores políticos e econômicos. A obra-chave que sintetiza o pensamento de Brzezinski, e sua atuação como Assessor de Segurança Nacional nesse período é *EUA-URSS: O Grande Desafio* (1986, *Game Plan* no original[13]).

O texto deixa claro que não é apenas um referencial para a compreensão da bipolaridade, mas para a geopolítica. O autor ressalta a premissa de que a dominação global passa pela Eurásia, mantendo-se o choque entre uma potência oceânica e uma continental. Essa disputa envolve as regiões periféricas do mundo, do núcleo eurasiano a todo o sistema internacional: Este livro baseia-se em uma percepção: o confronto americano-soviético não é uma aberração temporária, mas uma rivalidade histórica que continuará a existir por muito tempo (...) (BRZEZINSKI, 1986, p. 9).

A partir do novo equilíbrio de poder dos anos 1970, estando aí incluído o novo papel da China, que deriva das ações de Kissinger, a luta pela Eurásia desenha-se a partir de três frentes estratégicas, denominadas basilares por Brzezinski, com atuação de status pivô (*linchpin states*)[14]. Na Figura 3, no final do Capítulo, encontram-se uma sobreposição dessas frentes e os estudos de Mackinder e Spykman.

> ▷ O Extremo Ocidente — que inclui a Europa Ocidental (Alemanha, França, Inglaterra), estendendo-se à Grécia e Turquia.

---

[13] Para uma análise mais ampliada da obra do autor, ver PECEQUILO, 2017 e PECEQUILO, 2021.

[14] Brzezinski (1986), em um cenário projetado para dez anos, sugere a possibilidade de abertura de uma nova frente: a do "Rio Grande", que corresponde à região ao sul dos EUA, na fronteira com o México, e que poderia se estender até o restante do hemisfério. O problema securitário apontado era o da imigração e da potencial ascensão de regimes antiamericanos na região devido à crise econômica e social.

▷ O Extremo Oriente — que engloba a região asiática, com foco em Japão e China.

▷ O Sudoeste Asiático — denominada de frente tardia, que engloba a Ásia Central e o Oriente Médio (cujos processos de paz estavam em andamento), chegando ao Norte da África, que igualmente surge como o "Arco das Crises". Os Estados-pino são Irã, Paquistão, Afeganistão, inserindo-se como alvo de preocupação principalmente a partir de 1979: ano da Revolução Fundamentalista no Irã e da invasão soviética no Afeganistão (guerra na qual os EUA desempenharam papel central apoiando o talibã, grupo fundamentalista, contra a URSS).

Retomando o "mantra" da geopolítica,

> Aquele que controlasse a Eurásia dominaria o mundo. Se a União Soviética capturasse as periferias desta massa continental — a Europa Ocidental, o Extremo Oriente e o Sul Asiático —, ela não ganharia apenas enormes recursos humanos, econômicos e militares, como também o acesso a passagens geoestratégicas para o hemisfério ocidental — os Oceanos Atlântico e Pacífico (BRZEZINSKI, 1986, p. 31-32).

A mais vulnerável naquele momento era a do Sudoeste Asiático. A despeito da conclusão do processo de paz Israel-Egito, em 1979, este ano, foi, como visto anteriormente, de mais perdas do que ganhos para os EUA. A edição da Doutrina Carter, que sinalizava a possibilidade de intervenção no Oriente Médio, foi simbólica do período e trazia embutidas duas lógicas geopolíticas claras dos EUA: preservar seu acesso às regiões e recursos visto como chave (Oriente Médio e petróleo) e manter o equilíbrio de poder regional favorável, impedindo o surgimento de potências regionais desafiadoras. A aproximação com o Iraque como forma de conter o Irã e a URSS, inclusive, é um dos produtos do período posterior, já no governo Reagan (1981/1989) e de reaquecimento da Guerra Fria para consolidar a vitória na Eurásia.

Brzezinski não abre mão de uma multiplicidade de recursos de poder econômicos e de pressões socioculturais. Destacam-se como prioridades geopolíticas: o incremento do poder da Europa Ocidental, o reforço da parceria com o Japão e a China, ajuda aos povos e grupos do Sudoeste Asiático antissoviéticos (movimento similar ao executado na América Central de apoio aos "lutadores da liberdade" — *freedom fighters*) e o apoio à mudança interna dos países da Europa Oriental, fortalecendo suas sociedades. Essa dinâmica é uma das principais características das *proxy wars* (guerras por procuração) e dos *low intensity conflicts* (LIC, conflitos de baixa intensidade), por meio das quais os EUA apoiam atores e grupos locais (armas, financiamento), sem se envolver diretamente, e realizam ingerências e pressões políticas.

A China merece destaque. Sua aliança estratégica com os EUA é essencial, mas esse cenário poderá mudar com o fim do comunismo soviético, com o país se tornando o maior risco na Eurásia. Afinal, na ausência da URSS e seu modelo,

> O resultado terá profundas implicações tanto para a China como para o comunismo. A China irá juntar-se às fileiras de frente dos poderes mundiais e dessa maneira irá reclamar para si própria seu status prévio. No processo, entretanto, irá redefinir a substância de seu comunismo (...) A diluição ideológica será o preço de tal sucesso. A China moderna pode entrar no século XXI ainda governada pelo comunismo, mas não será uma China comunizada (BRZEZINSKI, 1989, p. 194).

Outro tema que se tornou recorrente nos escritos de Brzezinski no pós-Guerra Fria, cujos impactos referem-se à continuidade da hegemonia global dos EUA: a vulnerabilidade da política doméstica. Independentemente ou não da superioridade e da potencial "vitória" contra a

URSS, o autor já alerta sobre um processo de desgaste do poder nacional, que possui raízes internas: tensões sociais derivadas da desigualdade socioeconômica-racial, a complacência moral, uma política disfuncional em Washington são algumas dessas fragilidades (BRZEZINSKI, 1971).

A Guerra Fria foi dominada pelo pensamento geopolítico dos EUA. O governo Reagan levaria o conflito bipolar ao seu encerramento por meio de táticas militares e pressões econômicas, consolidando o mapa estratégico estabelecido em 1947. A Eurásia manteve-se como o núcleo das disputas entre as superpotências. No pós-1989, a prevalência dos EUA pareceu colocar em xeque a geopolítica, trazendo um período inicial de invisibilidade, associado ao renascimento.

2.4 Da Invisibilidade aos Grandes Jogos de Poder (1990/2021)

Em 1989, o fim da Guerra Fria deu início a um período de relativa invisibilidade da geopolítica em termos de debate, que afetou outras correntes de pensamento: o socialismo e o comunismo e o realismo político majoritariamente. Os elementos do contexto internacional que indicavam essa suposta irrelevância da geopolítica eram derivados das teses do Fim da História de Francis Fukuyama (1989), do desenvolvimento da globalização e da nova ordem mundial.

Essas teses convergiam no sentido de apontar a universalização do modelo liberal político-econômico ocidental, representado pela vitória dos EUA na Guerra Fria sobre a URSS. A adesão voluntária a esse modelo e o fim do embate ideológico entre as superpotências representaria a consolidação de um mundo pacífico, globalizado e sustentado na cooperação estruturada pelas organizações internacionais governamentais. Não haveria por que estudar o conflito ou a disputa por espaços territoriais ou recursos de poder à medida que esses embates não prevaleceriam no contexto mundial. Como se verá no Capítulo 4, porém, uma parte das raízes das crises sociais, políticas e econômicas do século XXI deriva desta lógica de universalização.

Outro fator utilizado para apontar a irrelevância do campo de estudo era a sua limitação em dar conta dos novos fenômenos internacionais. Esse debate, na realidade, vinha em andamento desde os anos 1970, devido ao aumento da influência e relevância dos atores não estatais na política internacional e o incremento das formas de poder econômicas e não ligadas ao território. Em *Power and Interdependence* (1989), Keohane e Nye apresentaram os conceitos da interdependência e da transnacionalização.

Enquanto a interdependência referia-se à dependência mútua que se estabelecia entre os atores internacionais baseada em fatores diversos, culturais, sociais, políticos, econômicos e estratégicos, a transnacionalização apontava o crescimento de ações além-fronteiras que relativizavam a capacidade de controle dos Estados sobre a política. Havia a expansão das arenas de atuação de agentes não estatais: empresas multinacionais, organizações internacionais governamentais e não governamentais, partidos políticos, grupos da sociedade civil em geral e indivíduos.

A interdependência, simétrica ou assimétrica, gerava efeitos recíprocos entre os atores, com consequências mútuas de suas ações: crises ambientais e instabilidades econômicas que se disseminavam com facilidade por todo o mundo são exemplos do fenômeno. No campo da transnacionalização, a aceleração da tecnologia facilitava o fluxo de comunicações, transportes, pessoas e transações econômicas. Conjugados, esses fenômenos sustentavam a globalização. Com o fim do Muro, essa lógica de múltiplos temas e atores substituiria os Estados e a dinâmica territorial, questionando os conceitos originais de ordem e unidades políticas surgidas no século XVII. Em 1990, o surgimento do conceito de geoeconomia parecia indicar a prevalência desse campo sobre a tradicional geopolítica (ver Capítulo 3).

Paradoxalmente, a "vitória" dos EUA na Guerra Fria abriu uma era de inflexão no caráter dos recursos de poder mais relevantes para os Estados, com o encolhimento da importância do poder militar em comparação às agendas econômicas e sociais. Para os EUA, que saíam tanto vitoriosos quanto desgastados do confronto bipolar, as pressões nessas agendas econômicas e sociais (como os déficits comerciais e público, a perda de competitividade e a dificuldade de integração social) indicavam um período de declínio relativo e a construção de um novo equilíbrio. Devido à desconcentração do poder econômico, a possibilidade da multipolaridade era concreta, mesmo que os norte-americanos mantivessem sua supremacia militar.

O termo unimultipolaridade, de Samuel Huntington (1999), descrevia esse cenário de transição. Kennedy (1990) caminhava em sentido similar, indicando a divisão de poder entre EUA, China, Europa Ocidental/Alemanha e Japão. Os custos da superextensão imperial, o *gap* entre recursos e compromissos e a diversificação das formas de poder levavam ao potencial fim da *Pax Americana*.

Por último, mas não menos importante, outro componente dessa invisibilidade da geopolítica era a sua inadequação a outras narrativas e lugares de fala que não fossem os das grandes potências. Essa objeção abria duas possibilidades a antigeopolítica e a geopolítica crítica. A antigeopolítica questiona a essência da área como instrumento de poder e opressão de sociedades e propõe a abertura de novas correntes de pensamento. O ponto de partida desses esforços encontra-se já na década de 1960 com os estudos pós-coloniais e o avanço do debate no campo de análises de gênero, classe e raça. Há, ainda, uma evolução da geopolítica para incorporar esses temas em suas escolas mais atuais, associadas à geopolítica crítica.

No que se refere à geopolítica crítica, como citado, o seu objetivo é compreender as motivações de poder por trás das ações geopolíticas dos Estados, ampliando o escopo de atores políticos envolvidos nas agendas de projeção de poder. Esse elemento é particularmente interessante e resultado das transformações na própria estrutura das forças de ação disponíveis. Em diversas nações do Ocidente, principalmente os EUA, houve a terceirização do aparato de segurança. Com isso, empresas de segurança privada passaram a atuar como "contratadas" do Estado, ao lado de suas Forças Armadas públicas.

Embora essas forças devessem atuar dentro das regras e objetivos do Estado, o limite entre o que é o interesse público e o de uma empresa privada é sensível, devido a interesses econômicos e a autonomia político-estratégica que essas empresas teriam em comparação ao Estado, que precisa seguir regimes jurídicos que regulamentam as relações internacionais e a guerra. A entrada em cena desses novos atores pode alterar até mesmo a lógica geopolítica da ocupação e o uso do território em conflitos ou mesmo em condições normais. Johnson (2004) refere-se a esse fenômeno como privatização do espaço público por interesses privados e da lógica político-estratégica.

A geopolítica crítica pretendia desenvolver estudos que reforçassem o aspecto político-estratégico do pensamento, superando o que definiam como pretensão de neutralidade dos estudos territoriais-geográficos. Nessa corrente, como bem representado pelos estudos de Dodds (2007), a preocupação é desvendar as motivações político-estratégicas associadas ao controle físico dos meios e recursos disponíveis. Parafraseando Cox (1986), a teoria é sempre feita por alguém para alguém, e não uma solução de problemas isenta historicamente: a geopolítica sempre deve ser localizada no tempo e no espaço, e como parte das motivações de poder político-estratégico dos atores envolvidos. Outra contribuição é ampliar o que se entende como ator geopolítico, colocando que o Estado é acompanhado, em suas ações, por forças não estatais.

Em nenhum momento essa invisibilidade foi completa: primeiro, independentemente das agendas otimistas sobre o fim do conflito, da história, a globalização, a nova ordem mundial e o descongelamento da política internacional trouxe uma era de instabilidades; segundo, autores mantiveram suas linhas de pesquisa com base nos preceitos clássicos e perspectivas aqui estudadas; terceiro, em termos governamentais, os EUA mantiveram o seu pensamento estratégico-geopolítico. Ainda que o objetivo da contenção da URSS tivesse sido alcançado, a prioridade atribuída à Eurásia, áreas adjacentes e as lógicas de hegemonia mantiveram-se e foram atualizadas às novas condições do pós-1989.

Dentre os pensadores que se dedicaram a essa tarefa, destacam-se mais uma vez Brzezinski, Kissinger e analistas da área de relações internacionais como John Mearsheimer, William Wohlforth, Robert Jervis, T.V. Paul, dentre outros. Segundo Wu (2017), esses analistas abordam a relevância da geografia como importante variável, apesar de não serem geopolíticos de formação. Ainda que muitas vezes o texto citado para oferecer contraponto às agendas otimistas seja o de Samuel Huntington, como a hipótese do choque das civilizações como substituto ao conflito bipolar da Guerra Fria, no início da década de 1990, o crítico mais direto de Fukuyama foi Mearsheimer.

Huntington (1997), porém, ganhou mais visibilidade que Mearsheimer, uma vez que sua tese traduzia em termos fáceis as novas linhas de confronto em torno das dinâmicas culturais. Huntington identificava "sete ou oito civilizações" em choque na ordem mundial, cada uma organizada em torno de um Estado-núcleo: a ocidental (EUA), a confuciana (China), a japonesa (Japão), a islâmica (Irã), a hindu (Índia), a eslava-ortodoxa (Rússia) e a latino-americana (México). A potencial oitava civilização seria a africana na visão do autor. Essas definições correspondem, na realidade, a focos geopolíticos em cada território, mas por estarem enquadradas no choque civilizacional, nem sempre esse debate é trazido. Entretanto, ao definir que o grande choque é entre o "Ocidente e o Resto" (*The West and the Rest*), essa dimensão fica mais clara: o centro da política internacional é o transatlântico e suas relações com a Eurásia, sendo o fundamentalismo islâmico o inimigo central.

Mearsheimer também parte do domínio transatlântico para estudar as dinâmicas de conflito. Em dois artigos publicados na revista *International Security*, referência sobre o pensamento estratégico dos EUA e questões de segurança e defesa, intitulados *Back to the future* (1990), o autor contesta a "paz" do pós-Guerra Fria e aponta a emergência de uma nova era de instabilidade no continente europeu. Os EUA manteriam suas posições na OTAN em meio a um continente europeu que tenderia ao desequilíbrio.

A OTAN passa de um mecanismo de contenção da URSS com atuação regional para um instrumento de projeção global de poder em sua revisão de missão em 1991 para a promoção da estabilidade e disseminação da democracia, com a possibilidade de atuação em missões fora de sua área geográfica (*out of area*) e a previsão de sua expansão. Essa expansão ocorre em 1999 com a inclusão de República Tcheca, Polônia e Hungria e a segunda onda em 2002 com o ingresso de Lituânia, Estônia, Letônia, Bulgária, Romênia, Eslováquia e Eslovênia.

A OTAN e a UE passam a ser complementares em suas movimentações geopolíticas para agregar os novos membros do Leste Europeu, justamente para pressionar a Rússia e isolá-la. Entre 2020/2022 este "cerco" à Rússia foi igualmente ampliado com o aceno da OTAN a nações antes pertencentes à União Soviética, sendo o caso mais notório a Ucrânia, foco da guerra iniciada em fevereiro de 2022, que será analisada no Capítulo 5. Além disso, com as tensões russo-ucranianas, a OTAN vem aproveitando para estender o processo de estrangulamento imposto à Rússia a países antes considerados neutros neste jogo geopolítico-militar como Finlândia e Suécia. A presença da OTAN na Escandinávia aumentaria ainda mais a sensação de insegurança russa e proporcionaria aos EUA uma projeção de poder cada vez mais significativa nesse espaço geográfico. Guardadas algumas exceções, as duas instituições se sobrepõem como mostra a Figura 1:

Figura 1 ▪ UE e OTAN

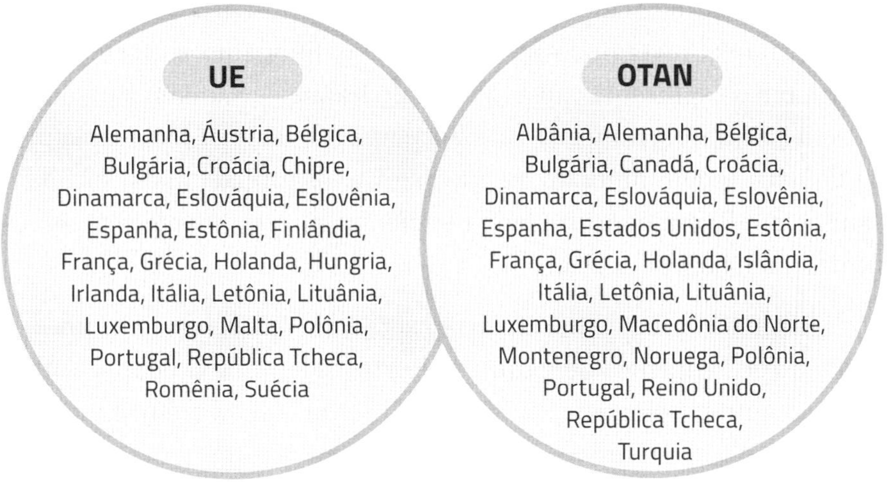

UE
Alemanha, Áustria, Bélgica, Bulgária, Croácia, Chipre, Dinamarca, Eslováquia, Eslovênia, Espanha, Estônia, Finlândia, França, Grécia, Holanda, Hungria, Irlanda, Itália, Letônia, Lituânia, Luxemburgo, Malta, Polônia, Portugal, República Tcheca, Romênia, Suécia

OTAN
Albânia, Alemanha, Bélgica, Bulgária, Canadá, Croácia, Dinamarca, Eslováquia, Eslovênia, Espanha, Estados Unidos, Estônia, França, Grécia, Holanda, Islândia, Itália, Letônia, Lituânia, Luxemburgo, Macedônia do Norte, Montenegro, Noruega, Polônia, Portugal, Reino Unido, República Tcheca, Turquia

Fonte: Elaborado pela autora.[15]

Sobre este tema, o do envolvimento em operações militares globais, Mearsheimer (2003; 2019) não defende um pleno recuo dos EUA, mas sim um engajamento seletivo em regiões-chave da Europa e Oriente Médio, condenando o intervencionismo sistemático. Não se trata de aderir às correntes nem isolacionistas (como as do *off share balance* de Layne, 2007) e nem às perspectivas unipolares e unilaterais expansionistas (KRAUTHAMMER, 1990). Kagan e Kristol (2000), referências do pensamento conservador, advogam uma política menos apaziguadora e mais expansionista igualmente. Para essas perspectivas, inclusive com ressonância no governo dos EUA, o país tinha em suas mãos a oportunidade de expandir seu poder na Eurásia no vácuo de poder da antiga URSS. Essas diferentes concepções refletem-se na alternância de grandes estratégias e táticas desde 1989.

A Guerra do Iraque (1990/1991) foi um exemplo do choque inicial entre as duas concepções, unilateral e multilateral, que dominam o

---

[15] Dados disponíveis nos sites oficiais: NATO em https://www.nato.int/cps/en/natolive/topics_52044.htm e UE em https://europa.eu/european-union/about-eu/countries_pt.

debate sobre a geoestratégia dos EUA e seus movimentos táticos. Ambas convergem no sentido de apontar como prioritária a manutenção da hegemonia, divergindo no onde e como. Enquanto as correntes de continuidade apresentaram a invasão do Iraque de Saddam Hussein ao Kuwait e a subsequente guerra sob a bandeira da ONU como uma prova da nova ordem mundial de governança, os unilateralistas enxergaram no conflito a oportunidade de reforçar materialmente a presença norte-americana na região.

Em 1992, a lógica de expansão à Eurásia foi inserida em um documento do Pentágono denominado Defense Planning Guidance (DPG), que não entraria em vigor, mas que já sinalizava uma política mais expansionista. Com o republicano George H. Bush (1989/1992), predominou a lógica tradicional da *Pax Americana*, e a Operação Tempestade do Deserto caracterizou-se por sua rapidez e missão limitada: não houve invasão terrestre e o presidente do Iraque, Saddam Hussein, foi mantido no poder a fim de não gerar novos vácuos de poder.

Em seu governo, Bush pai não apresentou uma nova grande estratégia para os EUA, o que somente ocorreu com o governo do democrata Bill Clinton (1993/2000), e a proposta do *Engajamento & Expansão* (1993*)*: a contenção era substituída pela disseminação da democracia e dos livres mercados em nações não pertencentes a esse regime. Havia um núcleo duro de democracias, representado pelos EUA e a Europa Ocidental, agora União Europeia (UE), um grupo de democracias vulneráveis e em transição (Brasil) e nações não democráticas a serem observadas (Rússia e China).

Duas novas categorias de inimigos eram apresentadas, de forma frouxa, que permitia o "encaixe" de ameaças quando necessário: os Estados párias (ou bandidos, *rogue* no original) e os Estados falidos (*failed*). Enquanto os primeiros referiam-se a potências regionais com pretensões de conquista e agressão (exemplificadas pelo Iraque, Irã e Coreia do Norte), os segundos eram nações fragmentadas, sem unidade política e fonte de ameaças (Somália, Afeganistão). Durante o governo Obama, essas concepções seriam substituídas pelo termo frágil (*fragile*), com ênfase nas questões humanitárias. A geoeconomia e o multilateralismo eram prioridades.

Em termos geopolíticos, o principal intérprete do período foi Zbigniew Brzezinski. A produção do autor foi profícua no pós-Guerra Fria de 1989 até seu falecimento, em 2017, com forte atuação na mídia, no CSIS e em consultorias ao governo. Duas obras são chave, escritas em dois momentos diferentes do pós-Guerra Fria: *The Grand Chessboard* (1997) e *Strategic Vision* (2012). O primeiro texto reflete sobre a primeira década do pós-Guerra Fria e *Strategic Vision* foi influenciado por três *turning points*: os atentados de 11/09/2001, a ascensão da China e a crise econômica de 2008.

The Grand Chessboard (1997) parte da constatação de que os EUA se tornaram o primeiro país não eurasiano a assumir a proeminência global. Isso se deve ao caráter específico de sua estrutura de dominação e uma geoestratégia eficiente. Porém, o fim da Guerra Fria e da URSS em 1991 (com o surgimento da Rússia) não significa a prevalência dessa dominação ou estabilidade. Muito pelo contrário: o mundo do pós-Guerra Fria é o do vácuo de poder, no qual predomina o pluralismo geopolítico. No longo prazo, a tendência indicava que a "América seria não somente a primeira, a única e verdadeira superpotência global, mas provavelmente a última" (BRZEZINSKI, 1997, s/p).

São cinco pontos-chave que definem o futuro do sistema internacional: a aliança EUA-Europa, preservando a OTAN e atualizando sua missão como promotora da estabilidade e elevando o papel estratégico da União Europeia (UE); a continuidade da contenção da Rússia no cenário eurasiano devido à ameaça representada por seu passado expansionista e suas crises político-econômicas-sociais dos anos 1990; a garantia de estabilidade da Ásia Central; o rebalanceamento da Ásia, tendo em vista a estagnação econômica japonesa, a ascensão da China e a emergência da Coreia do Norte como poder nuclear; e a prevenção da construção de potenciais coalizões antiamericanas.

Dentre esses, os centrais relacionam-se à Rússia e à Ásia Central, à medida que o colapso soviético gerou disputas de poder nas antigas repúblicas soviéticas. Tais disputas referem-se à oscilação dessas nações recém-independentes entre esferas de influência — russa, americana ou chinesa — e o potencial interno de fragmentação desses Estados devido ao crescimento do fundamentalismo religioso islâmico antiocidental. Como se trata de uma região rica em recursos, zona estratégica de passagem de gasodutos e oleodutos e de acesso às periferias marítimas e terrestres do sistema, é um espaço territorial-chave no controle da Eurásia. Esse espaço, somado ao Leste Europeu, ao entorno do sul da Ásia, o Golfo Pérsico e o Oriente Médio, é renomeado de "Balcãs Eurasianos".

Nesse texto de 1997, a China é considerada relevante, mas, ainda assim, não é percebida como o *player central* da Eurásia. Na oportunidade, Brzezinski considerava pouco provável uma aliança estratégica China-Rússia, devido às rivalidades históricas entre os dois países e a fragilidade intrínseca da Rússia. A Rússia era um país imerso em uma crise política-social-econômica produzida pelo seu desmonte territorial e a adesão às reformas liberais. A China, por sua vez, mantinha-se em um processo de reforço de sua capacidade interna, lidando com tensões pela soberania do Mar do Sul da China e sua política externa era de baixo perfil.

Como citado, essas avaliações são atualizadas em *Strategic Vision* (2012). Para Brzezinski (2012), o 11/09 inicia uma espiral de decadência na política externa dos EUA, agravada pelo governo de George W. Bush (2001/2008). Embora em 1997, Brzezinski considerasse que os EUA seriam a última superpotência, o texto acreditava na possibilidade de um equilíbrio de poder estável na Eurásia e no mundo. Nesse livro, o autor examina os graves erros da gestão W. Bush e as tentativas do governo seguinte de Barack Obama (2008/2016) de revertê-los.

Os EUA permanecem como líderes da ordem internacional, mas em situação de fragilidade. Essa fragilidade foi produzida por escolhas equivocadas, como a Doutrina Bush. Editada em 2002 como uma resposta aos atentados de 11/09, essa doutrina insere o componente preventivo na projeção de poder, abrindo a possibilidade de iniciar guerras mesmo sem ataques concretos. Os atentados terroristas e essas novas formas de projeção dos EUA levaram W. Bush a criar dois novos comandos militares, o USNORTHCOM (Comando Militar do Norte, 2002) e o USAFRICOM (Comando Militar da África, 2008), o oposto da contenção e da lógica liberal e não agressiva da *Pax Americana*. A legitimidade da hegemonia, suas propostas de engajamento de aliados e uso do multilateralismo, construídas desde 1945, foram substituídas por um comportamento agressivo que provocou o distanciamento de aliados.

Além disso, impulsionou novas alianças e coalizões entre nações emergentes como China, Índia, Brasil e Rússia de caráter geopolítico e geoeconômico. Dentre essas, devem ser mencionadas: os BRICS, a Organização de Cooperação de Xangai (OCX) e o Fórum Ibas (Índia, Brasil, África do Sul). Essas alianças, e outras similares, foram definidas por Walt (2006), como mecanismos de equilíbrio de poder diplomático (*soft balancing*). São alianças que não incluem os EUA ou a UE, focando-se no mundo em desenvolvimento, com caráter de Cooperação Sul-Sul (CSS), com objetivo de avançar políticas em áreas comuns, sem pretensão de confrontação direta, principalmente militar. Tais instrumentos colocam-se como alternativas à ordem mundial e apresentam um perfil de geometria variável: variam quanto aos temas, o perfil e a dinâmica negociadora das coalizões, englobando diferentes áreas geográficas.

Esses atores do Sul envolveram-se mais sistematicamente em arenas de projeção de poder econômico e sociocultural. Nessa segunda dimensão, vale mencionar a mudança de eixo geográfico, na primeira metade do século XXI, dos grandes eventos esportivos internacionais, Olimpíadas e Copa do Mundo: Olimpíadas de Pequim (2008), Copa do

Mundo da África do Sul (2010), Copa do Mundo do Brasil (2014), Olimpíadas de Inverno da Rússia (2014), Copa do Mundo da Rússia (2018), e em 2022 a previsão é de Jogos Olímpicos de Inverno na China e a Copa do Mundo no Catar. Principalmente no caso das Olimpíadas (à medida que Copas do Mundo já haviam ocorrido em países do Sul), esse foi um movimento significativo.

O potencial para a criação de alternativas de ordem por essas coalizões é significativo. Ainda que autores como Zakaria (2008) enfatizem o caráter não revisionista dessas movimentações com base no argumento de que essas iniciativas convergem com os valores propagados pela *Pax Americana* e com a dinâmica multilateral, é fato que são movimentações à margem do sistema dominante, que pode, no médio e no longo prazo, criar alternativas. O debate aqui é amplo, Zakaria (2008) denomina essa realidade de mundo pós-americano, Ikenberry (2012) menciona a continuidade da ordem liberal, como se esses mecanismos não fossem ameaças.

A tese é similar, na realidade, à que nos anos 1970 já havia sido desenvolvida por Keohane (1984) em *After Hegemony*: a de que a ordem se manteria mesmo sem os EUA sendo capazes de arcar com os ônus de sua manutenção devido às estruturas cooperativas geopolíticas e geoeconômicas que foram estabelecidas no pós-1945. Entretanto, aparte à literatura acadêmica, as reações dos EUA a essa dinâmica não são de acomodação, mas de contenção, como será visto no Capítulo 5.

Adicionalmente, os EUA iniciaram, em 2003, uma guerra no Iraque baseada nessa visão preventiva que fazia parte de um projeto de expansão na Eurásia já ambicionado desde 1992 pelo DPG. O 11/09 permitiu validar internamente esse projeto expansionista e as orientações unilaterais e unipolares que predominavam nos círculos neoconservadores. Ao chegarem ao poder com W. Bush, essas políticas tornaram-se viáveis devido à Guerra Global contra o Terrorismo (GWT), detonada por outra operação militar: a Guerra do Afeganistão (2001/2014). Embora esse conflito no Afeganistão seja visto pelo autor como justificado, o do Iraque surgia como uma quebra e um grande equívoco estratégico, colocando em risco a hegemonia e o seu domínio da Eurásia.[16]

Essas guerras trouxeram o agravante da crise doméstica. Os EUA eram uma superpotência fragmentada internamente, apresentando deficiências econômico-sociais. Como citado, esse é um tema, o do declínio interno, que o autor já citou desde a década de 1970, e que agora assume proporções suficientes para prejudicar o exercício do poder hegemônico. Seis dimensões são apontadas como críticas: o déficit público, fragilidade do sistema financeiro, desigualdade econômica e estagnação da mobilidade social, infraestrutura decadente, a ignorância da opinião pública e um sistema político polarizado e paralisado. As demais forças não conseguem ser utilizadas: base territorial geográfica, potencial de inovação e poder econômico residual (moeda de reserva global).

A crise dos EUA é produto de um declínio generalizado do Ocidente, com a UE aumentando sua irrelevância estratégica e a OTAN sendo utilizada de forma equivocada. W. Bush ajustaria em seu segundo mandato muitas das políticas criticadas por Brzezinski, que estão nas raízes dessas crises, reconhecendo a importância do multilateralismo e da ascensão das novas grandes potências do Sul. Entretanto, não seria possível reverter a crise interna ou a perda de legitimidade da hegemonia.

A depressão de 2008 somente agravou esse cenário e revelou a grande transformação do século XXI: a ascensão da China. A China transformou-se interna e externamente, inclusive com o apoio e financiamento estadunidenses a sua economia, a partir da adoção de sua Política das Quatro Modernizações (1978), na indústria, agricultura, na cultura e na defesa. Implementada na gestão de Deng Xiaoping, essa política deu origem ao "socialismo com características chinesas" (também denominado

---

[16] Os termos aplicados a essas guerras foram: *war of need*, Afeganistão (i.e., a guerra necessária) e *war of choice*, Iraque (i.e., a guerra de escolha).

de Economia Socialista de Mercado). Seus pilares eram a manutenção da centralização do Estado e da agenda socialista, associada a políticas de abertura e modernização capitalista em espaços estratégicos denominados de Zonas Econômicas Especiais (esse modelo será discutido em mais detalhes no Capítulo 4).

Ao fortalecer-se economicamente e buscar sua expansão externa, a China elevou-se a um novo patamar de poder. Ainda assim, os EUA eram tanto o maior parceiro quanto a maior ameaça. Logo no imediato pós-Guerra Fria, a crise da Praça da Paz Celestial (Tiananmen) em 1989 gerou um tensionamento no campo dos direitos humanos devido à repressão do governo chinês a esse movimento. O tema direitos humanos é recorrente nas relações bilaterais quando os EUA desejam pressionar a China por mudanças ou promover seu isolamento internacional. Paradoxalmente, como aponta Kissinger (2011), são políticas, na maioria das vezes, contraproducentes, à medida que não geram nada além de confronto com um importante aliado e não resolvem os problemas mais sensíveis do intercâmbio: o déficit comercial com a China e a vulnerabilidade da economia dos EUA.

Depois da Política das Quatro Modernizações, o crescimento da China manteve-se de forma significativa, sustentado em políticas estatais e em um capitalismo moderno, integrado ao sistema dos EUA. Um dos marcos desse processo, já no século XXI, foi o lançamento de políticas como o *Made in China 2025*, que

> (...) se propõe a impulsionar a liderança da China nas redes globais de produção e inovação, conferindo eficiência e qualidade aos produtos nacionais. Este documento governamental destaca 10 setores prioritários de atuação: 1) nova tecnologia de informação avançada; 2) máquinas-ferramentas automatizadas e robótica; 3) equipamentos aeroespaciais e aeronáuticos; 4) equipamento marítimo e transporte de alta tecnologia; 5) equipamento moderno de transporte ferroviário; 6) veículos e equipamentos de nova

energia; 7) equipamentos de energia; 8) equipamentos agrícolas; 9) novos materiais; e 10) biofármacos e produtos médicos avançados (PAUTASSO, 2019, p. 194).

Apesar de poder ser vista como uma ação "geoeconômica", essa política deteve, e detém, implicações geopolíticas, que permitiram à China consolidar seu poder internacional. Há uma percepção clara da interdependência entre as áreas sociais, ambientais, de inovação, como pilares da sustentação do poder chinês externamente e, mais ainda, da diminuição de sua vulnerabilidade e dependência externa. A perspectiva é coordenar prioridades geopolíticas, geoeconômicas e mesmo geoculturais.

Da Política das Quatro Modernizações a essa maior assertividade, as relações internacionais chinesas são caracterizadas por uma evolução. O período Deng priorizou uma ação mais moderada e gradual, para que o processo de reforma e modernização pudesse ser concluído. Essa política externa mantinha os princípios da coexistência e era orientada conforme a premissa do *Keep a Low Profile* (KLP). Com a consolidação econômica, agregou-se a essa perspectiva a da ascensão pacífica, simbolizada em um movimento de expansão externa, o *going out*. Até 1999, essa projeção limitou-se a um espaço mais regional, com foco na Rússia e na Ásia Central, para depois deslocar-se à África e à América Latina.

Essa expansão externa reforçou as parcerias sino-russas, que têm o potencial de barrar a presença norte-americana no *Heartland* e no *Rimland*, para voltar às classificações tradicionais da geopolítica. Brzezinski (2012) aponta os esforços desse país para reconstruir a sua influência como potência, no que ele denomina de grande periferia chinesa, com impactos sobre a Ásia Pacífico, a Ásia Central, o Oriente Médio, com extensões à África e à América Latina.

No âmbito desse novo sistema de relações internacionais em construção, a primeira década do século XXI foi caracterizada pelo Desenvolvimento Pacífico e Harmonioso (DPH), de caráter político e econômico.

O ganha-ganha (*win-win*) nos relacionamentos externos da China, a não ingerência no assunto dos parceiros e a Cooperação Sul-Sul (CSS) formam a base dessas concepções, pois

> (...) o caminho do Desenvolvimento Pacífico pode ser definido como segue: a China deve se desenvolver defendendo a paz mundial e contribuindo para a paz mundial por meio do seu desenvolvimento. Ela deve atingir o desenvolvimento por seus esforços e investindo em reforma e inovação: ao mesmo tempo ela deve ser abrir para o mundo e aprender com os outros países. Ela deve buscar benefícios mútuos e o desenvolvimento comum com outros países, acompanhando a tendência da globalização econômica e deve trabalhar junto com outros países para construir um mundo harmonioso de paz durável e de prosperidade comum. Este é um caminho de desenvolvimento científico, independente, aberto, pacífico, cooperativo e de desenvolvimento comum (THE STATE COUNCIL, 2011, s/p).

A China substituiu o KLP a partir de 2013 com uma pauta de buscar conquistas, o *Strive For Achievements* (SFA) da gestão Xi Jinping. Com o SFA, o que era um desenvolvimento pacífico passou a ser um desenvolvimento assertivo, elevando o nível de ameaça para os EUA na região eurasiana e no mundo. Em termos geopolíticos e geoeconômicos, a gestão Xi desenvolveu esforços que impactam as posições marítimas e terrestres dos EUA.

Em termos marítimos, a maior assertividade da China e o seu programa de modernização da marinha e das forças armadas localizam-se no Mar do Sul da China (MSCh). Para os EUA, o domínio de rotas marítimas e/ou a garantia de sua livre passagem é essencial, como se tem analisado desde o início deste capítulo. A leitura americana de que a estratégia da China nessa região seria a da A2/AD (*anti-access/area denial*) impediria o seu livre trânsito na região do Pacífico e do Índico.

No que se refere ao MSCh, a reivindicação da China é pela extensão da plataforma continental, que se choca com dois limites: o das águas internacionais e o do controle desse território por outros Estados asiáticos, que igualmente desejam a revisão de suas plataformas, especificamente: Japão, Taiwan, Filipinas, Vietnã, Malásia, Indonésia e Brunei. A justificativa da China para o aumento de seu controle territorial, incluindo as Ilhas Spratly, Paracel e Scarborough, é baseada no "Mapa das 9 Linhas", que comprova o domínio histórico do país na região. Militar e comercialmente, o MSCh é uma importante rota de passagem para os EUA e a China, assim como simbólica para o acesso estratégico ao continente. Assim, nenhum dos dois países abre mão de suas posições.

No campo geopolítico, destaca-se a Iniciativa do Cinturão e da Rota (*Belt and Road Initiative*, BRI, ou OBOR-One Belt, One Road ou NRDS-Nova Rota da Seda), lançado em 2013 pelo governo de Xi Jinping. Até abril de 2021, o projeto já conta com mais de 70 participantes, tendo o objetivo de alcançar mais de 100 nos próximos anos, em todos os continentes. Nessa fase inicial, encontra-se focado na região eurasiática e na África, mas já abrindo parcerias na América Latina e com atuação no Ártico.

Brzezinksi publica seu livro antes desse projeto, mas a BRI realiza a previsão do próprio Brzezinski de uma China comunista, mas não comunizada, que se tornaria referência em escala global. A China possui um espaço eurasiano significativo e as condições territoriais e geográficas para consolidar sua expansão, o que vem fazendo não pela guerra, mas por instrumentos econômicos. Essa posição fica bem clara no lançamento oficial da BRI[17],

> Simbolizando a comunicação e a cooperação entre o Oriente e o Ocidente, o Espírito da Rota da Seda é uma herança histórica e cultural compartilhada por todos os países do mundo. No século XXI,

---

[17] Para uma cronologia da iniciativa, recomenda-se seu site oficial. Disponível em: http://english.www.gov.cn/news/top_news/2015/04/20/content_281475092566326.htm. Acesso em: 15 abr. 2021.

> uma nova era caracterizada pelo tema da paz, desenvolvimento, cooperação e benefício mútuo é ainda mais importante para desenvolver este Espírito da Rota da Seda em face da fraca recuperação da economia global e situações internacionais e regionais complexas (...) A Iniciativa do Cinturão e da Rota é um projeto sistemático, que deve ser construído conjuntamente por meio de consultas para responder ao interesse de todos, e esforços devem ser feitos para integrar as estratégias de desenvolvimento dos países em torno do Cinturão e da Rota. O governo chinês elaborou e publicou a Visão e Ações Para Juntamente Construir o Cinturão Econômico da Rota da Seda e a Rota da Seda Marítima do Século XXI, para promover a implementação desta iniciativa, trazer vigor e vitalidade à antiga Rota da Seda, conectar os países asiáticos, europeus e africanos mais de perto e promover mutuamente a cooperação em formas mais elevadas e mais novas (THE CHINA STATE COUNCIL, 2015).

Enquanto a China defende o seu projeto como revolucionário em termos de interconectividade regional entre Europa, Ásia, África e Oriente Médio, funcionando como um pivô (hub) dessa iniciativa, os críticos apontam que a sua implementação traz dependência financeira ("armadilha da dívida"), condicionalidades (como a relação preferencial com a economia da China) e custos humanitários aos países participantes (desapropriações de moradias, desrespeito a direitos e exploração do meio ambiente).

Tanto a BRI como o MIC 2025 fazem parte do 13º Plano Quinquenal da China, visto como um marco na ascensão da China no mundo,

> A Iniciativa OBOR está intrinsicamente ligada ao 13º Plano Quinquenal da China (2016/2020). O novo plano irá funcionar como um guia nacional para o desenvolvimento e a estratégia de investimento abrangente do país no período. Ele marca uma mudança dramática no modelo de crescimento chinês do crescimento baseado na acumulação de capital para o crescimento sustentado pela inovação combinado com o desenvolvimento integrado urbano-rural e

> o desenvolvimento verde. O Plano ecoa a capacidade da iniciativa OBOR de atender às empresas de metal, aço e de máquinas pesadas com supercapacidade (particularmente aquelas com demanda declinante) para encontrar mercados externos. Do ponto de vista da OBOR, as dimensões regionais do plano quinquenal envolvem uma estratégia de crescimento de longo prazo para incentivar a integração econômica de países e regiões da Rota (XING, 2019, p. 38).

Essa divergência de análises reflete um cenário competitivo e as diferentes estratégias e visões de desenvolvimento atreladas aos protagonistas geopolíticos da Eurásia. Se no século XIX o grande jogo eurasiano foi protagonizado por Grã-Bretanha, Rússia e França, no século XXI a sua versão "2.0" traz EUA, UE, Rússia e China como protagonistas. Os EUA (e os aliados da UE) optaram pelas guerras no início do século XXI para avançar nessa região, caracterizada pela presença sino-russa, principalmente no campo energético. Uma outra ação, a diplomacia dos dutos, para avançar a construção de gasodutos e oleodutos ocidentais, em contraposição ao domínio russo do setor, também se fez presente, mas não impediu as operações militares sob a sombra da GWT.

Por sua vez, a Rússia direcionou-se para uma postura de resistência e contenção dos avanços dos EUA, na qual se inseriu uma nova relação com a China, relação esta de interesse mútuo, para reforçar o controle territorial de ambos na Eurásia e impedir uma dominação maior norte-americana em suas fronteiras. Nas ex-repúblicas soviéticas, a Rússia teve que enfrentar as Revoluções Coloridas, movimentos políticos muitas vezes apoiados pelo Ocidente em prol da democracia, e que pareciam constituir-se em uma nova modalidade de conflito: as Guerras Híbridas (KORYBKO, 2018), com ênfase nas dinâmicas da informação, da política e da ingerência similares às *proxy wars*.[18]

---

[18] Apesar de bastante popular e utilizado, esse é um conceito em disputa na área de estudos estratégicos, devido à pré-existência dos mecanismos da Guerra Híbrida nas táticas dos Estados. Assim, seria apenas um conceito artificial. Por outro lado, os que o defendem indicam que deriva da nova natureza da guerra em termos multidimensionais.

A China, contudo, com a BRI é a que possui as condições econômicas e políticas para ocupar tanto o vácuo russo quanto ocidental e prover uma estrutura de cooperação geopolítica. A China preenche o vácuo político dos "Balcãs Eurasianos" e dos entornos marítimos. Afinal, a BRI possui dois "cinturões" tanto terrestres quanto marítimos, uma visão estratégica anfíbia, ou, um termo mais moderno: híbrida.

A BRI é, portanto, composta de dois cinturões, que comportam cinco rotas: o Cinturão Terrestre, conectando a China à Europa, atravessando a Ásia Central e a Rússia, a interação China-Oriente Médio, transitando pela Ásia Central e o espaço próximo de China, Sudeste Asiático, Ásia Meridional e Oceano Índico; o Cinturão Marítimo, interliga a China com a Europa, passando pelo MSCh e o Oceano Índico, e, ainda pelo MSCh, a conexão da China ao Sul do Oceano Pacífico.

Delimitando ainda mais o projeto, seu foco reside em projetos de infraestrutura ao longo de seis corredores: portos marítimos, rodovias, ferrovias, aeroportos, prospecção de energética e de minerais estratégicos, satélites, cooperação em ciência, tecnologia e inovação. Os corredores são: a Nova Ponte Terrestre Eurasiana (New Eurasian Land Bridge), China-Mongólia-Rússia, China-Ásia Central-Ásia Ocidental, China-Península da Indochina, China-Paquistão e Bangladesh-China-Índia-Mianmar (Figuras 5 e 6).

A grande ausente do processo, por questões geopolíticas e de competição, é a Índia. Apesar de ter sido convidada a fazer parte do arranjo, o país não aceitou, mantendo-se à margem e focando suas estratégias preferenciais, nas quais se incluem a relação com os EUA. Para a Rússia, a BRI surgiu como um impulsionador da parceria bilateral sino-russa e uma oportunidade de reforçar sua posição e conter os EUA (ver 5.3).

Os ensinamentos de Brzezinski e o dilema de como conter a China na Eurásia são úteis nesse novo cenário. Segundo o autor, a revitalização dos EUA e da UE precisaria estar associada a uma nova concepção de Ocidente que incluísse a Rússia e a Turquia, afastando-as da esfera chinesa. Na hipótese dessa inclusão, prevaleceria na Eurásia um Ocidente Vital e Expandido (*Larger and Vital West*). Nos "Balcãs Eurasianos" e na Ásia Pacífico, os EUA devem retomar sua política de "equilibrador". Para isso, os EUA de Obama (2009/2016) deveriam apostar na recuperação econômica, no encerramento das duas guerras no Oriente Médio e na reformatação da agenda asiática. O objetivo é o "Pivô Asiático", reformulação da projeção militar dos EUA, com ampliação para o Índico e a Oceania (Índia, Austrália e Nova Zelândia emergindo como novos Estados-pivô), mantendo-se a presença do Japão e da Coreia do Sul. Essa ação é uma resposta direta ao reposicionamento chinês no MSCh e suas movimentações. A transformação do USPACOM em USINDOPACOM para incluir no Comando do Pacífico uma extensão e redirecionamento da presença militar norte-americana nesse espaço geográfico compõe esse cenário. Além dessa reforma do USPACOM, Obama adensou o USCYBERCOM (Comando Militar Cibernético, 2010), que possui uma visão transversal de questões securitárias, lidando com tecnologia, indústria avançada, IA e robótica (ver Figura 4).

Na economia, a estrutura seria a da Parceria Transpacífico (TPP), um arranjo comercial que exclui a China, e criaria uma zona de livre de comércio liderada pelos EUA. Além do Pivô Asiático, a tentativa de reforçar a unidade econômica com a UE veio na forma do não concluído TTIP (*Transatlantic Trade Investment Partnership* — Acordo Transatlântico de Comércio e Investimento). Ambos, TPP e TTIP foram barrados por Trump como prejudiciais ao mercado dos EUA em 2017. O TPP foi relançado como CPTPP (*Comprehensive and Progressive Agreement for Transpacific Partnership*) em 2018. Nesse vácuo, no ano de 2020, membros do TPP e da Asean, mais a China, assinaram a RCEP (*Regional Comprehensive Economic Partnership*), sem os EUA e a Índia.

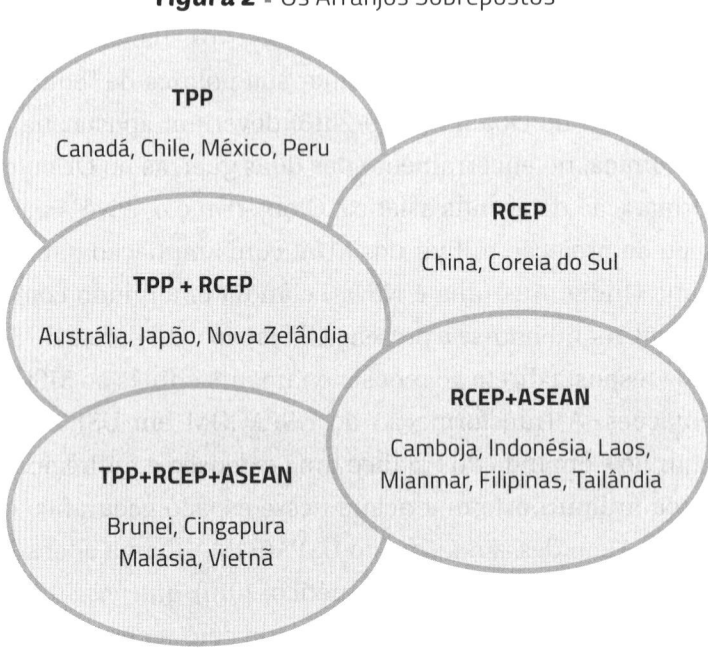

Figura 2 ▪ Os Arranjos Sobrepostos

TPP
Canadá, Chile, México, Peru

RCEP
China, Coreia do Sul

TPP + RCEP
Austrália, Japão, Nova Zelândia

RCEP+ASEAN
Camboja, Indonésia, Laos, Mianmar, Filipinas, Tailândia

TPP+RCEP+ASEAN
Brunei, Cingapura Malásia, Vietnã

Fonte: Elaborado pela autora.[19]

Destaca-se nesse cenário o papel da Índia e o esforço em trazê-la para a esfera de influência norte-americana, que é igualmente abordado por Robert Kaplan em sua obra *Monsoon: The Indian Ocean and the Future of American Power* (2011). Kaplan aponta uma reestruturação do eixo de poder asiático em torno do entorno estratégico sino-indiano, com foco no crescimento econômico indiano e nas dinâmicas Índia-Paquistão, dois poderes nucleares. A Índia é percebida como uma aliada prioritária na contenção da China, que é a principal ameaça aos interesses dos EUA.

---

[19] Fontes: RCEP members em https://rcepsec.org/, Asean members em https://asean.org/asean/asean-member-states/ e https://www.international.gc.ca/trade-commerce/trade-agreements-accords-commerciaux/agr-acc/cptpp-ptpgp/index.aspx?lang=eng. Acesso em: 15 abr. 2021.

Para Brzezinski, contudo, o potencial estabilizador da Índia na região é menor, e o país demonstra-se mais fragmentado em comparação à China devido a sua política interna. A despeito de seu crescimento econômico, a Índia ainda convive com estruturas de poder e sociais que são fonte de vulnerabilidades e impedem uma ascensão mais linear e uma maior confiabilidade. *A vingança da geografia* (2013) e *The return of Marco Polo's World: War, Strategy and America Interests in the twenty-first century* (2019), igualmente de Kaplan, complementam essas reflexões, que, assim como as de Brzezinski, apontam o crescente papel da China.

Muitas dessas transformações foram incorporadas na Doutrina Obama (2010), que retoma a visão de uma liderança cooperativa em um cenário mais diversificado em termos de recursos de poder e atores. O foco da geopolítica é mesclado com o da geoeconomia, com especial atenção às dificuldades internas dos EUA. Nesse caso, a reestruturação da hegemonia passa pela sua reinserção dos EUA como mantenedor do equilíbrio regional, com legitimidade, e a correção de rumos da superextensão imperial na Eurásia, com o encerramento das duas guerras no Oriente Médio.

Obama agravaria o quadro regional com mais uma intervenção militar na Líbia, em 2011, aprovada pela ONU na lógica da intervenção humanitária prevista no conceito de "Responsabilidade de Proteger" (R2P). O R2P estabelecia como obrigação da comunidade internacional intervir em situações de crise humanitária, e a Líbia de Muammar Gaddafi foi enquadrada como risco (RINALDI e PECEQUILO, 2021). Os resultados somente acentuaram as instabilidades locais, aprofundando as demais tensões. Desafios como a Primavera Árabe, a emergência do Estado Islâmico (EI), a Guerra da Síria, como será visto no Capítulo 5, são subprodutos dessas movimentações e instabilidades geopolíticas, legados desses movimentos intervencionistas.

Para a geopolítica, a era Trump (2017/2020) representou tanto a compreensão dessas tendências, com o acirramento das políticas de contenção da China, como a reformatação das alianças com a UE e a Índia, porém foi um período de incremento do unilateralismo e das fragmentações internas, que serão foco dos próximos capítulos. Em termos teóricos, como se pode perceber, esse período apresenta uma evolução: inicialmente um debate sobre a viabilidade ou não dos estudos geopolíticos, para se assistir ao seu renascimento diante da prevalência das disputas entre as potências mais relevantes da Eurásia, com impactos globais.

Diante dos grandes jogos de poder mundial entre EUA, China, Rússia e Índia, observam-se novos equilíbrios em formação que sinalizam que talvez duas previsões de Brzezinski sejam realmente efetivas: a primeira, de que "os EUA serão a primeira, a única e a última superpotência restante" (BRZEZINSKI, 1997, s/p) e que o mundo de 2025, depois da hegemonia americana, não será chinês, mas caótico (BRZEZINSKI, 2012, p. 75). Mas, antes de analisar esse suposto caos, cabe compreender as dinâmicas geoeconômicas do sistema internacional.

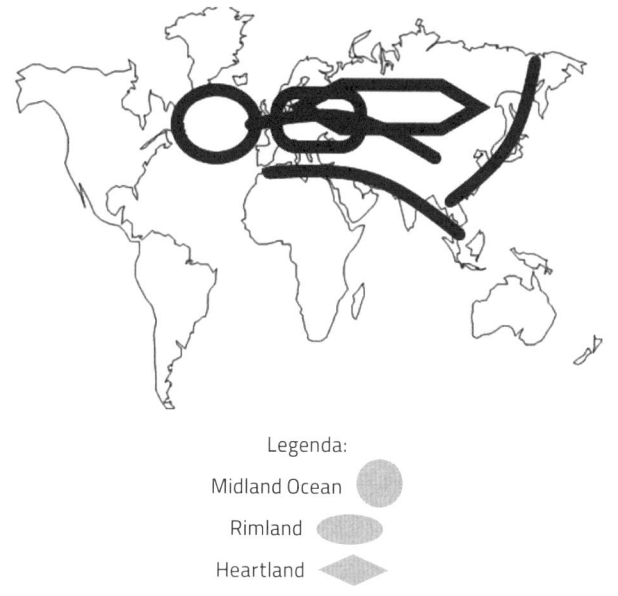

Figura 3 ▪ Mackinder, Spykman e Brzezinski

Legenda:
Midland Ocean
Rimland
Heartland

Frentes — Extremo Ocidente, Extremo Oriente, Sudeste Asiático
Fonte: Elaborado pela autora.

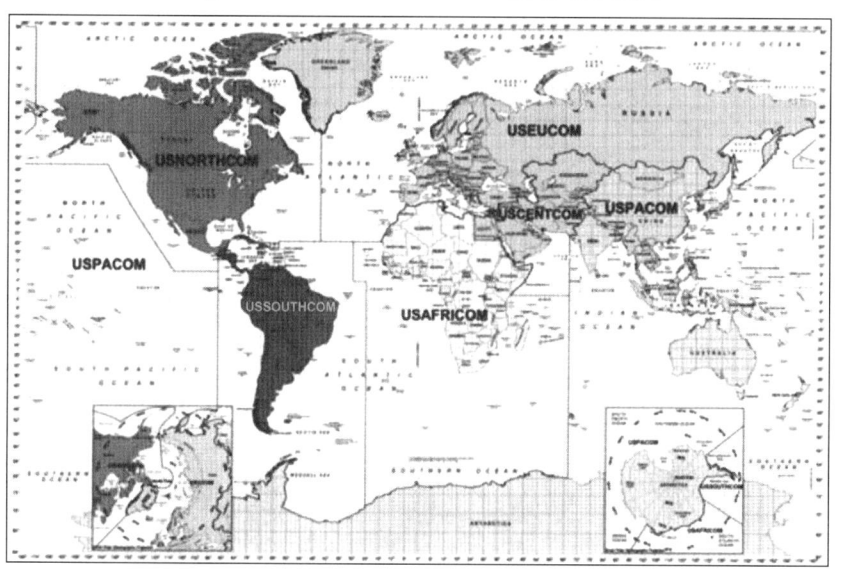

Figura 4 ▪ Os Comandos Militares dos EUA

Fonte: https://archive.defense.gov/ucc/.

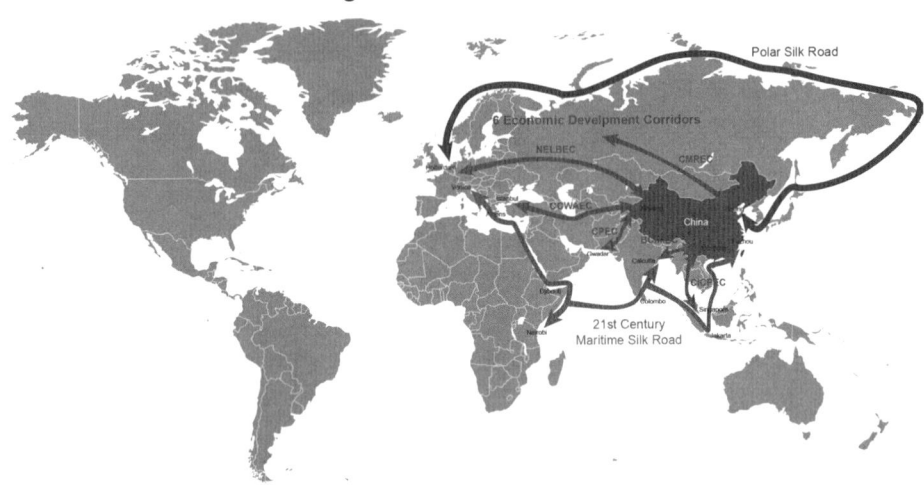

Figura 5 ▪ A Rota da Seda

Fonte: https://www.beltroad-initiative.com/belt-and-road/.

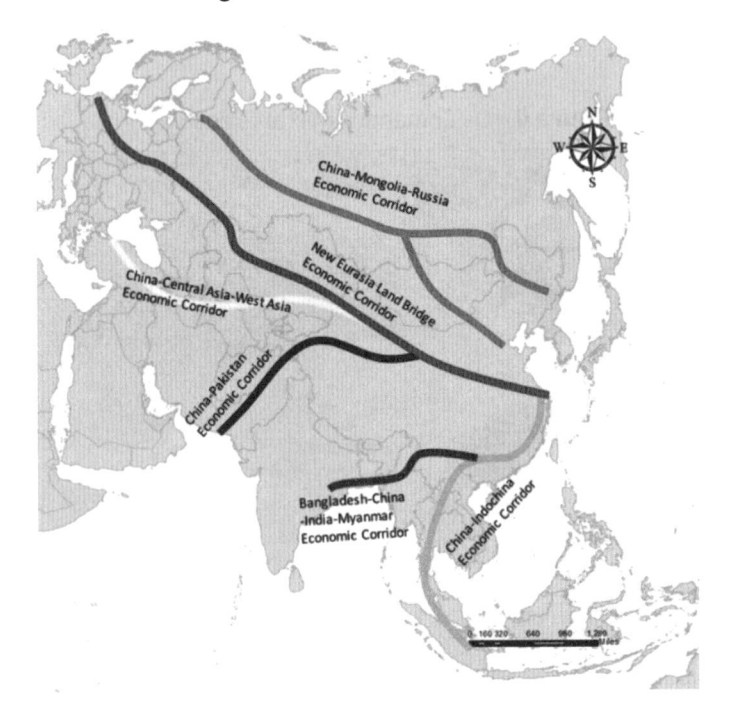

Figura 6 ▪ Os Corredores da BRI

Fonte: http://www.cica.net/connectivity-along-
overland-corridors-of-the-belt-and-road-initiative/.

CAPÍTULO

3

A Geoeconomia

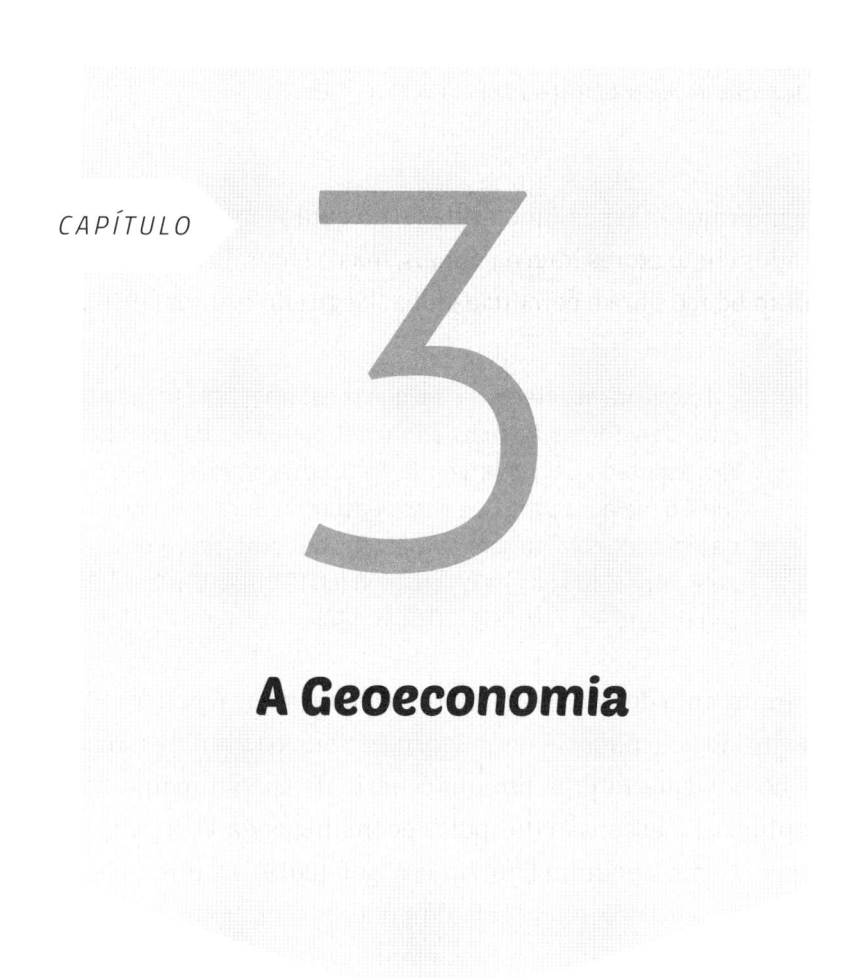

Assim como a geopolítica, a geoeconomia possui "histórias e geografias" específicas. Ambas se encontram associadas aos debates sobre a suposta invisibilidade da geopolítica e as transformações do poder e da ordem internacional, em particular as hipóteses contraditórias que dominaram o início dos anos 1990: a globalização, a universalização do modelo dos EUA e o seu declínio.

O "primeiro uso" do conceito de geoeconomia foi feito por Edward N. Luttwak no artigo *From Geopolitics do Geo-economics: logic of conflict, gramar of commerce*, de 1990. Luttwak destaca a complexidade do cenário internacional pós-bipolaridade, no qual se mantém a relevância dos Estados como atores internacionais, mas o *locus* do conflito se altera do conflito bélico para o comércio global. Segundo o autor (1990),

> (...) o que irá acontecer — e o que já estamos testemunhando — é uma transformação mais ou menos completa da ação do Estado representada pela emergência da "Geo-economia". Este neologismo é o melhor termo que posso encontrar para descrever a mescla da lógica do conflito com os métodos do comércio — ou (...) a lógica da guerra traduzida pelo comércio (LUTTWAK, 1990 in TUATHAIL, DALBY and ROUTLEDGE, 2013, p. 126).

O argumento de Luttwak (1990) considerava que o poder militar seria substituído pelo poder econômico, refletindo o triunfalismo que prevalecia no pós-Guerra Fria. Em um cenário de encolhimento dos EUA, isso significava a ascensão dos polos econômicos da Europa Ocidental e do Japão. Como apontam Sholvin e Wigell (2019), as previsões de Luttwak sobre a perda de relevância do poder militar, a proeminência da economia e a pressão sobre a hegemonia dos EUA não se realizaram. Contudo, a importância do autor foi concreta ao iniciar o debate. Há uma evolução nas definições do conceito de geoeconomia e no estudo de suas relações com a geopolítica.

Uma definição que se tornou muito popular foi a de Blackwill e Harris (2016), estabelecendo a geoeconomia como:

> O uso de instrumentos econômicos para promover e defender os interesses nacionais e produzir resultados geopolíticos benéficos e os efeitos das ações econômicas de outras nações em seus objetivos geopolíticos (...) a partir deste entendimento a geoeconomia é tanto um método de análise como uma política de Estado (BLACKWILL and HARRIS, 2016, p. 20).

Blackwill e Harris listam alguns instrumentos essenciais à projeção de poder geoeconômico: comércio, investimentos, sanções econômicas e financeiras, ajuda econômica ou militar, domínio tecnológico, política financeira e monetária, disponibilidade de energia e de matérias-primas (*commodities*). Consideram que as capacidades de atuação no setor devem estar relacionadas à habilidade de administrar o fluxo de investimentos internos e externos de um Estado, o controle (ou não) sobre o seu mercado doméstico e internacional (relacionado à balança comercial, importação e exportação), a posse e o controle de recursos energéticos e commodities e o peso do Estado em ser capaz de influenciar (ou não) os sistemas multilaterais econômicos. Novos termos, como criptomoedas, vêm sendo incorporados a esse portfólio.

Baracuhy (2019, p. 16) destaca que a projeção de poder do Estado na economia depende de suas capacidades em três níveis centrais: mercados, recursos e a habilidade de moldar as regras das interações econômicas internacionais. Para concentrar essas capacidades, um Estado necessita que sua base interna seja forte. Baru (2012, p. 55-56) segue caminho similar ao explorar os fatores que tornam um Estado capaz de modernizar-se e projetar poder geoeconômico: o conhecimento tecnológico, a transformação agrária, a existência de uma classe média ativa e o equilíbrio fiscal. A inter-relação entre o Estado, o nível público e as companhias privadas do setor produtivo e financeiro compõem esse quadro complexo e em constante mutação. Em síntese, é necessário que para projetar poder externamente na economia, um Estado o detenha internamente, trabalhando em associação com suas forças produtivas. Caso contrário, ele não será capaz de converter o poder econômico em poder político.

Entretanto, alguns consideram essas definições ainda insuficientes. Para Sholvin e Wigell (2019), a geoeconomia é estrutura analítica e prática estratégica, com isso

> (...) refere-se à aplicação de meios econômicos de poder pelos Estados para alcançar objetivos geoestratégicos (...) A dimensão geográfica na geoeconomia significa que as bases econômicas do

> poder nacional precisam ter características geográficas decisivas: recursos estarem localizados em locais específicos, ou linhas marítimas de comunicação que representam rotas específicas. De forma alternativa, o objetivo das estratégias geoeconômicas precisa ser geograficamente delimitado, como no caso de uma esfera de influência que um poder hegemônico controla, ao manter seus países vizinhos dependentes (Sholvin and Wigell, 2019, p. 9).

Essa definição já dá "pistas" de onde se insere o lugar da geopolítica frente à geoeconomia. Segundo Jaeger e Brites (2020), os conceitos são interdependentes. Baru sugere uma sobreposição:

> A geoeconomia pode ser definida de duas formas diferentes: como a relação entre a política econômica e as mudanças no poder nacional e geopolítica (em outras palavras, as consequências geopolíticas dos fenômenos econômicos); ou as consequências econômicas das tendências na geopolítica e no poder nacional (BARU, 2012, p. 47).

Existem inúmeras discussões sobre o que é o conceito de geoeconomia e sua relação com a geopolítica que não serão aqui esgotadas. Embora esteja se tomando como pressuposto em diversas obras e autores que o conceito em si emerge com Luttwak, a prática de utilizar instrumentos econômicos para projetar poder não nasce com o conceito. Entra-se mais uma vez no debate de que a prática antecede a teoria historicamente. E, mesmo quando se parte dessa constatação, prevalecem divergências sobre quando essa ou determinada prática se tornou instrumento de poder efetivo.

Considerando, como na geopolítica, o Estado como ator internacional que exerce poder, o "primeiro movimento" concreto da geoeconomia é localizado por parte da literatura no Mercantilismo do século XVII (BARU, 2012). A construção da Rota da Seda da China, as grandes navegações portuguesas, espanholas e holandesas, nos séculos anteriores, apesar de dotadas de caráter econômico, não poderiam ser assim classificadas por conta dessa visão centrada no Estado. Ainda assim, essas ações de perfil geopolítico e geoeconômico permitiram que essas potências europeias dominassem o sistema internacional cada uma a seu tempo nos séculos XV a XVII. A globalização como fenômeno histórico não pode ser desconectada desse passado nem do imperialismo europeu afro-asiático do século XIX.

Baracuhy (2019, p. 20) considera que a evolução do pensamento geoeconômico possui quatro gerações, partindo-se também do princípio da desconexão conceito-prática. Para o autor, o estudo de Luttwak estaria localizado na terceira geração e já estaria superado nesta segunda década do século XXI. A primeira geração corresponde ao período inicial do século XX até a década de 1970, definida como "geoeconômica clássica". Essa classificação é apresentada pelo autor, uma vez que autores da geopolítica, como Mackinder[1], consideram o poder econômico como essencial. O processo de construção do Sistema de Bretton Woods (1944/1945) faz parte dessa geração, estando associada a uma forte ligação entre a prática econômica e o uso da economia como instrumento de poder. Da mesma forma, inserem-se os primeiros planos de investimento dos EUA aos aliados da Europa Ocidental com o Plano Marshall e a reconstrução japonesa. As políticas de ajuda econômica são consideradas instrumentos relevantes.

A segunda geração encontra-se ativa nas décadas de 1970-1980, associada aos fenômenos da interdependência e transnacionalização abordados por Keohane e Nye, e os estudos sobre regimes internacionais de Stephen Krasner. Na mesma linha, pode-se sugerir uma intersecção com os estudos de Robert Gilpin (2002) e Susan Strange (1994), que abordam respectivamente a interação entre o Estado e as forças do mercado e os fatores estruturais de poder estatal. Por sua vez, a terceira geração é representada por Luttwak, como citado, e sintetizada no nascimento do

---

[1] Os outros autores citados nessa geração são James Fairgrieve e Albert Hirschman.

conceito. Além disso, a geoeconomia, sob essa nova definição, passa a ser incorporada em documentos estratégicos dos Estados, como os dos EUA, mencionando-se o Engajamento e a Expansão de Clinton (1994) e a Doutrina Obama (2010).

A quarta geração localiza-se no século XXI e, na visão do autor, ampliou-se a partir da crise econômica global de 2008, com a ascensão das nações emergentes representadas pelos BRICS (Brasil, Rússia, Índia, China e África do Sul). A China, principalmente, tem usado instrumentos geoeconômicos com frequência, inclusive na Eurásia. Nesse contexto, parece ocorrer uma importante transição de poder nas relações econômicas internacionais com o potencial surgimento de uma nova ordem e estruturas de poder.

Sem querer estender muito essa discussão, até porque seu objetivo, assim como a conceitual, foi apenas ilustrar uma dificuldade adicional em estudar a geoeconomia, a opção de recorte histórico relaciona-se às dinâmicas de ordem e transição internacional. A primeira fase, de 1945 a 1988, denominada de Antecedentes, examina a utilização de instrumentos econômicos para a projeção de poder hegemônico dos EUA, o que já se consiste em uma ação de caráter geoeconômico. A segunda fase, no pós-Guerra Fria, de 1990 a 2021, aborda as transformações no campo econômico, com o declínio relativo dos EUA e a desconcentração de poder global, com a ascensão da China.

3.1 Os Antecedentes (1945/1988)

Partindo da constatação de que a geoeconomia corresponde ao exercício do poder econômico para a obtenção de objetivos políticos, tendo como base as interpretações apresentadas, a criação e implementação do Sistema de Bretton Woods em 1944/1945 pode ser vista como o primeiro passo contemporâneo nessa trajetória. Como parte do exercício multidimensional da hegemonia dos EUA, como visto, esse sistema foi construído no contexto da Segunda Guerra Mundial, ao lado dos mecanismos político-estratégicos da ONU e da OTAN. Seja político ou econômico, o multilateralismo e as instituições que dele emergem possuem sempre uma natureza dual: aprofundar mecanismos alternativos de dominação para a hegemonia e garantir a estabilidade global e o engajamento das demais nações.

Ainda que em 1918 os EUA exercessem um poder econômico de fato no sistema internacional nas esferas financeira e comercial, seu papel não era sistemático e nem estruturado em torno de regras e organismos multilaterais. Na base dos tratados como Versalhes, a preocupação era com temas como livre trânsito de mercadorias e acesso às vias comerciais, abertura comercial, sem uma regulamentação adicional. O multilateralismo na época ficara restrito, pelas concepções wilsonianas, às demandas político-estratégicas com a Liga das Nações, enquanto o setor econômico seguia as regras do mercado. A grande depressão de 1929 foi um sintoma desse vácuo que gerou práticas desreguladas com protecionismo, fechamento de fronteiras, escassez financeira, e os arranjos do pós-Segunda Guerra tinham como objetivo suprir esse vácuo.

Escrevendo sobre o tema em 1945, Morgenthau[2] ressalta a importância da cooperação internacional para a consolidação do poder dos EUA e a construção de um pós-guerra estável:

> Os problemas econômicos internacionais do pós-guerra podem ser mais difíceis que aqueles dos anos 1930, e caso não cooperemos

---

[2] Considerado o fundador do Realismo político contemporâneo, Morgenthau, assim como a maioria dos pensadores dessa escola não nega o valor da cooperação ou da criação de instrumentos econômicos, sociais e culturais para o exercício do poder do Estado. O Estado é a unidade política central e o principal ator das relações internacionais, mas não o único, mesmo para os realistas. Normalmente, essa é uma crítica fácil atribuída à corrente e presente em muitos debates teóricos, de que os realistas ignorariam a cooperação, as organizações internacionais e outros recursos de poder. Porém, eles não os ignoram, apenas o consideram com pesos relativos diferentes em comparação a outras teorias.

> para resolver estes problemas seremos confrontados com o retorno da intensificação da desordem monetária e da agressão econômica no período (...) um acordo sobre políticas monetárias e bancárias é apenas o primeiro passo para alcançar um programa econômico construtivo no qual a estabilidade global pode ser mantida e a meta da prosperidade ser atingida (...) desnecessário dizer que a promessa da estabilidade monetária internacional será facilitada pelo nível de prosperidade dos EUA (...) (MORGENTHAU, 1945, s/p).

Além da estabilidade monetária, Morgenthau ressalta a relevância da cooperação no campo comercial e na criação de padrões para o desenvolvimento e o trabalho. Sem a interação entre os Estados em todos esses níveis, a perspectiva é de um fracasso da colaboração em outras agendas econômicas e político-estratégicas, sejam elas bilaterais ou multilaterais. Somado a isso, alerta para o risco das desigualdades, afirmando que:

> Nada será mais prejudicial à segurança mundial do que ter os países menos desenvolvidos, que compõem mais da metade da população mundial, em competição econômica com as nações menos populosas e mais avançadas do Ocidente (MORGENTHAU, 1945, s/p).

Mais do que proféticas, como será visto em 3.2 e demais capítulos, as previsões de Morgenthau sinalizam a relevância no campo econômico para a estabilidade das relações internacionais e a projeção de poder dos EUA. Indicam também que a ampliação das interconexões entre Estados e fenômenos econômicos possui potencial de impactos mútuos, como fora a Grande Depressão, antecipando conceitos como os de interdependência e transnacionalização. Mas, em linhas gerais, quais são os instrumentos de poder geoeconômicos que nascem em Bretton Woods?

Esses instrumentos correspondem a esta junção de fatores: instituições multilaterais e acordos internacionais no campo monetário e comercial. No que se refere às instituições multilaterais, os dois principais pilares criados foram o FMI e o BM. No imediato pós-guerra, o objetivo de ambas as instituições era auxiliar nos processos de reconstrução e desenvolvimento, por meio de empréstimos e investimentos. A partir da consolidação desse processo, essa tarefa mais proativa no campo de investimentos para o desenvolvimento passou a ser assumida pelo BM. Por sua vez, o FMI focou a manutenção da estabilidade financeira internacional por meio de empréstimos e regulamentação das relações econômicas.

A capacidade de projeção de poder via essas duas instituições residia nessa dinâmica da regulamentação, mas também na definição de políticas que os Estados que requeriam empréstimos para sua estabilidade ou desenvolvimento deveriam aplicar. Essas políticas são denominadas de condicionalidades e se relacionam a agendas macroeconômicas associadas a indicadores como: déficit comercial ou público, taxas de câmbio e juros, investimentos e participação do Estado na economia (posse de empresas estatais), gastos sociais e em infraestrutura, regulamentação e abertura e proteção comercial. Caso um Estado, em um dado momento, não se enquadrasse em algum pré-requisito dessas políticas, não se tornaria apto a receber ajuda. Isso pode ser percebido desde 1945, acentuando-se depois de 1989, como será analisado.

Um movimento-chave foi a criação do padrão ouro-dólar, que definiu a moeda estadunidense como moeda de reserva internacional. O dólar passa a ser lastreado no ouro na seguinte medida: U$35 equivalentes a uma onça *troy* de ouro (31,1g). As taxas de câmbio manteriam-se fixas, assim como todas as moedas seriam conversíveis, em paridade com o dólar. Dentre todos os mecanismos de Bretton Woods, pode-se sugerir que esse é o mais relevante e duradouro para a projeção de poder dos EUA.

Segundo Torres (2019),

> o poder monetário é visto como uma das dimensões do poder estrutural. Ele se refere especificamente à capacidade de um país mudar, em seu próprio benefício, os mecanismos de natureza sistêmica que regem a originação de crédito e comandam a conversibilidade

> entre as diferentes moedas relevantes. Essas normas determinam a possibilidade de as nações emissoras de moeda internacional utilizarem seus sistemas monetário e financeiro para impedir ou postergar ajustes em suas contas externas. Consequentemente, têm repercussões sobre o grau de autonomia desses Estados na formulação de suas políticas (TORRES, 2019, p. 624).

Isso permitiu aos EUA controlar o sistema monetário internacional, e mesmo após a quebra do padrão ouro-dólar nos anos 1970, a moeda norte-americana não perdeu sua centralidade. A quebra do compromisso que o país mesmo criara foi realizada pelo governo Nixon em um momento no qual os norte-americanos estavam envolvidos em uma guerra custosa financeiramente no Vietnã, em competição direta com a Europa Ocidental e Japão e pressionados pelo aumento dos preços do petróleo devido ao primeiro choque energético. Nas palavras de Milan (2012),

> O dólar se converteu na moeda internacional de reserva, dando-lhe grande vantagem e tornando-o uma fonte de poder para a economia norte-americana (...) a transição de um sistema cambial fixo para um regime flutuante fez com que os mercados de moeda e de crédito internacionais se tornassem mais voláteis. A resposta dos mercados financeiros seguiu-se com a criação dos derivativos, cujas transações, em sua maioria, ocorrem em dólares norte-americanos. Ao mesmo tempo, a crescente importância dos mercados e instrumentos financeiros controlados pelos EUA traduziu-se em uma disparidade entre a economia real e financeira, contribuindo para um aumento da especulação em escala global e o aumento da fragilidade financeira (MILAN, 2012, p. 126).

Para Milan, o processo de fim da conversibilidade da moeda foi acompanhado pela dinâmica das taxas flutuantes no câmbio e coincide com outros dois processos: a aceleração da globalização e a desregulamentação dos setores financeiro e bancário, visando ao seu aumento de lucratividade. Independentemente do fim da conversibilidade ouro-dólar, a chave é que o dólar não perdeu o seu caráter de moeda de reserva e os EUA continuam financiando sua dívida pública com a emissão de títulos, adquiridos por outros países, o que permite uma quase permanente emissão de moeda. A questão que sempre permanece em aberto é até quando esse ciclo será mantido em escala internacional.

Essa transformação econômica está na raiz de muitas das crises cíclicas e transformações na matriz produtiva, de investimentos, financeira e comercial, que marcarão os anos seguintes. Além disso, a lógica da desregulamentação atinge os modelos econômicos e sociais dessas nações, levando a um cenário de instabilidade, abordado em 3.2 e no Capítulo 4.

Brzezinski, no caso, indica que os anos 1970 representam a criação de um cenário de tripolaridade econômica, a trilateral. Isso significava a divisão de poder entre os EUA, o Japão e a Europa Ocidental. A década de 1970, adicionalmente, marca o início da RCT. A RCT incorpora o peso da tecnologia, da ciência e do conhecimento de ponta no setor computacional e outros como fonte de projeção de poder, como visto no Capítulo 1. Neste período, observa-se o surgimento também do G7, composto das principais economias avançadas, EUA, Japão, Itália, Canadá, França, Alemanha e Reino Unido, reforçando a aliança entre essas nações desenvolvidas.

Na década de 1970, o Japão também se tornará uma referência na região asiática e com ensaios de projeção global, sustentado nesse poder econômico, como será abordado em 5.2. Nas décadas de 1960 e 1970, outras iniciativas foram o Clube de Roma (que preconizava o desenvolvimento sustentável) e o início das reuniões do Fórum Mundial de Davos, cuja importância se tornou maior com o fim da Guerra Fria. Tais iniciativas não se identificavam como pautas "estatais", mas sim como não governamentais que complementariam e ajudariam os Estados em suas metas. Basicamente eram esforços centralizados nos países desenvolvidos ocidentais, até como forma de resistência às transformações do Sul.

Outra avaliação que demonstra a complexidade do cenário é a de Arrighi (1996) que aponta que esse período marca claras mudanças no capitalismo em dois eixos: do eixo produtivo para o especulativo e do eixo ocidental para o eixo asiático. Assim, os EUA viam o declínio de seu poder econômico. Entretanto, como citado, um declínio relativo até os dias de hoje, com a hegemonia econômica sendo exercida mesmo sem a hegemonia efetiva devido à preservação do dólar como moeda de reserva.

O ciclo de formação de organismos multilaterais para o setor econômico incluiu, também, a criação, em 1948, da Organização Europeia para a Cooperação Econômica (OCEE). Em seu nascimento, a OCEE funcionava como mecanismo para a implementação do Plano Marshall (1947) na Europa Ocidental. Seu escopo de membros originais[3] era restrito a esse espaço geográfico no qual ocorria o processo de reconstrução do pós-1945 por meio de financiamentos estadunidenses. Em linhas gerais, suas prioridades eram a consolidação da cooperação para a reconstrução, o incremento do comércio intrazona, melhoria das condições de vida e emprego.

Quase uma década depois de sua fundação, a OCEE funcionou como um impulsionador do processo de integração europeia, iniciado pela criação da Comunidade Econômica Europeia (CEE), em 1957. A CEE detém um caráter geoeconômico claro com a formação do mercado comum de comércio, mas igualmente um perfil geopolítico de fortalecimento da estabilidade estratégica no continente europeu. A integração europeia tornou-se uma referência nos processos de regionalismo, agregando uma concepção funcionalista e instrumental à cooperação, visando a benefícios comuns, somada a objetivos mais ambiciosos: a integração política, social e cultural que tomou forma com a criação da UE pelo Tratado de Maastricht em 1992, e o desenvolvimento de um sistema de governança supranacional (ver 3.2 e Capítulos 4 e 5).

---

[3] Áustria, Bélgica, Dinamarca, França, Grécia, Islândia, Irlanda, Itália, Luxemburgo, Holanda, Noruega, Portugal, Suécia, Suíça, Turquia, Reino Unido e Alemanha Ocidental.

Ao atingir sua meta inicial, que era o processo de reconstrução europeia, a OCEE passou por uma revisão de missão. Em 1961, isso levou ao estabelecimento da Organização para a Cooperação e Desenvolvimento Econômico (OCDE). A missão da OCDE foi ampliada para o espaço global, estando entre seus novos membros os EUA e o Canadá[4]. Segundo Cozendey (2017), a esse processo seguiram-se outras ondas de expansão que alinharam o perfil da OCDE ao que muitos definiram como um "clube dos ricos" que, assim como o FMI e o BM, ditava padrões econômicos internacionais. Historicamente, Godinho (2018) aponta a existência de três ciclos: um na Guerra Fria, que reforçou ainda mais esse perfil de ser restrito aos países desenvolvidos com a inclusão de Japão (1964), Finlândia (1969), Austrália (1971) e Nova Zelândia (1973); e dois no pós-Guerra Fria, quando a OCDE reforçou seu papel como criador de padrões e metas em políticas públicas não restritas somente à economia.

Além do comércio, finanças e investimentos, a regulação de setores e o estabelecimento de padrões ambientais, educacionais e de infraestrutura tornaram-se temas recorrentes. Para os países em desenvolvimento, a inclusão na OCDE tornou-se uma validação de políticas e sinal de "entrada" no Norte no pós-1989, como será abordado em 3.2. Sobre a evolução do papel da OCDE e seu perfil contemporâneo, Florêncio e Seyffarth (2018) avaliam que:

> A OCDE é dotada de inegável capacidade de influenciar marcos regulatórios e políticas públicas. Constitui importante instância de debates envolvendo especialistas de alto nível em temas situados na fronteira do conhecimento. Figura, ao mesmo tempo, como centro de referência para gestação de normas e regras aplicáveis a diversas áreas, tais como: comércio internacional e investimento; arranjos regulatórios; combate à corrupção; acordos para evitar

---

[4] Até maio de 2022, o organismo conta com 38 membros, cuja lista completa está disponível em: https://www.oecd.org/about/members-and-partners/. Acesso em: 12 mai. 2022.

> bitributação; preços de transferência; tecnologia e inovação; defesa da concorrência; e políticas macroeconômica, trabalhista, educacional e ambiental (...) tem a especificidade de exibir dupla vocação: i) think tank com excelência em políticas públicas e em diversos campos situados na fronteira do conhecimento; e ii) foro de boas práticas e de novos padrões regulatórios de governança global (FLORÊNCIO e SEYFFARTH, 2018, p. 191 e p. 203).

Não é possível falar de instrumentos de projeção de poder geoeconômico sem mencionar o campo comercial. Em Bretton Woods, outro mecanismo institucional previsto era a Organização Internacional do Comércio (OIC), que atuaria na regulamentação comercial. Entretanto, a opção dos EUA naquele momento, até por conta de sua proeminência, foi manter esse setor sem uma regulamentação tão clara. A saída foi pela flexibilidade e a instalação de uma lógica de negociações comerciais periódicas. Iniciadas em 1947, essas negociações foram denominadas de Rodadas, no âmbito do Acordo Geral de Comércio e Tarifas (GATT). Os temas a serem abordados, a periodicidade e a duração das rodadas refletiam o contexto econômico internacional de cada período, até a conclusão desse ciclo em 1994. Em 1995, finalmente, foi criada a Organização Mundial do Comércio (OMC, ver 3.2).

A dinâmica do GATT pode ser dividida em três fases de 1947 a 1994. Os intervalos entre elas representam períodos de suspensão efetiva de negociações comerciais devido à ausência de convergência entre os Estados. A primeira fase ocorre de 1947 a 1961. Essa é uma época de forte domínio dos EUA, que têm como foco a redução das tarifas industriais. Nesse período, foram realizadas as seguintes rodadas: Genebra (1947), Annecy (1949), Torquay (1951), Genebra (1956), Dillon (1960/61).

Em um momento mais complexo, a segunda fase ocorre de 1964 a 1979. Essa complexidade deriva do nascimento de uma tripolaridade econômica, sustentada nos EUA (que viviam a crise do início dos anos 1960/1979), na Europa Ocidental e no Japão. Adicionalmente, esse é um período de ampliação da atuação dos países do Sul, em desenvolvimento, nas negociações internacionais, com uma maior pauta de demandas pelo desenvolvimento, modernização e igualdade. Além da redução das tarifas industriais, dois novos temas entram em pauta: leis antidumping e barreiras não tarifárias. Duas rodadas ocorrem: a Rodada Kennedy (1964/1967) e a Rodada Tóquio (1973/1979).

Deve-se destacar que esse novo papel do Sul leva a transformações dentro da ONU, como a criação de agências direcionadas a lidar com tais pautas: a Conferência das Nações Unidas para o Comércio e o Desenvolvimento (UNCTAD, 1964), o Programa das Nações Unidas para o Desenvolvimento (PNUD, 1964) e a Organização das Nações Unidas para o Desenvolvimento Industrial (UNIDO, 1966). Em 1964, a formação de uma ampla coalizão entre os países do Sul, denominada de G77, reforçaria essas tendências. Havia uma resistência à imposição das agendas geoeconômicas do Norte nessas nações e uma reivindicação clara por mecanismos que acentuassem a cooperação não condicionada pelo FMI e BM, mas que visasse à redução da pobreza, ao acesso a melhores condições de vida e bem-estar e à ajuda internacional. Como apontam Herz, Hoffman e Tabak (2015), é um momento de auge no multilateralismo, com foco no Sul.

Esse foco não estará mais presente na terceira e última fase das negociações do GATT, que ocorrem em um momento de queda da influência das nações em desenvolvimento. A maior vulnerabilidade e baixa capacidade de resistência derivam de um acúmulo de crises como a da dívida externa, problemas associados às transições políticas (redemocratização) e a prevalência das desigualdades sociais, e as pressões renovadas dos países desenvolvidos. A Rodada Uruguai do GATT, de 1986 a 1994, representa a reafirmação do poder dos EUA. Os principais temas foram: negociações agrícolas, de propriedade intelectual e serviços, que resultam nos Direitos de Propriedade Intelectual Relacionados com o Comércio (TRIPs) e no Acordo sobre Medidas de Investimentos Relacionadas ao Comércio (TRIMs) para esses dois últimos setores. As negociações agrícolas sofrem impasses, estabelecendo-se metas futuras, enquanto o setor industrial sofre uma abertura significativa.

Por sua vez, a própria Rodada pode ser dividida em duas etapas: 1986 a 1989, quando havia ainda uma relativa resistência dos países do Sul. Isso ocorria principalmente no campo agrícola, visando à quebra do protecionismo (barreiras tarifárias e não tarifárias), o fim dos subsídios dos países ricos e a ajuda aos setores em desenvolvimento. Esses países encontravam-se unidos na coalizão denominada Grupo de Cairns.[5] As pautas mantinham-se trancadas. Com o fim da Guerra Fria e o agravamento das crises nos países líderes desse movimento, como o Brasil e a Argentina, e a mudança pró-EUA de suas políticas externas, a segunda etapa da Rodada, 1989 a 1994, é representativa do abandono dessas agendas. Outro fator que contribuiu para o enfraquecimento desse grupo foi a renovada unidade entre os EUA e a nascente UE (Acordo de Blair House, 1992).

O Acordo de Marraqueche, que encerra a Rodada Uruguai, reflete essas agendas múltiplas e a solidez do poder geoeconômico dos países desenvolvidos. O estabelecimento da Cláusula da Paz (1995/Dez 2003), que impunha uma trégua nas negociações agrícolas, é sintoma do baixo poder de resistência do Sul. Essa cláusula propunha uma espécie de trégua no campo agrícola, o que prejudicava as nações do Sul, uma vez que processos não poderiam ser abertos contra subsídios ou dumping no setor.

Segundo Barral (2007),

> Os principais resultados alcançados, substanciados no Acordo de Marraqueche, foram: 1) um corte médio nas tarifas de 37% e o aumento das linhas de produtos com tarifas consolidadas; 2) o aperfeiçoamento dos instrumentos de defesa comercial com a negociação de um Acordo sobre Salvaguardas e o aperfeiçoamento dos

---

[5] O Grupo de Cairns era originalmente composto por Argentina, Austrália, Brasil, Canadá, Fiji, Indonésia, Malásia, Nova Zelândia, Filipinas, Tailândia e Uruguai. Posteriormente, aderiram à aliança Bolívia, Chile, Colômbia, Costa Rica, Guatemala, Paquistão, Paraguai, Peru e África do Sul.

Códigos sobre Subsídios e Medidas *Antidumping*; 3) a integração dos produtos agropecuários ao sistema multilateral de comércio e a redução das barreiras não tarifárias; 4) a incorporação dos produtos têxteis ao sistema multilateral de comércio, com a eliminação do Acordo Multifibras de 1974, em dez anos, a partir de 1995, obedecendo ao calendário previamente acordado; 5) o estabelecimento do Acordo Geral sobre o Comércio de Serviços (GATS), que se constitui o primeiro conjunto de normas que contempla essa matéria; 6) a garantia dos direitos de propriedade intelectual através do Acordo sobre Direitos de Propriedade Intelectual Relacionados com o Comércio (TRIPs); 7) a instituição do Acordo sobre Medidas de Investimentos Relacionadas ao Comércio (TRIMs); 8) o estabelecimento de um novo Sistema de Solução de Controvérsias; 9) a definição de um mecanismo de Revisão de Política Comercial dos países membros; e 10) a criação da Organização Mundial do Comércio, que iniciou suas atividades em 1º de Janeiro (BARRAL, 2007, p. 15).

Parte do "sucesso" da conclusão da Rodada Uruguai do GATT que, como visto, ocorre no pós-1989, nasce de um processo que se inicia na década de 1980. Esse processo corresponde à implementação do modelo econômico neoliberal por Margaret Thatcher e Ronald Reagan no Reino Unido e nos Estados Unidos. Esse modelo partia do princípio de que o Estado não deveria, ou poderia, ser o agente indutor ou estabilizador da economia, devido aos custos e à ineficiência dessas políticas. A necessidade de reforma do aparato estatal e a transferência de suas responsabilidades no setor produtivo e social eram colocadas como essencial, a fim de prevenir a sua falência financeira e revitalizar a sociedade.

Segundo essa lógica, a presença do Estado na economia e nos programas sociais era custosa também do ponto de vista moral, pois trazia complacência aos indivíduos que se acomodariam em situações nas quais o Estado era provedor. Com isso, era essencial retomar a iniciativa privada em escala individual e coletiva, até com um tom motivacional, empreendedor e libertário. Essa perspectiva abrange a defesa da desregulamentação do trabalho, visando justamente incentivar esse espírito (como será analisado no 4.1). Uma expressão muito popularizada no período era *"There is no alternative"* para simbolizar a diferença entre a estagnação que o antigo modelo gerava e as possibilidades de sucesso que a reforma traria.

Os principais pilares da reforma eram: a diminuição do Estado e de seus gastos por meio de políticas de privatização e corte de programas sociais, a abertura comercial, a flexibilização de leis trabalhistas, a desregulamentação dos setores econômicos e a reativação do mercado livre como regulador das relações sociais. Em síntese,

> Tendo atingido a estabilidade, o Estado precisava atrair ativamente o capital por meio de regimes de impostos favoráveis, desregulamentação e uma força de trabalho passiva (Hooey 1992:77). Mais ainda, todas as outras áreas da vida social deveriam ser abertas para a lógica do mercado no sentido de aumentar a eficiência e criar novas oportunidades de lucratividade. Isso envolvia a redução das tarifas, subsídios e outras barreiras visando disciplinar indústrias nacionais ineficientes. Isso também significava a "racionalização" do aparato estatal para aumentar a eficácia e a abertura de esferas previamente protegidas da vida social como o bem-estar, saúde, aposentadorias à acumulação de capital (...) a lógica do mercado capitalista deveria se tornar o *modus operandi* da governança e da vida social (Gill 1995a: 409) (CHODOR, 2015, p. 55).

Mas como esse padrão torna-se um referencial nos anos 1990 e permanece até a segunda década do século XXI como um modelo econômico ainda popular? Como o neoliberalismo converte-se na lógica orientadora da geoeconomia e dos instrumentos de projeção de poder hegemônicos? O fim da Guerra Fria e a suposta universalização político-econômica do modelo dos EUA, a construção social e a atuação sistemática de outros mecanismos institucionais trazem a explicação para esse dilema, as crises e as novas respostas que emergem no sistema internacional.

3.2 A Geoeconomia em Foco (1989/2021)

O marco para o início deste período é, como visto, a criação do termo geoeconomia por Luttwak. Porém, como visto, desde 1945, instrumentos de poder econômico são usados de forma sistemática para a projeção de poder da hegemonia dos EUA. O ponto de partida foi o Sistema de Bretton Woods e desde então instituições como o FMI, o Banco Mundial, a OCDE, o papel do dólar como moeda de reserva, as negociações do GATT/OMC permanecem como referenciais da ordem econômica liberal.

Entretanto, essa fase da geoeconomia contemporânea não é homogênea e demonstra a existência de fissuras nessa ordem. Tais fissuras derivam de suas contradições, associadas à aplicação do modelo neoliberal e às crises dos principais países desenvolvidos e de um processo simultâneo de transformação do equilíbrio de poder econômico (ver 4.1). Como citado, desde os anos 1970, autores como Arrighi (1996) apontavam o deslocamento do eixo dinâmico da economia mundial do ocidente para o oriente, inicialmente protagonizado pelo Japão e depois pela China. Kennedy (1990) já sinalizava para a multipolaridade e o declínio dos EUA, percebendo-se a emergência de um mundo mais diversificado e complexo.

Nesse contexto, duas etapas podem ser percebidas na evolução da geoeconomia contemporânea: 1990 a 2008 e 2009 em diante. O recorte temporal em 2008 corresponde à crise econômica global que eclodiu nos EUA e na UE. Dentro de cada uma dessas fases o que se poderá observar é uma mescla de ações e atores geoeconômicos cada vez mais complexa. Inclusive, a década de 1990 foi caracterizada por crises econômicas nos EUA, México, na Rússia, na Ásia e na América Latina, mostrando a volatilidade do sistema.

Iniciando com o período 1990 a 2008, a primeira metade da década foi caracterizada pela acelerada disseminação da política neoliberal como instrumento de poder econômico dos EUA. Como aponta Chodor (2015), a "adesão" ao modelo neoliberal pelos outros países, principalmente as nações do Sul, era produto de uma dinâmica estrutural-institucional. Essa dinâmica era aplicada pelos organismos multilaterais criados em Bretton Woods, FMI e BM, por meio do estabelecimento de condicionalidades para a concessão de empréstimos.

O termo Consenso de Washington, criado por John Williamson, sintetizava tanto esta unidade das agências em impor as políticas quanto a natureza das políticas. A agenda neoliberal era definida em torno das seguintes prioridades: controle e regulamentação dos gastos públicos, disciplina fiscal, direito de propriedade, privatização, desregulamentação, abertura comercial, atração ao investimento estrangeiro direto, taxas de juros favoráveis aos investidores estrangeiros e à poupança e taxas de câmbio variáveis adequadas ao mercado.

Somado a essa dimensão, que pode ser chamada de pública, à medida que se localizava nas ações dos organismos multilaterais, houve um aumento da relevância de bancos e consultorias privadas no processo de avaliação de Estados. O pós-Guerra Fria incrementou o papel das Agências de *Rating*, i.e., de avaliação de risco, como variáveis da análise do sucesso ou fracasso de um Estado. Enquanto as instituições multilaterais divulgavam as diretrizes, essas agências definiam qual Estado (ou empresa) estaria mais ou menos se adequando a essas condicionalidades. Caso o modelo econômico estivesse de acordo com as agendas propostas, esse Estado era bem avaliado, e com isso ganhava maior confiabilidade e legitimidade no mercado para a obtenção de empréstimos, atração de investimentos, dentre outros.

Ainda que existam inúmeras consultorias nacionais e internacionais realizando esse exercício, as principais concentravam-se nos países desenvolvidos e criavam suas estruturas de análise: Fitch, Moody´s e

S&P (Standards and Poors) eram as principais. A obtenção de uma nota na escala de "A" dessas agências era um selo de aprovação a ser apresentado ao "mercado" e às instituições. A avaliação era tanto quantitativa quando qualitativa de fatores como dívida, comportamento futuro, e, portanto, subjetiva em muitos níveis e sujeita à influência dos contextos políticos.

Além da obrigatoriedade de aderir a essa política, havia um movimento de convencimento sociopolítico-cultural mais amplo. Em suas origens, nos EUA e no Reino Unido, e depois até os dias de hoje em todas as sociedades, o neoliberalismo era colocado como sinônimo de eficiência, liberdade e prosperidade, enquanto os modelos de esquerda ou mesmo de capitalismo de Estado (com forte atuação na arena pública) eram associados ao fracasso e à preguiça. Mearsheimer (2019) denomina esse paradigma de "hiperglobalização", e os que não participassem dele estariam "fora da ordem".

Não se observavam, porém, as consequências desse processo de abertura e desregulamentação, que levaram à desindustrialização, à perda de empregos, salário e renda. No século XXI, isso sustenta os movimentos pela "antiglobalização" e "desglobalização". Outros temas em ascensão referem-se às agendas sociais e ambientais, nos anos 1990 e 2000, que serão analisados no Capítulo 4.

Predomina a preservação dos mecanismos que haviam sido criados no pós-1945 e uma adaptação de suas funções. O dólar permaneceu como moeda de reserva, o que continua lhe assegurando a capacidade de controlar os mercados cambiais e sustentar sua dívida com uma âncora externa. Mesmo com a crise de 2008, essa situação não mudou em sua essência, como será analisado.

Ao lado da globalização, a regionalização como mecanismo que complementa e/ou acelera esse processo expande-se. Os anos 1990 vão assistir em seu início a uma consolidação da UE, como um arranjo misto intergovernamental e supranacional, que se torna um modelo para integrações mais ambiciosas em termos multidimensionais: moeda e políticas de segurança e externa comuns, colaboração entre policiais, livre circulação de pessoas são alguns dos pilares que sustentavam o aprofundamento do bloco. Simultaneamente a UE se expandia (ver 5.2).

Ao mesmo tempo, surge uma proposta alternativa de regionalização, mais associada às dimensões neoliberais, denominada de regionalismo aberto, com ênfase em processos econômico-comerciais e não políticos. O objetivo era a facilitação comercial, por meio da criação de áreas de livre comércio. Blocos como o Mercado Comum do Sul (MERCOSUL), o Acordo de Livre Comércio da América do Norte (NAFTA, entre EUA, Canadá e México) seguem esta lógica inicial de baixa institucionalização nos primeiros momentos de sua construção. O MERCOSUL, posteriormente, ganharia um perfil mais próximo ao projeto político da UE, enquanto o NAFTA agregou agendas ambientais e trabalhistas. Em comparação com a UE, mantinham-se com um perfil mais flexível, principalmente o NAFTA, e sofreriam reformas nos anos 2000, como será abordado nos próximos capítulos.

Com referência à OCDE, ela consolidou um novo papel, tornando-se referência para as temáticas de desenvolvimento, políticas públicas (saúde, educação, meio ambiente) e regulação. As orientações emitidas por essa instituição tornaram-se um referencial, assim como as diretrizes do Consenso de Washington, do que era entendido como uma economia e sociedade modernas. Em 2004, o Relatório Noboru tornou-se um referencial sobre as perspectivas de atualização e reforma desse organismo.

> O Relatório Noboru é referência central para a narrativa da OCDE sobre adaptação institucional às mudanças estruturais na economia mundial. O documento apresenta recomendações e diagnóstico sobre o mandato e desafios na abertura da OCDE, o papel da Organização no novo contexto mundial e meios para assegurar seu funcionamento sólido em eventual ampliação. Sua avaliação sobre

> a rationale de ampliação da OCDE tem interesse particular ao abordar a atuação da Organização na arquitetura global, suas características e os requisitos ideais de seus futuros membros (GODINHO, 2018, p. 68-69).

A OCDE demonstrava um desejo de ampliação e mudança (pouco presente nos demais pilares geoeconômicos da ordem) que reforçava uma imagem positiva. Para a maioria dos países do Sul, por outro lado, participar da OCDE assumiu uma imagem de "selo de qualidade" para as suas práticas de governança, que garantiria maior legitimidade e credibilidade. No campo geoeconômico, a OCDE agia para "engajar e conter" as nações em desenvolvimento mantendo-se relevante e com um raio de ação ampliado.

Depois do Relatório Noburo, em 2007, foi lançada a Resolução sobre Ampliação e Engajamento Ampliado e o Procedimento Geral para Adesões Futuras. Essa resolução estabelecia marcos em políticas ambientais, educacionais, regulatórias, combate à corrupção e defesa da boa governança, que seriam consideradas como metas a serem atingidas pelos Estados que desejassem se tornar membros (o Brasil, no caso, pleiteia sua candidatura à OCDE desde 2017, estando o processo em andamento).

Com a crise de 2008, a OCDE reforçou o papel que já começara a desempenhar na primeira fase, assumindo um crescente protagonismo na gestão da economia global. Outro documento-chave do período foi o "Novas Abordagens Para Desafios Econômicos" (NAEC). Conforme indica Godinho (2018), o NAEC abordava temas como desenvolvimento, crescimento inclusivo, governança financeira internacional, trabalho e produtividade e das políticas públicas de bem-estar (consolidando tendências prévias). Até 2021, com a OCDE prestes a comemorar seus 60 anos, o organismo tornou-se uma referência para a discussão de questões sanitárias, comerciais e de ajuda externa, com forte atuação na pandemia da Covid-19.

No caso da OMC, como visto, a instituição foi criada no fim da Rodada Uruguai. Entretanto, diferentemente de suas contrapartes FMI e BM, que mantiveram sua relevância, a OMC atravessou, e atravessa, momentos de dificuldades. Na primeira fase, o que se observa são as estagnações das negociações e no pós-2008 a desmontagem do processo negociador e desse pilar geoeconômico multilateral por parte dos EUA.

Avaliando brevemente a OMC entre 1995 e 2008, o Acordo de Marraqueche, firmado em 1995, era bastante ambicioso, e abria o caminho para novas dinâmicas e negociações: o funcionamento do Órgão de Solução de Controvérsias (OSC), as negociações sobre serviços e as agrícolas. De imediato, as negociações agrícolas, que respondiam aos interesses dos países em desenvolvimento já se encontravam afetadas pela vigência da Cláusula da Paz. Um outro tema de interesse dos países do Sul, a quebra de patentes de medicamentos e o acesso aos fármacos foi um elemento de choque constante (ver 4.3). Por outro lado, essas mesmas nações viam-se pressionadas a realizar concessões nos demais setores e aceitar a discussão de padrões sociais e ambientais.

Já nesse momento, as negociações estagnaram nas Cúpulas Ministeriais de Cingapura (1996), Genebra (1998) e na Rodada do Milênio (1999/2000), em Seattle. Seattle converteu-se no início dos protestos antiglobalização, já como resposta ao agravamento da situação econômica de muitos países desenvolvidos e em desenvolvimento. Em 2001, após os atentados terroristas de 11/09, os EUA, como forma de valorizar o multilateralismo, lançaram a Rodada do Desenvolvimento de Doha (RDD), que continua em aberto.

Depois da instalação da RDD, um dos marcos do período foi a Conferência Ministerial de Cancún, em 2003. Na oportunidade, uma coalizão de países em desenvolvimento liderada pelo Brasil, o G20 comercial, barrou concessões adicionais do Sul, sem que houvesse reciprocidade no setor agrícola e outras agendas de interesse do mundo em desenvolvimento. Assim,

> G20 é um grupo informal de países em desenvolvimento que surgiu em Genebra durante os estágios finais da preparação para Cancún. O Grupo constitui boa amostra dos membros da OMC e compreende uma parcela substancial da população, da produção e do comércio agrícolas mundiais: 63% de todos os agricultores e 51% da população mundial vivem nos membros do Grupo. Os países do Grupo também são responsáveis por cerca de 20% da produção agrícola mundial, 26% da exportação agrícola total e 17% de todas as importações mundiais de produtos agrícolas. Existe uma inegável relação entre agricultura e desenvolvimento (Comunicado Ministerial do Grupo dos 20 in GARCIA, 2008, p. 709).

Do lado dos países desenvolvidos, esses movimentos, assim como a utilização cada vez mais frequente do OSC pelas nações do Sul[6], levaram os EUA e a UE a ampliar suas críticas aos países líderes do processo, em particular o Brasil. Todavia, o Brasil e seus aliados não estavam rachando ou inviabilizando a OMC, mas sim tornando-a um mecanismo de projeção de seu poder geoeconômico, prática recorrente entre os países desenvolvidos. Nessa primeira fase, somente mais uma reunião ministerial ocorreria no âmbito da RDD, em Hong Kong, em 2005, sem avanços.

O papel da OMC no pós-2008 tornou-se cada vez menos relevante, até pelo desinteresse dos EUA em manterem essa instituição como mecanismo de projeção geoeconômica. Embora muitos atribuam esse processo à crise de 2008, ele já se consolidava desde 2003, quando o G20 comercial foi capaz de avançar suas pautas de negociações mais justas e equilibradas entre o Norte e o Sul. Como mencionado, o problema da OMC foi o seu sucesso no sentido de oferecer possibilidades e canais de negociação multilateral, e não a sua ineficiência. Uma OMC

---

[6] O Brasil foi um dos países que mais se beneficiou do OSC, tendo ganhado importantes contenciosos como demandante diante dos EUA e da UE. Um dos mais relevantes foi o do algodão, que durou cerca de dez anos. Ver Barral e Amaral, 2015, para um maior detalhamento do caso.

funcionando colocava em xeque o pilar comercial da geoeconomia para os EUA e a UE.

Depois da crise, foram realizadas cinco reuniões ministeriais: Genebra (2009 e 2011), Bali (2013), Nairobi (2015), Buenos Aires (2017), sendo que dessas, apenas Bali pareceu trazer um momento de revitalização do processo negociador. As negociações em 2013 giraram em torno da adoção de um potencial "Pacote de Bali" composto de três pilares: desenvolvimento, agricultura e comércio. No primeiro pilar, pouco ou nenhum resultado foi alcançado. No campo da agricultura, Farias (2018) aponta como avanço a regulamentação do setor do algodão. E, como produto mais significativo, foi estabelecido o Acordo de Facilitação de Comércio (AFC) que, na prática, era mais efetivo em termos de procedimentos burocráticos do que em avanços políticos.

À luz da crise de 2008, os países desenvolvidos focaram as agendas protecionistas e novos blocos regionais nos quais tivessem vantagens. Por sua vez, os emergentes, como visto, apresentavam formas alternativas de construção da ordem econômica. O "golpe final" dos EUA sobre a OMC foi deferido pelo governo Trump, quando não indicou nomes para a composição do OSC, o que bloqueou o seu funcionamento. Porém, o que mais chamou a atenção no processo não foi Trump, mas sim a baixa capacidade de reação dos demais membros da OMC diante de um procedimento que, no extremo, coloca em questão a continuidade do sistema multilateral de comércio tal qual concebido em 1995. A OMC definha gradualmente e desde 2017 mais nenhuma conferência foi realizada. A próxima se encontra agendada para novembro de 2021, a primeira do cenário pandêmico e sob a gestão da nigeriana Ngozi Okonjo-Iweala (2021/2025).

Uma "novidade" em resposta às crises que se acumularam, mas que só ganharia visibilidade quase uma década depois, foi a criação do G20 financeiro, em 1999. Como citado, dentro do sistema internacional, já haviam sido estabelecidos o G77 e o G7 ao longo dos anos 1960 e

1970, como coalizões que visavam potencializar a ação geoeconômica dos membros: respectivamente, países em desenvolvimento e países desenvolvidos. Havia uma cisão natural Norte-Sul entre os "Gs" e, mesmo com o fim da Guerra Fria e os debates para a ampliação do G7 para o G8 (inclusão da Rússia), ou um G10 ou G13 (no qual se contemplariam as nações em desenvolvimento do Sul), não houve avanços.

Enquanto isso, ocorria uma desconcentração de poder econômico no sistema internacional, com o surgimento da classificação de nações emergentes, isto é, nações do Sul, em desenvolvimento, que consolidariam como atores econômicos internacionais. O G20 financeiro surgia como estrutura geoeconômica para simbolizar essa nova realidade, com implicações geopolíticas: inclusão de novos atores, mas dentro de uma estrutura de poder controlada pelos países desenvolvidos. Segundo Scandiucci Filho (2018),

> Não há como analisar o G20 sem mencionar as crises financeiras; eles estão indissoluvelmente conectados. O grupamento, como se sabe, nasceu no final da década de 1990, na esteira das crises financeiras asiática, russa e latino-americana. Tratava-se de uma extensão do G7, que desta vez tinha o intuito de incorporar as economias que, embora emergentes, se revelavam sistemicamente relevantes e, portanto, poderiam, de forma inédita no pós-Guerra, ameaçar a estabilidade dos países ricos. A China, o Brasil, a Índia, a Argentina, a Coreia do Sul e a Indonésia eram alguns dos países convidados a dialogar com o G7 sobre as mais importantes questões da governança econômica global. Nessa primeira fase do G20 — desde sua criação, em 1999, até sua ascensão a foro de líderes, em 2009 —, tratava-se de disciplinar os grandes países emergentes, em uma agenda visivelmente controlada pelo G7, como admitem até mesmo os principais defensores do G20 (SCANDIUCCI FILHO, 2018, p. 142).

Entretanto, o processo de mudança na economia global continuava em andamento. O surgimento e a consolidação de novos polos de poder econômico, representados por nações do Sul, já eram considerados uma hipótese viável. Em 2001, o acrônimo BRIC[7] do Goldman Sachs trazia uma previsão sobre estes polos emergentes: Brasil, Rússia, Índia e China se tornariam, no século XXI, referenciais do poder econômico internacional.

De 2001 a 2008, o sistema internacional caracterizou-se pela continuidade dessa desconcentração de poder, que, como visto no Capítulo 2, tinha raízes e implicações geopolíticas. A crise de 2008 é produto de uma multiplicidade de fatores, políticos e econômicos, que se acumulavam desde 1990: a financeirização do capital, a implementação do modelo neoliberal, as guerras dos EUA no Oriente Médio, o aprofundamento do desemprego e desigualdades.

Portanto, era produto de contradições no núcleo do capitalismo mundial, que revelavam as fissuras das políticas dos Estados, mas também as dificuldades das instituições existentes no campo econômico. Se essas instituições são entendidas como mecanismos de projeção de poder geoeconômico da hegemonia, isso significava também um momento de reordenamento dos recursos políticos internacionais. Dois caminhos eram possíveis: a atualização dos instrumentos de poder geoeconômicos de forma a refletir o novo equilíbrio de forças global, que poderia ser entendido como uma "refundação" de Bretton Woods ou a tentativa de manter esses mecanismos sem reformas significativas a fim de preservar o poder dos EUA e aliados.

De 2008 a 2012, o G20 financeiro chegou a apresentar uma pauta intensa de reuniões e ser considerado o fórum preferencial para a discussão de políticas macroeconômicas e de desenvolvimento. A intensa

---

[7] Ao longo do século XXI, outros acrônimos surgiram para representar estas movimentações de poder econômico: MINT (México, Indonésia, Nigéria e Turquia), MIKTA (México, Indonésia, Coreia do Sul, Turquia e Austrália) e N-11 (Next Eleven, i.e., os "próximos onze" México, Bangladesh, Egito, Indonésia, Irã, Coreia do Sul, Nigéria, Paquistão, Filipinas, Turquia e Vietnã). Dentre estes, como será visto, somente o BRIC alcançou um nível de institucionalização formal.

participação dos EUA de Barack Obama em abril de 2009 levava à suposição de uma transformação, uma vez que o novo presidente dos EUA se encontrava engajado nessas iniciativas de reforma. Foi proposto o "Plano Global de Recuperação e Reforma", e traçadas metas para uma correção de rumos que envolvesse a melhora dos índices de emprego, regulamentação do setor bancário, dentre outros. Desde então, as reuniões do grupo se mantêm periódicas, mas sem impactos concretos. Sintetizando esse quadro, Ramos (2014, p. 54), aponta que:

> O diagnóstico acerca das causas subjacentes da crise era bem definido: a falta de mecanismos regulatórios suficientes para o setor das finanças no âmbito mundial, assim como a falta de uma política de coordenação macroeconômica clara entre as maiores economias do mundo — desenvolvidas e emergentes deveriam ser objeto das atenções dos países no processo de superação da crise. Nesse sentido, em Washington, temas como (i) o uso de medidas fiscais para estimular a demanda interna — desde que mantida uma "política que conduza à sustentabilidade fiscal"; (ii) auxílio às economias emergentes; (iii) fortalecimento da transparência e responsabilidades das instituições financeiras privadas; e, associado a esse processo, (iv) um fortalecimento dos regimes regulatórios, o que também ajudaria a combater o processo de lavagem de dinheiro, foram temas destacados, mas ainda sem uma indicação explícita acerca das políticas que seriam adotadas (idem, §7).

O processo começou a se esvaziar a partir de 2012, que coincide com a recuperação da economia dos EUA e o segundo mandato de Obama. Adicionalmente, em nenhum momento o dólar perdeu sua condição de moeda de reserva, pois:

> A resposta americana à crise financeira de 2008 mostrou, a despeito das desconfianças iniciais, que o dólar continua a ser a moeda central do sistema internacional, sem rivais à sua altura. Desse ponto de vista, as ameaças externas ao poder monetário americano

> não parecem ser relevantes no futuro previsível. Nesse sentido, sua principal fonte de instabilidade se encontra no interior dos Estados Unidos, no aumento dos conflitos internos (TORRES, 2019, p. 639).

Desde 2009, já começava a ficar claro para os emergentes que a retórica pró-reforma de EUA-UE era restrita à gestão da crise, sem mudanças estruturais. Também estava evidente que os EUA não iriam abrir mão de seus mecanismos geoeconômicos. Portanto, dos caminhos anteriormente mencionados, reforma/refundação ou continuidade, a continuidade prevaleceu, com modificações táticas dos EUA entre 2009 e 2021.

Na gestão Obama, o objetivo foi manter os mecanismos sem reformas significativas, mas dando atenção ao G20 enquanto necessário e defendendo o discurso multilateral. A ideia era criar um clima positivo mesmo que os EUA bloqueassem as reformas. No governo Trump (2017/2020), esta preocupação em cooptar pelo discurso não se colocava e prevaleceu o unilateralismo e o desmonte de instituições que não respondiam adequadamente aos interesses dos EUA (OMC, G7 principalmente), dando preferência a negociações bilaterais. Portanto, Obama apostou em uma continuidade tática de instrumentalização do multilateralismo e Trump no desmonte ou na repactuação do multilateralismo em condições que beneficiassem os EUA (temas que serão abordados nos Capítulos 4 e 5). Outro movimento era a quebra das coalizões de geometria variável pelos EUA de um lado e, por outro, os esforços dos emergentes em oferecer uma alternativa à ordem liberal.

Essa semelhança de agenda, que pode ser simbolizada também na ideia do "dividir para conquistar", deriva da ascensão do desafio mais significativo ao poder geoeconômico dos EUA desde 1945: a criação de novos mecanismos institucionais de projeção econômica, agora liderados pelos emergentes. Esse processo foi acelerado na geopolítica desde a gestão W. Bush e se acentuou na geoeconomia a partir de 2009, na ausência de reformas ao sistema vigente em resposta às demandas por maior representatividade dos emergentes.

Uma das mais importantes dessas demandas era a adequação do poder relativo de voto dos emergentes no FMI e no BM às suas novas condições de poder e contribuições econômicas. Embora contribuíssem cada vez mais financeiramente para essas agências, os emergentes não tinham o mesmo reconhecimento em termos de poder político, o que permitia aos EUA e à UE manterem seu controle desses organismos e, consequentemente, de sua agenda de políticas. Em oposição à pauta neoliberal, às condicionalidades, o cenário demandava ações nos campos do desenvolvimento, pobreza e combate à desigualdade que não eram atendidas por esses organismos. Assim,

> O termo da reforma das instituições financeiras multilaterais engloba vários aspectos, dos quais o mais conhecido é a reforma do poder de voto no FMI e no Banco Mundial. As negociações do último realinhamento de poder de voto nesses organismos foram concluídas em outubro de 2010, em reunião de ministros das Finanças do G20 em Gyeongju, na Coreia do Sul, e ratificadas pelos líderes por ocasião da Cúpula de Seul algumas semanas mais tarde. Como se sabe, a reforma foi favorável aos países emergentes e em desenvolvimento — embora em um grau menor do que o inicialmente pretendido: seu poder de voto, no FMI, aumentou de 39,4% para 44,7%; e, no Banco Mundial, subiu de 42,7% para 47,2%. O Brasil foi um dos países mais beneficiados, dado que seu poder de voto passou de 1,37% para 2,22% no FMI e de 2,07% para 2,23% no Banco Mundial. O Brasil é atualmente o 10° maior país no FMI e o 12° no Banco Mundial. O aumento do poder de voto dos países emergentes nas estruturas de governança das instituições de Bretton Woods respondia às transformações do sistema econômico global, dado que o dinamismo dos países em desenvolvimento vinha sendo, há vários anos, superior ao dos desenvolvidos (SCANDIUCCI FILHO, 2018, p. 153).

Baracuhy (2019, p. 19) avalia esse processo como o aprofundamento da disparidade estrutural entre a geopolítica e a geoeconomia, tendo em vista a multipolaridade. Como resposta, à medida que os novos polos de poder econômico não eram contemplados pelos instrumentos existentes, as nações emergentes criaram suas vias de projeção geoeconômica.

Dentre essas, a lógica do desenvolvimento chinês, como discutido no Capítulo 2, trazia embutida a premissa da cooperação ganha-ganha, quebrando os paradigmas do Consenso de Washington. Tanto que o termo Consenso de Beijing, sem condicionalidades ou ingerências sobre terceiros países e/ou parceiros bi e multilaterais, ganhou espaço considerável no debate para ilustrar a CSS chinesa. Além disso, essa CSS não tinha a pretensão de que outros Estados aderissem ao modelo chinês, como era o caso da ação dos EUA e dos organismos multilaterais, mas sim que houvesse uma escala de ganhos e benefícios mútuos.

Se havia esse reforço da dimensão bilateral pelo lado chinês, havia, igualmente, o esforço multilateral, no qual o grupo BRIC é um tipo ideal. O BRIC surge em 2009 como símbolo desse processo de desconcentração de poder. Sua trajetória inédita e peculiar é assim apresentada pelo Embaixador Celso Amorim, Ministro das Relações Exteriores do Brasil de 2003 a 2010.

> (...) o que há de mais interessante sobre os BRICs é que, à exceção de situações de natureza puramente geográfica, é a primeira vez que um grupo nasce (pelo menos a primeira vez na minha história de vida diplomática), digamos assim, de fora para dentro. Quer dizer, o nome BRICs inclusive foi criado, como lembrado, por um economista da Goldman Sachs, Jim O'Neill, que definiu esses países como os países que terão crescente importância no mundo, a ponto de, dentro de 20 ou 30 anos, estarem seguramente, os quatro deles, entre os seis, ou sete, ou oito países mais importantes do mundo. Provavelmente todos eles estarão — um deles naturalmente já é membro — em qualquer G-8, ou qualquer G-7, que se queira construir dentro de 20 ou 30 anos. Essa é uma realidade muito interessante e que foi assinalada de fora para dentro. Não foi nem a política externa, nem a política econômica do Brasil, nem da Rússia, nem da Índia, nem da China que definiu isso. Foi uma

constatação feita por economistas de bancos internacionais (AMORIM, 2011, p. 136).

O BRIC, em si, não é um instrumento geoeconômico de projeção de poder, mas sim uma aliança de perfil geopolítico e geoeconômico, na qual os Estados-membros convergem em torno de interesses comuns. Trata-se de uma institucionalização da coalizão, similar a outros movimentos no período como o Fórum IBAS (Índia, Brasil, África do Sul) e a OCX. Todos esses arranjos fazem parte do balanceamento diplomático aos EUA, com implicações geopolíticas e geoeconômicas. No caso do BRIC, BRICS a partir de 2011 com a entrada da África do Sul, a relevância na geoeconomia reside em dois pontos: a sua representatividade em termos globais no que se refere ao poder das economias que dele fazem parte e a criação de mecanismos de projeção de poder geoeconômica. Segundo Reis (2013),

> os países dos BRICS representam 43,03% da população mundial, 18% do Produto Interno Bruto (PIB) nominal mundial (25% do PIB *per capita*), 25,91% da área terrestre do planeta e 46,3% do crescimento econômico global de 2000 a 2008. Ademais, de acordo com a previsão divulgada pelo FMI em 24 de janeiro de 2012, os países do grupo deverão contribuir com 56% do crescimento do PIB mundial em 2012. A contribuição do G7 para o crescimento da economia mundial será de 9%, menor que a da América Latina (9,5%). Sobressaem, ainda, diversas outras características dos membros do agrupamento. Brasil, Rússia, Índia e China são os únicos países — além dos EUA — que possuem ao mesmo tempo (a) área territorial acima de dois milhões de quilômetros quadrados, (b) população acima de 100 milhões de pessoas e (c) PIB nominal acima de US$1 trilhão (REIS, 2013, p. 54).

A trajetória do BRICS pode ser dividida em duas: 2009 a 2014, auge deste mecanismo de concertação político-econômica, e 2015 a 2021, de menor projeção (a divisão é similar à de Graça Lima, 2015). Analisando esses períodos, o período mais profícuo se inicia com a Cúpula de Ecaterimburgo (2009). Esta primeira Cúpula se segue à reunião do G20 financeiro daquele mesmo ano e expressa a relativa insatisfação dos emergentes com seus resultados. A despeito do sucesso retórico, o G20 não traduzia seus discursos ou planos de ação em políticas efetivas de combate à crise e reconhecimento do poder dos emergentes. Os emergentes avançam seu fórum de negociações e uma nova agenda, conforme estabelecido na Declaração Conjunta dos Líderes em 2009,

> Estamos comprometidos em avançar a reforma das instituições financeiras internacionais, para refletir as transformações da economia mundial. Os países emergentes e em desenvolvimento precisam ter uma voz cada vez maior e representação nas instituições financeiras internacionais, e que sua liderança (...) seja indicada por meio de um processo aberto, transparente e baseado no mérito. Também acreditamos que é imprescindível o estabelecimento de um sistema monetário internacional mais estável, previsível e diversificado. (...) Expressamos nosso forte comprometimento com a diplomacia multilateral, com as Nações Unidas desempenhando um papel central na administração de desafios e perigos globais. Neste tema, reafirmamos a necessidade de uma reforma abrangente da ONU com vistas a torná-la mais eficiente para poder lidar com os problemas contemporâneos (...) (Joint Statement Of The Bric Countries Leaders, 2009, s/p).

As reuniões subsequentes, Brasília (2010), Sanya (2011), Nova Délhi (2012) e Durban (2013) reforçaram as metas de reforma e modernização da governança internacional. Dentre estas, a V Cúpula de Durban ("BRICS e África: Parceria para o Desenvolvimento, Integração e Industrialização") deve ser entendida como um marco ao estabelecer em sua Declaração Final e Plano de Ação de eThekwini uma agenda concreta de institucionalização da cooperação econômica internacional global. Na oportunidade, são estabelecidos o Novo Banco de Desenvolvimento do BRICS (NBD) e o Arranjo Contingente de Reservas (ARC). Outras iniciativas relevantes foram a criação do Conselho de Think Tanks dos BRICS e de uma agência de ratings para o grupo, setor dominado pelos países desenvolvidos. Assim, conforme a Declaração da V Cúpula,

> Em vista do relatório dos nossos Ministros das Finanças, estamos satisfeitos com a constatação de que o estabelecimento do novo Banco de Desenvolvimento é factível e viável. Nós concordamos em estabelecer um Novo Banco de Desenvolvimento. A contribuição inicial ao Banco deverá ser substancial e suficiente para que ele seja efetivo no financiamento à infraestrutura (...) Entendemos que o estabelecimento do Arranjo Contingente de Reserva (ACR) com um tamanho inicial de US$100 bilhões é factível e desejável, sujeito aos marcos legais internos e às salvaguardas pertinentes (BRICS ESTUDOS E DOCUMENTOS, 2015, p. 206).

O Banco dos BRICS e o ARC entram em vigor na VI Cúpula de Fortaleza "Crescimento Inclusivo: Soluções Sustentáveis" realizada no Brasil. Em termos globais, essas foram as primeiras iniciativas concretas que avançaram além dos arranjos de Bretton Woods de 1945. O NBD e o ARC criavam alternativas de governança internacional para prover estabilidade e para ajudar os países do Sul. Essas novas estruturas permitiriam que essas nações buscassem fora do eixo FMI-BM, sem a imposição de condicionalidades, vias de modernização e ajuda. A missão do NDB contempla as seguintes funções:

> I. Financiar projetos sustentáveis de infraestrutura, públicos ou privados, nos países BRICS e outras economias emergentes e em países em desenvolvimento, através da provisão de empréstimos, garantias, participação no capital e outros instrumentos financeiros; II. Cooperar com organizações internacionais e entidades nacionais públicas ou privadas, sobretudo instituições financeiras internacionais e bancos de desenvolvimento nacionais; III. Proporcionar assistência técnica para a preparação e implementação de projetos sustentáveis de infraestrutura a serem apoiados pelo NDB;

> IV. Apoiar projetos sustentáveis de infraestrutura envolvendo mais de um país; V. Estabelecer Fundos Especiais para atender a seus propósitos (BAUMANN, 2017, p. 292).

Por sua vez, o ARC

> (...) consistirá em mecanismo para prover apoio mútuo em eventuais cenários de crise externa. Por meio do ACR, países do BRICS que enfrentem pressões, concretas ou potenciais, em seus balanços de pagamentos poderão requisitar empréstimo de reservas cambiais, por meio de operações de swap, aos seus parceiros no Agrupamento (...) não constituirá um fundo; os recursos comprometidos, em um total de US$100 bilhões, continuarão a fazer parte das reservas dos membros, estando, portanto, sob sua posse e administração, até serem necessários para executar uma operação aprovada por seus mecanismos decisórios (...) terá papel complementar ao exercido pelo FMI. A existência de um acordo em curso com o FMI será, inclusive, uma condição para que um membro goze de seu acesso máximo aos recursos do Arranjo, criando uma vinculação direta entre os dois mecanismos. Adicionalmente, com um arranjo de apoio mútuo entre os BRICS, o FMI poderá direcionar seus recursos para a assistência de outras economias que venham a enfrentar dificuldades em seus balanços de pagamento (GRAÇA LIMA, 2015, p. 18).

Os mecanismos de cooptação e pressão econômica dos países desenvolvidos poderiam ser substituídos pela CSS. No longo prazo, isso reforçaria tanto a relevância dos provedores de ajuda e estabilidade como também dos recebedores. Os processos de *lock in* e *binding* à ordem não seriam mais exclusivos dos EUA e das instituições de Bretton Woods, e estariam mais diversificados. Ou seja, havia sim, o risco de perda de instrumentos essenciais de configuração de ordem vigentes desde 1945. E isso levou a reações dos países centrais, que incluíram pressões diretas e indiretas sobre os membros dos BRICS. Dentro desses mesmos membros, principalmente nos mais vulneráveis, como o Brasil, as bases de política externa que sustentavam essas ações de autonomia e reforma foram questionadas e, eventualmente, abandonadas em nome da agenda neoliberal e do realinhamento aos EUA.

Os projetos dos BRICS sofreram uma desaceleração depois de 2015, período no qual foram realizadas as Cúpulas de Ufa (2015), Goa (2016), Xiamen (2017), Johanesburgo (2018), Brasil (2019) e a Cúpula virtual de 2020 (devido à pandemia da Covid-19) sediada pela Rússia (a de 2021 está prevista para a Índia, possivelmente virtual também). O momento mais grave iniciou-se em 2019, devido à mudança significativa da política externa brasileira com o governo de Jair Bolsonaro em direção ao realinhamento com os EUA (além de uma maior proximidade da Índia com os EUA).

Em um de seus últimos tweets antes de sair do cargo, devido ao fim da administração Trump em 2021, o ex-Secretário de Estado Mike Pompeo agradeceu aos chefes de Estado do Brasil e da Índia por mostrarem à sua população que a Rússia e a China eram ameaças: "Lembram-se dos BRICS? Bom, graças a @jairbolsonaro e @narendramodi. Ambos, o B e a I compreenderam que a C e a R são ameaças a seus povos."[8] Certamente não se devem considerar tweets políticas de Estado, mas eles expressaram aquilo que muitos analistas ainda negam: a relevância dos BRICS e a preocupação dos EUA com iniciativas similares. Pompeo, contudo, colocou Brasil e Índia no mesmo patamar de agendas internacionais de alinhamento aos EUA, o que, como será visto no Capítulo 5, não se traduz em realidade.

Não se pode esquecer de que os mecanismos criados pelos BRICS continuam em funcionamento e nem deixar de mencionar que a China tem sido o principal pilar de sustentação e de outras iniciativas autônomas na geopolítica e na geoeconomia. A China continua forte sem os BRICS, ainda que preferisse manter esse organismo funcionando de

---

[8] "Remember the BRICS? Well, thanks to @jairbolsonaro and @narendramodi the B and I both get that the C and the R are threats to their people". Disponível em: https://twitter.com/secpompeo/status/1351590924283998208. Acesso em: 13 abr. 2021.

forma mais efetiva. Com políticas que desde 1978 reforçaram sua modernização e crescimento, a China converteu-se em uma potência regional na Eurásia, que, desde 1999, ampliou sua ação para um escopo global. O planejamento da China 2025 e 2035, abordados no Capítulo 2, indicam o fortalecimento das raízes de poder doméstico para a projeção externa. Sobre esta matriz econômica chinesa, vale acrescentar

> A imagem da China como celeiro da indústria da cópia barata e da mão de obra abundante e pouco qualificada já não é um retrato fiel dessa nação de 9,5 milhões de km² e quase 1,4 bilhão de habitantes. Atualmente, a China começa a disputar a liderança em tecnologias da informação e comunicação (as gigantes Huawei, Xiaomi e ZTE estão entre as maiores empresas do setor), trens de alta velocidade (China South Locomotive e Rolling Stock), energias renováveis (Trina Solar e Yingli Green Energy), energia solar e eólica (Goldwind, United Power e Ming Yang) e supercomputadores (com tecnologia 100% chinesa, o TaihuLight, da empresa Sunway Systems, está no topo da lista de computadores mais rápidos do mundo). A formação desses grandes conglomerados acompanhou o surgimento de empresas em segmentos não tradicionais, como a Baidu (motor de busca na *web*, com forte investimento em inteligência artificial e *veículos autônomos*), a Tencent (criadora do *WeChat*), a Alibaba (*e-commerce*) e Didi (serviços tipo Uber). A elevação do patamar produtivo da economia chinesa, propiciada pelo surgimento de novos segmentos, complexos industriais e proliferação de empresas inovadoras, insiste em desafiar análises econômicas das mais diversas (ARBIX, MIRANDA, TOLEDO, ZANCUL, 2018, p. 146).

Os autores identificam o papel do investimento externo (IED) como um elemento essencial da projeção de poder chinesa. Como visto, no segundo pós-Guerra, os EUA investiram maciçamente em processos de reconstrução na Ásia e na Europa Ocidental, com mecanismos de empréstimos e investimentos. A ação chinesa replica essas posturas, assim como o Japão já o fizera nos anos 1970.

> A evolução do investimento externo foi consistente e pode ser subdividida em quatro fases: Primeira fase: a internacionalização priorizou o estabelecimento de canais de vendas no exterior. Segunda fase: as estatais chinesas se concentraram na aquisição de produtoras de *commodities* (como óleo e gás) e de infraestrutura. Terceira fase: as companhias privadas começaram a se instalar no exterior e/ou a adquirir empresas estrangeiras, como a Lenovo, que comprou parte da operação da ibm, e a Geely, que comprou a Volvo. Quarta fase: as grandes empresas privadas tornaram-se o eixo central da estratégia de internacionalização, com o objetivo de ganhar posições nas cadeias globais de valor (ARBIX, MIRANDA, TOLEDO, ZANCUL, 2018, p. 151).

A BRI parece ser a síntese dessas ações geopolíticas e geoeconômicas (e do desafio sistêmico da China aos EUA), à medida que permite à China uma projeção multifacetada nos campos político-estratégico e comercial-tecnológico. Como aponta Xing (2019), alguns pilares caracterizam esse projeto: o investimento em capital, tecnologia e componentes de alto valor agregado, serviços comerciais e financeiros, recursos naturais, energia e commodities. A China, com a BRI, pretende ser o pivô dessas ações, sustentando sua parceria com as demais nações em diversos tabuleiros estratégicos com ênfase no multilateralismo e no bilateralismo.[9] Além disso, como se analisou, a assinatura do RCEP em 2020 somou-se à arquitetura geopolítica da BRI, como um tratado complementar do campo econômico. A BRI e o RCEP detêm potencial para promover a reorganização do sistema político-econômico da região eurasiática.

Adicionalmente, impulsionam outros mecanismos geoeconômicos de financiamento e investimentos, como o Fundo da Rota da Seda em

---

[9] Para um panorama do processo, ver: China's Belt and Road Initiative in the Global Trade, Investment and Finance Landscape. Disponível em: https://www.oecd.org/finance/Chinas-Belt-and-Road-Initiative-in-the-global-trade-investment-and-finance-landscape.pdf. Acesso em: 15 abr. 2021.

escala regional e o Banco Asiático de Investimento em Infraestrutura (BAII). Ainda que a pandemia da Covid-19 tenha levado a uma breve redução dos investimentos do BAII em 2020, a perspectiva é de uma retomada para 2021. Como analisado no Capítulo 2, a ordem global passa, igualmente, pelo controle dos mecanismos de poder regionais, com esses níveis se sobrepondo. O BAII é um dos mais relevantes mecanismos geoeconômicos da China.

> Os objetivos explícitos do Banco são: i) promover o desenvolvimento econômico sustentável, criar riqueza e melhorar a infraestrutura na Ásia e ii) promover a cooperação regional e complementaridade no trato dos desafios do desenvolvimento, operando em cooperação estreita com outras instituições bilaterais e multilaterais. O foco de atuação do AIIB é o desenvolvimento de infraestrutura e setores produtivos, nas áreas de energia, transporte e telecomunicações, infraestrutura rural, desenvolvimento agrícola, abastecimento de água, saneamento, proteção ambiental, desenvolvimento urbano e logístico, dentre outros (...) As funções designadas do AIIB compreendem: i. Financiar, cofinanciar ou participar em empréstimos diretos; ii. Participar no capital de instituições ou empresas; iii. Prover garantia, total ou parcial, de empréstimos para desenvolvimento econômico; iv. utilizar recursos de Fundos Especiais; v. Prover outros tipos de financiamento, desde que aprovados pelos governadores (BAUMANN, 2017, p. 293-294).

Poh e Li avançam sobre o projeto do BAII incluindo um tema que, como se analisou neste Capítulo, é um dos mais relevantes, senão o mais significativo de poder econômico: o controle da moeda de reserva internacional. Estaria a China pronta para desafiar o dólar? Afinal,

> A criação do BAII foi (...) um evento significativo nas relações internacionais contemporâneas da China. Ele pode se tornar uma importante ferramenta para Beijing na busca de seus objetivos políticos e mesmo securitários, principalmente na vizinhança asiática da

China. Alguns analistas chineses sugeriram que o BAII poderia ajudar a oferecer mais recursos financeiros para o sistema financeiro global, melhorar a estrutura da governança financeira multilateral e a reformar algumas regras da governança financeira internacional. Outros argumentaram que provavelmente o impacto mais significativo do BAII deve ser a ampliação da internacionalização do Renminbi por meio de canais como o comércio internacional, investimentos externos chineses e mudanças na política de reserva de outros países (...) o estabelecimento do BAII tornará a China uma importante jogadora no sistema global de bancos de desenvolvimento depois dos EUA, da Alemanha, da Grã-Bretanha, da França, da Itália e do Japão (POH and LI, 2017, p. 89).

Esta pergunta, sobre a internacionalização da moeda chinesa, e outras sobre a continuidade de Bretton Woods, suas reformas, instabilidades e alternativas encontram-se sem resposta. A geoeconomia e seus instrumentos foram mecanismos essenciais para os EUA desde a emergência de sua ordem, em 1945, independentemente de o termo surgir somente no pós-Guerra Fria. O cenário contemporâneo é mais complexo e desafiador, assim como a diversificação de instrumentos de exercício de poder e liderança.

CAPÍTULO

4

O Panorama das Crises

A pandemia da Covid-19, iniciada em 2020, domina o debate internacional sobre as crises e incertezas do século XXI. Essa pandemia assumiu um caráter excepcional, até por estar afetando países ricos e pobres simultaneamente. Dizer que a pandemia afeta todos não significa dizer que o seu enfrentamento tem sido igual ou que as perspectivas de seu encerramento sejam as mesmas. A crise sanitária deixou mais expostas as fraturas entre o Norte e o Sul e as desigualdades sociais-políticas-econômicas preexistentes.

A pandemia joga uma cortina de fumaça sobre as contradições geopolíticas e geoeconômicas. Na lógica de que a crise atual é sempre pior do que a anterior, deixam-se de examinar as raízes de muitos dilemas contemporâneos, expostos e maximizados pela Covid-19. Essa crise sanitária não foi a primeira nem será a última e as tensões mundiais não remetem somente a ela. Embora se afirme que as dificuldades só serão superadas quando as sociedades atingirem um "novo normal", os problemas do "velho normal" não deixaram de existir. Multidimensionalmente, a evolução e características dos "velhos e novos normais" serão examinadas ao longo do capítulo.

4.1 A Economia: Da Recessão de 2008 ao Choque dos Modelos

Crises econômicas cíclicas são sempre fonte de instabilidade. Inúmeros desses eventos podem ser listados até a ocorrência da última dessas crises em 2008: a Grande Depressão de 1929, a recessão pós-choque do petróleo em 1973 e 1979, as instabilidades dos anos 1980 com a crise da dívida externa no mundo em desenvolvimento, os desequilíbrios do mercado de ações e os déficits público e comercial nos EUA, a quebra dos mercados no México, Ásia, Rússia e a desaceleração do início do século XXI, com a estagnação generalizada ao Norte e ao Sul.

Seguidas de graves consequências como desemprego, exclusão, aumento da pobreza e desigualdade, essas tensões geram discussões sobre suas características e possibilidades de solução. Tais discussões inevitavelmente remetem ao estudo dos modelos econômicos vigentes e propostas de correção de rumos dentro dos Estados e nas instituições multilaterais. Como analisado brevemente no Capítulo 3, a mais recente dessas crises, a de 2008, relaciona-se à adoção do modelo neoliberal na década de 1980 e ao seu aprofundamento no pós-Guerra Fria: a hiperglobalização como sintetizada por Mearsheimer (2019). Na hiperglobalização, a abertura comercial, a desregulamentação dos setores financeiro e bancário, a prevalência da competição por mercados e o esvaziamento da legislação trabalhista geraram, de fato, maior lucratividade para alguns setores e perdas para outros.

Como aponta Guimarães (1999), em um cenário de desaparecimento de fronteiras e diminuição do controle dos Estados sobre as atividades econômicas, a tendência é que as empresas busquem os locais nos quais podem atingir maior lucratividade ao menor custo de mão de obra e outros componentes da produção. Como resultado, pode ocorrer a redistribuição e especialização das atividades produtivas. O desempenho de cada Estado define seu lugar na hierarquia do poder mundial.

Poucos concentrarão maior poder tecnológico-financeiro, outros estarão restritos a setores primários com menor lucratividade. A comparação entre dois países do Sul ilustra essa diferença: enquanto a China avançou com políticas estatais na modernização da sua sociedade, cada vez mais acelerada e que disputa com países desenvolvidos espaços nos mercados de alta tecnologia, países da América Latina como o Brasil apostaram em um modelo de desenvolvimento focado no setor primário (*commodities* alimentares, minerais, energéticas, transformando-se no "celeiro do mundo") e no projeto do Estado Mínimo. Como resultado, a China tornou-se um dos grandes *players* do sistema internacional. O Brasil está como coadjuvante.

Os impactos estruturais do neoliberalismo no setor produtivo e essa nova lógica social detêm consequências político-sociais: a desindustrialização, o desemprego e a perda de proteção social dos trabalhadores, em uma realidade de Estado mínimo. Porém, esses efeitos não eram percebidos no curto prazo, pois eram traduzidos na prática da liberdade. No século XXI, somou-se a essa retórica a defesa de uma economia livre, criativa e virtual (conectada por aplicativos e redes sociais — a economia do *app* ou de plataforma).

Sem amarras, os trabalhadores tornam-se prestadores de serviço, com autonomia para fazer seus horários e escolher com quem, quando e onde exercer suas tarefas. Os exemplos mais bem-sucedidos dessas novas modalidades de atividade econômica, que prestam serviços via aplicativos e sem vínculos empregatícios formais, são Uber, Rappi, iFood, dentre outros. São aplicativos que podem ter escala global, regional, nacional e local, que funcionariam apenas como "ponte" entre o prestador de serviço e o consumidor.

A "ponte", porém, não seria feita sem custos, mas com uma cobrança da percentagem do ganho na atividade prestada e mediante o cumprimento de certos requisitos para poder se tornar prestador de serviço. A remuneração desse prestador seria variável, conforme o serviço prestado e a demanda pelo serviço: no fundo, é a essência da lei do mercado, quanto maior a demanda, maior o ganho (as tarifas competitivas, como muitos desses apps as definem), e quanto menor a demanda, menor o ganho (e quanto mais prestadores disponíveis, maior a competição entre eles com um mesmo recurso, em um espaço limitado, a ser compartilhado). Em síntese, não há remuneração fixa por serviço, vínculo empregatício ou direitos, e a renda é variável.

Até mais do que na crise de 2008, os impactos desse modelo de mercado de trabalho e a regulamentação social foram percebidos com a pandemia da Covid-19, devido à inexistência da rede de proteção associada ao trabalho. Paradoxalmente, cada vez mais surgem movimentos coletivos desses prestadores de serviço, demandando reconhecimento de vínculos trabalhistas com os apps, direitos e valores fixos de remuneração, ou seja, uma volta à era do trabalho regulado. O desfecho dessa situação permanece indefinido, à medida que os protestos ainda permanecem esvaziados e a justiça alterna decisões favoráveis aos prestadores de serviços, com contrárias, validando as plataformas virtuais.

A aposta nessas diretrizes não foi exclusiva do Brasil, mas de vários outros Estados, seja por pressões externas, como por opção por um maior dinamismo econômico. As origens desses padrões foram, como visto, o núcleo do capitalismo ocidental EUA e UE, os epicentros da crise de 2008. Mas o que foi e como se desenrolou essa crise nos EUA e na UE?

Nos EUA, a crise de 2008 origina-se e agrava-se com a desregulamentação dos mercados de crédito e financeiro ao longo dos anos 1990. Os seus primeiros sinais já ocorrem em 2006/2007, com uma diminuição no nível de emprego e de atividade econômica interna, assim como bolhas de consumo, que começam a gerar maior inadimplência. Isso geraria um efeito dominó em 2008. Adicionalmente, a capacidade dos EUA de utilizar o dólar para seu endividamento externo e sua possibilidade de realizar empréstimos a outras nações também surge como fonte de desequilíbrio, garantindo o abastecimento de moeda ao sistema. Bergsten (2009) faz um diagnóstico dessa situação:

> Consideremos o dólar. O seu papel como a moeda internacional dominante facilitou para os Estados Unidos financiarem, e aumentarem, déficits comerciais e públicos com o resto do mundo (...) Entretanto, esses enormes fluxos de capital externo se tornaram uma causa importante da atual crise econômica, pois contribuíram para taxas de juro baixas, liquidez excessiva e políticas monetárias frouxas que, em combinação com a ausência de supervisão financeira jurídica (...) produziram o desastre (BERGSTEN, 2009, s/p).

Sem regulação, os empréstimos eram concedidos ao público em geral, sem avaliação de risco pelas instituições financeiras. Mesmo consumidores inadimplentes com uma instituição poderiam contrair novos empréstimos em outra instituição, em particular no setor imobiliário de hipotecas (e de fundos de pensão e investimentos). A mesma garantia de pagamento do empréstimo, a casa, a poupança, era dada a todas as instituições e entre as instituições. As empresas poderiam contrair empréstimos entre elas, e vender dívidas dos consumidores entre si.

Todo o sistema era baseado na capacidade de o devedor/consumidor pagar as suas dívidas regularmente. Sem esse pagamento e o aumento da inadimplência, que podia ser gerado tanto pelo desemprego, pela perda de renda ou simplesmente pela incapacidade de arcar com o excesso de compromissos contraídos, o sistema entrava em colapso. Com isso, houve uma reação em cadeia, que atingiu os fundos de pensão e investimentos que amparavam suas operações nessas dívidas (crise do *subprime*).

> A causa subjacente da crise foi a combinação (invariavelmente letal) de taxas de juro baixas e níveis sem precedente de liquidez (...) Uma lei básica das finanças é que as concessões de empréstimos são inversamente proporcionais à qualidade do crédito: quanto mais forte é quem é credor, mais fraco é o devedor, e vice-versa. Grandes quantidades de capital fluíram para o setor subprime das hipotecas e para credores fracos de todo o tipo nos Estados Unidos, na Europa e em menor grau no mundo (...) inúmeras hipotecas do mercado de subprime estavam artificialmente baratas e no início da crise se tornaram mais custosas. Muitos devedores não conseguiam dar conta dos termos ajustados e a inadimplência se tornou mais frequente (ALTMAN, 2009, p. 5 e p. 9).

Logo no início da crise, houve uma expectativa de que o governo dos EUA (na gestão W. Bush) concederia empréstimos para que as instituições financeiras não quebrassem. A lógica que ficou sintetizada na expressão *too big to fail* [muito grande para quebrar], contudo não foi aplicada, levando a um agravamento da situação. O que W. Bush fez foi apenas aplicar a lei do mercado, como preconizado pelo neoliberalismo: o Estado não pode intervir ou regulamentar a economia. A falência do banco de investimentos Lehman Brothers criou ondas de pânico por todos os EUA e o mundo. Somente depois da piora generalizada do quadro se mudaram as políticas, promovendo o resgate das empresas Fanny Mae e Freddie Mac de atuação no setor imobiliário. Outras empresas que foram auxiliadas nas gestões tanto de W. Bush quanto de Obama foram: AIG, Merryl Lynch, Bank of America, Citigroup, Chrysler e General Motors.

Já no governo Obama, foi aprovado pelo Congresso um pacote de US$800 bilhões de estímulo à atividade econômica. A Casa Branca impôs novos regramentos ao setor bancário na forma do Ato Dodd-Frank (2010), que demandava que os bancos lastreassem seus empréstimos em reservas. Segundo Reinhart e Reinhart (2018), isso era uma forma de evitar quebras futuras e reequilibrar o mercado por meio de um controle das taxas de juros. O objetivo era evitar o excesso de liquidez e os empréstimos indiscriminados.

Esse conjunto de políticas permitiu uma recuperação da economia dos EUA em relativo curto prazo (cerca de 24 meses). Esse programa não se restringia ao campo econômico, estendia-se ao social. Em termos estruturais, a ideia de Obama era promover uma reforma no setor educacional e de saúde, ampliando o acesso à população a esses serviços, mesmo depois de superada a crise. Segurança alimentar, igualdade racial, ajustes em políticas ambientais e direitos humanos e civis encontravam-se em pauta.

O colapso da UE entra como uma reação dominó ao dos EUA, mas que apresenta peculiaridades derivadas do processo de integração. Depois de um ano de 2007 de instabilidade, a crise atingiu o continente. Sem os EUA para fornecerem crédito, as nações europeias mais frágeis viram-se impossibilitadas de financiar suas dívidas, que dependiam do capital externo para serem roladas. Esse financiamento era o que mantinha as contas públicas equilibradas (a tradicional maquiagem de dívidas cobrindo dívidas) e atingiu os chamados PIIGS[1]: Portugal, Itália, Irlanda, Grécia e Espanha.

A título de curiosidade, e mostrando a subjetividade e dimensão política da ação das agências de *rating* (citadas no Capítulo 3), esses mesmos países haviam recebido boas notas em suas avaliações de risco. A entrada dessas nações na zona do Euro entre 1999 e 2003 foi autorizada pelo Banco Central Europeu (BCE) e a Comissão Europeia (CE), mesmo

---

[1] O acrônimo possui conotação negativa, indicando "os porcos" da integração, países periféricos do bloco.

sem que fossem cumpridos os cinco critérios de convergência que eram necessários para isso: controle da inflação, taxas de juros e de câmbios estáveis, controle do déficit público e da dívida pública. Em todos esses critérios foram estabelecidos valores máximos e mínimos a serem cumpridos. A situação era estruturalmente frágil e, segundo Overtveldt (2012, p. 75), o efeito dominó sustentou-se em cinco pilares:

> Grandes déficits em conta corrente (implicando dependência em relação às importações do capital estrangeiro pelos países deficitários); grandes bolhas de ativos acompanhadas por criação de crédito excessiva (e, portanto, de maiores riscos de solvência bancária); enormes déficits públicos; endividamento crescente; perda de competitividade internacional por vários países-membros.

Diferentemente dos EUA, que corrigiram rapidamente seus rumos e apostaram em uma política de investimentos do Estado e resgates, a UE escolheu uma via mais rígida: a de políticas de austeridade impostas pelo BCE, a CE e o FMI (a *troika*). Para que pudessem receber ajuda, os Estados deveriam efetuar mais cortes de gastos públicos e executar privatizações, a fim de equilibrar suas receitas. No que se refere aos gastos públicos, que já haviam sido reduzidos mesmo antes da crise, devido à agenda de diminuição do Estado, o processo concentrou-se na diminuição de salários de funcionários públicos mesmo de setores essenciais, redução de aposentadorias e benefícios a populações vulneráveis.

A UE somente adotaria medidas similares após 2015, até porque a crise não se restringiu aos PIIGS, mas passou a afetar países mais fortes, como a Alemanha e a França. Além disso, atingiu nações fora da zona do euro, como a Inglaterra. A crise econômica foi apenas uma dentre as muitas crises que afetaram a integração nesse período, agregando-se ainda a dos refugiados e a ascensão da extrema direita. Em 4.3 e no Capítulo 5, esses temas serão debatidos em maior extensão, até porque a dimensão política da crise antecede a instabilidade de 2008, estando associada aos processos de aprofundamento da integração (Constituição Europeia e avanço da supranacionalidade).

Diante desse quadro, os questionamentos sobre o modelo neoliberal tornaram-se mais presentes, até porque os países do Sul, que possuíam, em diferentes níveis, um capitalismo mais regulado que o de EUA-UE, sofreram menores efeitos. Começaram a ser discutidas quais seriam as alternativas: uma volta a esse capitalismo mais regulado? Opções à esquerda?

A discussão nem sempre tomava contornos claros ou reais: situações de crise econômica e desencanto social favorecem movimentos de desinformação. Medidas como as tomadas por Obama nos EUA foram definidas pelos adversários republicanos de socialistas. A partir de 2009, o debate político interno conduzido pela extrema direita associava o Partido Democrata a uma agenda comunista-esquerdista, apoiada pela China. Os desenhos dessas teorias de conspiração eram variados e poderiam ser listadas muitas versões. Aqui, listam-se apenas três: primeira, americanos cooperando com os chineses estariam forjando uma aliança comunista global. Segunda, o Estado norte-americano já fora infiltrado pelos comunistas. Terceira, em uma tese mais conhecida dentro do imaginário dos EUA, o Estado grande estaria oprimindo o cidadão comum e criando um aparato de controle e restrição de liberdades individuais.

Denominar as pautas de Obama e democratas de socialistas não se refere somente a uma confusão conceitual ou desconhecimento. Há, embutida nesse processo, principalmente dos atores políticos públicos e privados que lançam essas bandeiras, uma instrumentalização política, visando à polarização social. Esse não é um fenômeno exclusivo dos EUA, mas sim uma dinâmica global, como será abordado em 4.3.

Não há um componente socialista nesses pacotes econômicos ou nas agendas político-sociais, e sim a revisão das políticas de Estado Mínimo neoliberais implementadas desde os anos 1980. Isso significava o resgate do Estado de Bem-Estar (EBE), modelo de capitalismo de Estado implementado pelo então presidente democrata Franklin Delano Roosevelt (FDR) para a correção de rumos da Grande Depressão de 1929. Obama referiu-se a esse programa como o "Novo" "*New Deal*", i.e., o "novo", "novo acordo", um pacto renovado baseado no *New Deal*, direcionado à classe média, geração de empregos e distribuição de renda. Diante disso, vale a pena um resgate dos principais pilares de cada modelo.

O modelo socialista, tomando como base a referência da ex-URSS (até porque as críticas falam de um modelo comunista de esquerda), constituiu-se a partir de uma economia centralizada e planificada, baseada em cooperativas de trabalho e tendo o Estado como principal agente econômico e com controle dos setores estratégicos. O Estado também funcionaria como principal provedor dos serviços e necessidades básicas da população como saúde, educação, infraestrutura, alimentação, ciência e tecnologia.

A sociedade respondia ao Estado, que se apresentava como um regime fechado, no qual predominava uma democracia social comandada pelo Partido Comunista. Esses regimes são definidos linearmente como autoritários e ditatoriais, à medida que essa democracia não se enquadra no padrão da democracia ocidental de "regras do jogo" conforme Dahl (1996): eleições livres periódicas, garantia de participação individual ou por meio de partidos, liberdade de escolha e de expressão e igualdade de direitos.

Outros regimes que poderiam ser incluídos nesse modelo e que hoje são, na realidade, a referência das críticas e utilizados frequentemente como exemplo de ameaças são a Coreia do Norte, Venezuela e Cuba. A China está inserida nessa classificação pelas correntes de direita, sendo definida como um regime comunista. Por outro lado, suas reformas econômicas de modernização e a adesão ao liberalismo econômico no setor produtivo fazem com que parte da esquerda a defina como capitalista, similar aos EUA. Como se pode ver, a polarização e a instrumentalização de conceitos e dados não é exclusiva de nenhuma corrente política.

O que nos leva à seguinte questão, qual é o modelo chinês? Existem realmente modelos em choque frente ao capitalismo ou o que se observa são choques entre diferentes modelos de capitalismo, dentre os quais se incluem o citado capitalismo neoliberal, o capitalismo de Estado de bem-estar e o capitalismo de Estado asiático, que, adicionalmente, se dividiria entre os paradigmas do Japão, Coreia do Sul e Tigres Asiáticos, e o da China[2]?

Tomando como base o *status quo* e as principais economias mundiais, majoritariamente, o modelo que prevalece é o capitalista. Dentre essas economias, encontra-se a da China que, como será discutido a seguir, apresenta um modelo híbrido que tem merecido inúmeras classificações: socialismo com características chinesas, economia socialista de mercado ou capitalismo de Estado, somente para citar algumas.

O capitalismo de Estado de bem-estar (EBE) emerge inicialmente nos EUA de FDR, como mencionado, baseado em uma visão de que o mercado não é capaz de se autorregular. O *New Deal* inspirava-se nas políticas keynesianas que atribuíam ao Estado o papel de regulador econômico e agente-chave dos processos de geração de emprego (principalmente pelos investimentos em infraestrutura). O Estado deveria prover uma rede de proteção social aos cidadãos: uma mitigadora com provisão de auxílios-desemprego, alimentação e bens básicos; e uma preventiva, de atuação na saúde, na educação, na distribuição de renda e no sistema de aposentadorias e previdência.

Historicamente, esse é o momento que o Partido Democrata assume um perfil ligado às pautas sociais, secular, de defesa dos direitos humanos e sociais e de diversidade, e o Partido Republicano associa-se ao conservadorismo. Como mencionado, atualmente essas classificações têm sido instrumentalizadas, sustentando-se em discursos de polarização esquerda-direita.

---

[2] Lembrando que essa é apenas uma dentre várias classificações possíveis.

Na versão europeia, a social-democracia emerge com feições similares, mas com atuação mais ampliada do Estado nos anos 1950. Trata-se de um capitalismo de Estado que o insere como ator estratégico social, político e econômico. As redes de proteção social europeias estendiam-se além das norte-americanas, cobrindo majoritariamente as dimensões dos serviços públicos universais. Para sustentar-se, essas estruturas dependiam de uma renda elevada e altos impostos, que permitiam o financiamento estatal do sistema.

Outra versão de capitalismo de Estado pode ser encontrada na Ásia, que mescla as questões aqui apontadas do Estado como indutor do desenvolvimento e agente de proteção social com a definição de uma matriz econômica voltada para a exportação e com forte poupança interna. Essa orientação desenvolveu-se a partir da década de 1950 no Japão, Coreia do Sul e demais tigres asiáticos. Dentre as outras particularidades do modelo, inserem-se os grandes conglomerados de empresas privadas, em alguns casos familiares, a interação dessas empresas com o Estado e uma produção com uso intensivo de mão de obra e com altos investimentos em ciência e tecnologia.

Por serem voltados à exportação, esses modelos são dependentes das compras externas, tornando-se vulneráveis e dependentes de seus mercados. Inclusive, em 2008, a região sofreu queda nas exportações, pois a crise atingiu os EUA e a UE, os principais mercados consumidores. Ainda assim, os efeitos foram menores que no Ocidente, visto uma prévia diversificação de mercados e da poupança interna. Igualmente, a presença da China também funcionou como uma estabilizadora regional.

A China é um modelo de capitalismo similar ao asiático desenvolvido por esses outros Estados, mas, ao mesmo tempo, criou uma via própria. Ao longo do tempo, essa via se atualiza, em consonância com o crescimento e a consolidação da potência do país, demonstrando forte capacidade de adaptação econômica e política. A entrada da China nesse modelo deriva, como visto nos Capítulos 2 e 3, da adoção da Política de Quatro Modernizações pela gestão de Deng Xiaoping, em 1978.

De acordo com Kissinger (2011), Deng possuía clareza quanto às deficiências da China nos campos do desenvolvimento, desigualdade social e pobreza. Para superá-las, era necessário o caminho da reforma e uma via de adaptação que permitisse ao país quebrar a rigidez de uma nação fechada e agrícola. Isso não significava abrir mão da identidade do regime chinês, de sua soberania ou autonomia, mas sim promover o seu aprimoramento por meio de uma gestão controlada de suas forças econômicas em interdependência com as principais forças do capitalismo mundial (incluindo dos EUA).

O termo utilizado por Deng (1992) para definir este modelo híbrido, que mescla socialismo e capitalismo, é "Socialismo de Características Chinesas". As características e metas principais, definidas nos anos 1980, são:

▷ Garantia de uma sociedade que permita atingir um estágio avançado no qual possam ser aplicados os princípios de "cada um de acordo com sua habilidade e cada um de acordo com suas necessidades", uma vez que a pobreza era prejudicial ao país (DENG, 1992, s/p).[3]

▷ Solidez na gestão estatal de um programa sólido e gradual economicamente e que respeite os princípios e valores político-sociais da China.

▷ Foco em um programa de modernização que promova o contínuo desenvolvimento das forças produtivas.

▷ Abertura para o mundo e concentração de esforços para a diminuição das desigualdades rurais e urbanas.

---

[3] A fala de Deng refere-se ao estágio avançado como o comunismo, que dependeria da evolução do socialismo para uma economia mais justa e modernizada. A contradição intrínseca nessa lógica, apontam os críticos, é de que se precisaria do capitalismo para atingir esse estágio mais avançado. Todavia, não se trata de uma contradição, mas sim de acreditar que a geração de riqueza mais eficiente passa por um capitalismo controlado para gerar redistribuição de riqueza e justiça social, ou seja, um capitalismo de características chinesas, parafraseando Deng.

▷ Reforma urbana com o desenvolvimento das cidades costeiras por meio da atração de investimentos estrangeiros, modernização tecnológica, trabalho intensivo e comércio.

Avaliando a agenda chinesa e seu encaminhamento, a análise de Kissinger (2011) permanece uma das mais consistentes diretas sobre o tema:

> A liderança chinesa não deixava que a ideologia impusesse constrangimentos a suas reformas: ao invés disso, eles redefiniam o "socialismo com características chinesas" para que "características chinesas" fossem qualquer coisa que trouxesse prosperidade à China. Para facilitar o processo, a China dava boas-vindas ao investimento estrangeiro, em parte nas Zonas Econômicas Especiais, nas quais as empresas possuíam maior liberdade e os investidores ganhavam condições especiais (...) Também se demonstrava o desejo — de alguma forma sem precedentes — de abandonar a visão centenária da autossuficiência econômica da China. Já nos anos 1980, a República Popular da China juntou-se ao FMI e ao Banco Mundial e os empréstimos estrangeiros foram atraídos para o país. Uma sistemática descentralização seguiu-se (KISSINGER, 2011, p. 401).

Kissinger (2011) ainda aponta como inovação do modelo chinês a criação de uma divisão entre "propriedade" e "administração" no campo e em alguns setores industriais: ainda que a propriedade fosse estatal, a administração era do empreendedor individual, que se beneficiaria do sucesso de sua gestão e, quando necessário, seria amparado pelo governo. Nas ZEEs predominava a propriedade privada industrial, com acompanhamento e planejamento governamental, e políticas públicas de atração de investimento externo e fomento da ciência, educação e tecnologia para aprimorar a mão de obra.

A capacidade de adaptação da China estendia-se ao campo político, ainda que com mais lentidão. Como aponta Lyrio (2010), o controle do

Partido Comunista Chinês (PCCh) sobre o processo era mantido, mas, ao mesmo tempo, eram inseridas reformas por maior abertura política em alguns setores, flexibilização e participação das gerações mais jovens. Esses desafios internos, que derivam da lógica da liberdade individual capitalista, do enriquecimento e mobilidade social, e as desigualdades internas entre as regiões rurais e urbanas ainda são chave para a China, mas são enfrentadas pelo governo. Uma das principais metas de Deng ao lançar o programa, em 1978, o fim da pobreza, foi alcançada, assim como o aumento da renda média da população.

As previsões catastróficas de muitos analistas ocidentais de fracasso do modelo por suas contradições domésticas, continuidade do regime autoritário em contraposição às democracias ocidentais, possuem um caráter político, principalmente nos EUA e na UE. Lembrando que o crescimento exponencial da China ao longo dos anos 1990 não teria acontecido sem a interdependência com essas nações, seus principais mercados de exportação.

Desde Deng, as lideranças chinesas procuram atualizar o regime econômico quando necessário, a partir de planos estratégicos estatais que incluem o China 2025 e o China 2035. Problemas estruturais relativos ao crescimento e fornecimento de insumos e matérias-primas e diversificação de mercados também merecem atenção, envolvendo a atualização da política externa com a expansão para a África e América Latina, e o reforço do entorno eurasiano. A BRI surge como o pilar dessas movimentações a partir de 2013.

Em um editorial opinativo de 2020, intitulado "The Chinese economic model- Xi Jinping is reinventing state capitalism. Don´t underestimate it", a revista *The Economist* sintetiza o que denomina de "Xinomics" para explicar este novo capitalismo de Estado: manutenção da iniciativa estratégica do Estado, redirecionada à etapa da autonomia tecnológica e ao domínio do mercado em setores de ponta, investimento em políticas de inovação, controle da dívida interna e planejamento estatal. Não é coincidência que um dos grandes confrontos do século XXI entre os EUA e a China seja pelo mercado do 5G e de Inteligência Artificial. Até então esses setores de ponta eram dominados pelos países desenvolvidos, nos quais a China, com seu socialismo de características chinesas, conseguiu se inserir de forma competitiva, fazendo um muito raro *catch-up* tecnológico.

As ações da China diferem das ocidentais, principalmente dos EUA, ao apresentar uma agenda de cooperação ao invés de imposição econômica, sustentada nos princípios da coexistência, das comunidades de interesse comum e na lógica do ganha-ganha. Essa prática sem ingerências político-econômicas ficou conhecida como o Consenso de Beijing, analisado no Capítulo 3.

A crise de 2008 e o debate entre os modelos econômicos e a sua adoção (e a avaliação de suas consequências), contudo, não levaram a ajustes significativos nas relações internacionais ou mesmo nas políticas internas. No que se refere ao primeiro campo, o externo, a recessão e depressão seguidas ao colapso de EUA e UE permitiram ampliar os debates sobre a governança econômica internacional, refletindo tendências prévias de mudanças no equilíbrio de poder mundial.

Ainda assim, como analisado no Capítulo 3, poucas transformações efetivas foram alcançadas: reformas pontuais no sistema de Bretton Woods para aumentar o peso político relativo dos emergentes, incentivo às negociações do G20 financeiro e a construção de mecanismos alternativos de estabilização econômica e a promoção do desenvolvimento pelos países do Sul (Banco dos BRICS, BAII, ARC). Todas essas mudanças, principalmente a última, foram, e continuam sendo, afetadas pelas oscilações políticas dos Estados. Dessa forma, as coalizões de geometria variável encontram também limitações e desafios.

O segundo campo, o das políticas internas, reflete dificuldades em implementar políticas estruturais de correção de problemas como desigualdade, desemprego e exclusão. As ações contra a crise nos EUA e na UE não foram suficientes para reduzir tensões, muitas vezes acirrando-as. Por serem reativas, muitas vezes sem atacar a raiz do problema (como a desregulamentação do mercado trabalhista, a abertura comercial, a desindustrialização), tanto as medidas assistenciais quanto as de austeridade ofereceram poucas compensações.

Uma observação exclusiva dos números pode indicar que as taxas de crescimento voltaram a subir e o desemprego diminuiu. Saindo dessa dimensão quantitativa, a percepção subjetiva e uma análise qualitativa dos dados indicam que a eventual recuperação absoluta não foi nem linear nem homogênea. Isso facilitou que movimentos de extrema direita encontrassem terreno fértil para expandir-se, aproveitando-se de outros fatores de insatisfação em parte da sociedade, enquanto a esquerda permaneceu dividida entre um vácuo de ideias e a fragmentação.

Essa dinâmica explica a vitória de Donald Trump nas eleições dos EUA em 2016, contra a candidata democrata da continuidade, Hillary Clinton: a despeito dos índices de crescimento do PIB dos EUA terem sido recuperados a partir de 2010 (em 2009, a queda foi de 2,5% e na média entre 2010 e 2016 o país cresceu 2,2%), não houve uma recuperação plena do emprego. Essa disparidade afetou indústrias mais tradicionais, como a automobilística e a siderúrgica, que impactam grande parte da classe média no país, que sofreu perda de renda e vagas de trabalho.

Todavia, em números médios gerais, a situação parecia estabilizada: em 2009, o desemprego atingiu 9,9% da população economicamente ativa e em 2016, 4,7%. Em termos regionais e setoriais, contudo, os estados e cidades mais atingidos apresentavam situações muito mais críticas. Além disso, o desemprego não se apresenta de forma linear entre as populações brancas e não brancas, classificação utilizada no país. Um dos símbolos da indústria automobilística dos EUA, a cidade de Detroit, no estado de Michigan, atingiu, em 2010, um pico de 27%, e quando Obama saiu do poder, em 2016, os números encontravam-se próximos de 10%.[4] Michigan e outras zonas urbanas industriais foram decisivas na

---

[4] Dados obtidos em US Bureau of Labor Statistics, site oficial do governo norte-americano. Disponível em: https://www.bls.gov/. Acesso em: 13 abr. 2021.

vitória de Trump, atraídas por suas promessas de protecionismo comercial e recuperação sistematizada no *America First* e no *Make America Great Again* (MAGA), abordados em 4.3.

Os fatores que influenciam decisões políticas do eleitorado derivam também de percepções sociais sobre a conjuntura, e não somente dos dados. Economia, política e sociedade são dimensões interdependentes. Dessa forma, as consequências dos modelos econômicos e suas aplicações fazem parte das encruzilhadas contemporâneas, assim como os desequilíbrios sociais e ambientais.

4.2 Os Desequilíbrios Sociais e Ambientais

Analisando os desequilíbrios sociais e ambientais do século XXI, o que se observa desde o fim da Guerra Fria é uma série de altos e baixos. Essas alternâncias não podem ser desconectadas das dimensões econômicas, uma vez que afetam a capacidade dos Estados e sociedades em lidar com seus desafios. Quanto mais prevalecer o unilateralismo e o nacionalismo, menores serão as probabilidades de soluções cooperativas e multilaterais. Igualmente, diminui a chance de que sejam encontradas alternativas propositivas, preventivas e sustentáveis para lidar com problemas comuns. Por fim, o não cumprimento de regimes internacionais e a ausência de compromissos levam a comportamentos predatórios.

Podem ser identificadas três fases nesse processo: 1990 a 2008, 2009 a 2016 e 2017 em diante. Enquanto a primeira pode ser vista como de expansão e atualização das agendas socioambientais, em um cenário favorável, a segunda já é composta de tendências de progresso e resistência às mudanças, e a terceira corresponde ao retrocesso.

De 1990 a 2008 há um incremento dos debates sobre esses temas e a atualização e modernização da governança internacional nos campos relativos ao desenvolvimento, ao meio ambiente e aos direitos humanos. De acordo com Alves (1993), a década de 1990 ficou conhecida como a "década das conferências sociais" devido à intensificação das negociações internacionais e estruturação de regimes: direitos das crianças, mulheres e de gênero, direitos dos idosos, educação, habitação, população, alimentação, informação, financiamento para o desenvolvimento, povos indígenas, refugiados, trabalho e migração.

Apesar do clima favorável, essa ampliação ocorreu em meio a controvérsias: em alguns campos, como o ambiental, notava-se a permanência das cisões Norte-Sul com relação aos temas do desenvolvimento, a discordância com as avaliações da comunidade científica e no de direitos humanos e sociais o choque entre o relativismo cultural, defendido por Estados religiosos, em oposição à lógica da universalização de direitos. Ainda assim, o período foi de avanços, uma vez que o consenso pela modernização e cooperação suplantava as agendas mais conservadoras.

Ao longo desses períodos, duas grandes conferências globais merecem atenção: a Conferência de Viena (1993) em direitos humanos e no meio ambiente a Conferência das Nações Unidas sobre Meio Ambiente e Desenvolvimento (Rio 1992 ou ECO-92). Previamente, reuniões desse porte somente haviam sido realizadas em Teerã para os direitos humanos em 1968 e Estocolomo-1972 para a pauta ambiental.

A Conferência de Viena produziu como legado a Declaração e Programa de Ação de Viena (1993), na qual se reafirmou a universalidade dos direitos humanos, em equilíbrio com sistemas nacionais e regionais. Outro tema foi a defesa do desenvolvimento, entendido como um direito humano também de alcance universal. Como promotora dessa agenda, a ONU e os organismos multilaterais regionais como Organização dos Estados Americanos (OEA), a UE, deveriam garantir o cumprimento dos direitos básicos (ALVES, 2017). Uma conquista adicional foi o estabelecimento do Alto Comissariado das Nações Unidas para os Direitos Humanos (ACNUR).

Avaliando a questão ambiental, a realização da Rio-92, duas décadas após a Conferência de Estocolmo (1972) representa a consolidação dessa agenda e esforços prévios. Vale lembrar alguns marcos, como o Plano de Ação de Estocolmo, que já estabelecia metas relativas à redução da poluição mundial e do lixo tóxico, de redução e corte da emissão do gás CFC. Um importante conceito que emerge é de Bens Comuns da Humanidade (*Common Heritage of Mankind*), referente à definição de patrimônios ambientais globais que afetam o destino de todos.

Esse é um dos principais entraves dos debates ambientais, pois afeta a soberania dos Estados nacionais, vide o caso da Floresta Amazônica. Outro problema é a comprovação das previsões ambientais cientificamente, que esbarra em discussões sobre os limites de soberania e uso dos bens comuns.

Entre Estocolmo e Rio é preciso lembrar-se da criação do Programa das Nações Unidas para o Meio Ambiente (PNUMA) e da assinatura de inúmeros regimes ambientais na década de 1980: a Convenção de Viena e o Protocolo de Montreal (1985 e 1987) referentes à emissão de gases nocivos à camada de ozônio, cuja emissão é proibida (CFC). Pouco antes da Rio-92, há o surgimento de um importante conceito: o de desenvolvimento sustentável presente no Relatório Brundtland de 1987 ("Nosso Futuro Comum").

Segundo Lago (2006), esse relatório procura combinar as preocupações divergentes de países desenvolvidos e em desenvolvimento que compõem a cisão Norte-Sul, e propõem a integração entre as temáticas da economia, sociedade e desenvolvimento. Portanto, desenvolvimento sustentável é um desenvolvimento que deve ocorrer dentro de parâmetros que permitam atingir dois objetivos: atender às necessidades das populações no momento presente e preservar o futuro da humanidade com uma exploração não predatória dos recursos ambientais.

Outros debates presentes nesse relatório referem-se ao delineamento do conceito de energia renovável, associada à ideia de energia verde e limpa: são energias que podem ser recicladas em seu uso e não são finitas, em oposição aos combustíveis fósseis (e mesmo à energia nuclear, que produz resíduos tóxicos), e geram menor impacto ambiental (nas quais se inserem a energia solar, eólica, hídrica, geotérmica, marítima e biomassa). Aqui o debate é um pouco mais complexo à medida que essas instalações e o desenvolvimento dessas fontes podem ter impactos humanos, como deslocamento de populações. Independentemente de suas dificuldades, esses conceitos abrem as portas para novos debates e soluções.

Somado a essas iniciativas, foi criado, em 1988, o Painel Intergovernamental sobre Mudança Climática (IPCC), cujos estudos são um dos maiores focos de controvérsia: a mudança climática gerada pela ação humana (impacto antropogênico) devida à emissão de gases estufa (GEE), que gera os desequilíbrios do clima associados ao aquecimento global e às temperaturas extremas e os eventos climáticos como tornados, tempestades, dentre outros. Os GEE são relacionados à indústria, aos automóveis movidos a hidrocarbonetos, à pecuária e ao desmatamento, ou seja, atingem o núcleo da produção e o modo de vida contemporâneo.

Quando ocorre a Rio-92, já havia uma pauta ambiental razoavelmente sólida e o Brasil assume, naquele momento, um importante protagonismo entre os países do Sul com uma pauta propositiva. Dessa pauta emergem princípios como o de "Responsabilidades Comuns, Porém Diferenciadas" (CBDR), que reconhece as diferenças econômicas de desenvolvimento entre o Norte e o Sul e as suas necessidades. Outros marcos foram: a Declaração do Rio sobre Meio Ambiente, a Convenção sobre Diversidade Biológica (CDB), a Convenção do Combate à Desertificação, a Declaração dos Princípios sobre Florestas, a criação da Comissão para o Desenvolvimento Sustentável (CDS) na ONU, o estabelecimento do *Global Environment Facility Fund,* a Agenda 21 e a Convenção Quadro das Nações Unidas sobre Mudança do Clima (UNFCC).[5]

Embora todos esses movimentos sejam relevantes, os que ganharam maior destaque são a Agenda 21 e a UNFCC. A Agenda 21 tem sido

---

[5] Para detalhamento e aprofundamento, LAGO, 2016.

contestada por sua visão abrangente ao inter-relacionar o meio ambiente e o desenvolvimento sustentável a ações propositivas do Estado, da sociedade civil e das empresas privadas. Suas pautas consolidam-se nos Objetivos do Desenvolvimento do Milênio (ODM), que são lançados no fim dessa fase e abordam temas ambientais e de direitos humanos. A controvérsia da Agenda 21 reside em bater de frente com as pautas neoliberais vistas em 4.1, que pregam o oposto: uma menor ação do Estado e redução de políticas públicas em áreas essenciais. No fundo, o problema com relação à mudança climática segue na mesma linha: a necessidade de regulação e responsabilização dos Estados.

Um dos grandes desafios da sustentabilidade é a passagem de uma sociedade de consumo, sustentada em hidrocarbonetos, para uma sociedade de equilíbrio e baseada em energias renováveis. Mesmo com a oposição concreta a essa agenda, já se estabelece o mecanismo regular de reuniões denominado de Conferência das Partes (COP). Realizada em 1995, a primeira COP em Berlim abriu uma esteira de negociações multilaterais nas quais se destacam, de uma longa lista de mais de 20 encontros, duas reuniões[6]: a COP-3 Quioto (1997)[7] e a COP-21 Paris (2015).

A COP-3 teve como resultado o Protocolo de Quioto à Convenção-Quadro das Nações Unidas sobre Mudança de Clima, considerado um marco nas negociações sobre mudança climática. Na oportunidade foi estabelecida como meta que até o período de 2008/2012, os países se

---

[6] As demais foram: COP-2 Genebra (1996), COP-4 Buenos Aires (1998), COP-5 Bonn (1999), COP-6 Haia (2000), COP-7 Marrakesh (2001), COP-18 Nova Délhi (2002), COP-9 Milão (2003), COP-10 Buenos Aires (2004), COP-11 Montreal (2005), COP-12 Nairóbi (2006), COP-13 Bali (2007), COP-14 Ponzan (2008), COP-15 Copenhagen (2009), COP-16 Ponzan (2010), COP-17 Durban (2011), COP-18 Doha (2012), COP-19 Varsóvia (2013), COP-20 Lima (2014), COP-21 Paris (2015), COP-22 Marraqueche (2016), COP-23 Bonn (2017), COP-24 Katowice (2018), COP-25 Madrid-Santiago (2019, que deveria ter sido sediada pelo Brasil e foi cancelada pelo governo) e COP-26 prevista para Glasgow em 2021. Não houve COP em 2020 devido à pandemia da Covid-19. Outros acordos importantes foram o REDD+, mecanismo de Redução de Emissões por Desmatamento e Degradação Florestal de Copenhagen.

[7] Também chamada de Rio+5.

comprometeriam a reduzir seus níveis de emissão de gases de efeito estufa em, no mínimo, 5%, tendo como referência os números de 1990. Uma das inovações do acordo foi o estabelecimento do Mecanismo de Desenvolvimento Limpo (MDL), que permitiria que os países "vendessem" seus tetos de emissão, caso eles não chegassem a 5%. A venda de créditos de carbono abriu uma nova oportunidade de cooperação entre as nações, que também podiam utilizar medidas compensatórias para manter suas ações. Dentre essas medidas encontram-se, por exemplo, o plantio de árvores.

Outro fato positivo foi a realização da Cúpula do Milênio, em 2000. Nessa cúpula foram estabelecidas metas a serem cumpridas pelos Estados até 2015: os ODM. A virada do século foi tratada como simbólica para incrementar as agendas sociais, visando à superação das desigualdades e à luta pela dignidade humana, conforme estabelecido na Declaração da Cúpula.[8] Ressaltava-se a importância da ação concertada de organismos governamentais e não governamentais e de atores privados para elevar a conscientização social e implementar planos de ação para o cumprimento dos ODM.

Quadro 1 ▪ ODM

OBJETIVOS DO DESENVOLVIMENTO DO MILÊNIO (2000/2015)	
Erradicar a Pobreza e a Fome	Melhorar a Saúde Materna
Atingir o Ensino Básico Universal	Combater o HIV/AIDS e Outras Doenças
Igualdade entre os Sexos e a Autonomia das Mulheres	Garantir a Sustentabilidade Ambiental
Reduzir a Mortalidade na Infância	Estabelecer uma Parceria Mundial para o Desenvolvimento

Fonte: ODM Brasil. Disponível em: http://www.odmbrasil.gov.br/os-objetivos-de-desenvolvimento-do-milenio (elaborado e adaptado pela autora).

---

[8] OAS. NAÇÕES UNIDAS. DECLARAÇÃO DO MILÊNIO. Disponível em: https://www.oas.org/dil/port/2000%20Declara%C3%A7%C3%A3o%20do%20Milenio.pdf. Acesso em: 13 abr. 2021.

A "inovação" dos ODM não é abordar esses temas, à medida que todos eles estiveram presentes na agenda da ONU desde a sua fundação em 1945, mas sim a forma como passaram a ser tratados. Nos anos 1990, um importante passo foi a definição pelo PNUD do conceito de Índice de Desenvolvimento Humano (IDH), que tinha como objetivo focar em uma visão multidimensional das condições sociais, ambientais, educacionais, de expectativa de vida, dentre outros fatores. A ideia era apresentar uma visão múltipla do bem-estar e não medir apenas questões quantitativas em termos econômicos, como PIB, déficit e renda. Os ODM respondem a essas preocupações com o IDH pensando o desenvolvimento de forma sustentável e humanitária.

Esse tratamento excede as fronteiras dos Estados, trazendo outros atores para a arena de implementação das metas. A outra questão é a centralidade que os temas socioambientais ganhavam. O empoderamento social e a diminuição da vulnerabilidade das populações são percebidos como prioritários, ao lado do meio ambiente.

Dois desses ODM ganham uma visibilidade inédita: o combate à fome e à pobreza. Esse processo ocorre devido à percepção de que esses são problemas estruturais (assim como a educação e a saúde) que afetam as raízes de poder interno dos Estados e sociedades. Sem a correção desses rumos, não há como avançar ou se tornar potência internacional. A segurança alimentar e a social são percebidas como essenciais, inseridas no contexto de ampliação das concepções de segurança internacional. A segurança humana é composta dessas inúmeras dimensões presentes nos ODM e não pode ser desconectada de uma visão de problemas transnacionais.[9]

---

[9] Como analisado no caso do modelo chinês no 4.1, uma das grandes preocupações de Deng com a China era justamente a questão da pobreza e da desigualdade. Assim, o programa de modernização da China tinha o combate a essas deficiências uma prioridade desde seu início, no final da década de 1970.

Na primeira década do século XXI, um país que se tornou chave na elaboração de políticas sociais foi o Brasil, atuando em duas pontas: empoderamento e inclusão. A partir de 2003, o governo de Luís Inácio da Silva elaborou um conjunto de políticas nacionais que se tornariam referência, tendo como pilares o Bolsa-Família e o Fome-Zero.

O Bolsa-Família era um programa de complementação de renda que visava tirar famílias da linha da pobreza, condicionando o recebimento do auxílio financeiro ao cumprimento de metas na saúde e na educação para as famílias que se candidatassem ao auxílio. O objetivo era dar condições aos receptores do auxílio de saírem da extrema pobreza, definida pelo Banco Mundial como a condição de populações que vivem com menos de US$1,90 diários.[10]

O Fome-Zero atuava no campo da segurança alimentar, partindo do princípio de que o problema da fome reside na dificuldade de acesso das populações a meios de subsistência devido a problemas como falta de renda, emprego e alto custo da alimentação e não a deficiências na produção de alimentos.[11] No âmbito da ONU, a FAO (Organização de Alimentação e Agricultura), que foi presidida pelo brasileiro José Graziano, de 2012 a 2019, inspirou-se nas políticas de auxílio a pequenos produtores, barateamento da cesta básica, auxílio à produção e à renda desenvolvidas pelo Brasil para definir como objetivos estratégicos da agência cinco temas que ainda permanecem prioritários: erradicação da fome, insegurança alimentar e má nutrição; garantia à sustentabilidade das indústrias alimentares (agricultura, pecuária e pesca); combate à pobreza rural; incentivar a produção e distribuição de alimentos inclusiva e desenvolver mecanismos preventivos a crises que permitam garantir a subsistência (FAO, 2015).

---

[10] WORLD BANK. Disponível em: https://www.worldbank.org/en/home. Acesso em: 13 abr. 2021.

[11] Silva, Belik e Takagi (2010) lembram que desde 1981, quando foi criado o Dia Mundial da Alimentação, há uma preocupação recorrente no sistema internacional sobre a questão da fome, gerando o "círculo vicioso da fome". Para maiores informações sobre o tema, recomenda-se LIMA, 2020.

Somente a aprovação dos ODM era um marco para a governança socioambiental. Em 2002, a Rio +10 e a Cúpula de Johanesburgo — Cúpula Mundial sobre o Desenvolvimento Sustentável — reafirmariam esses compromissos. Com isso, entre 2001 e 2007, os movimentos de progresso foram significativos, apesar das dificuldades. A crise econômica global de 2008 colocaria um ponto final nessa primeira etapa.

A segunda fase, de 2009 a 2016, como efeito da recessão global e do aprofundamento das polarizações (ver 4.3), traria sinais preocupantes, mas sem que se abandonassem plenamente os esforços multilaterais. Muitos Estados manteriam seus compromissos. O período refletiria essa dualidade, apresentando tendências de progresso e resistência, relacionadas à alternância política dos governos.

Uma grande expectativa foi gerada por causa da troca de poder nos EUA em 2008. O governo de Obama tinha na agenda ambiental e multilateral uma prioridade em sua campanha, e o ano de 2009 era avaliado como um possível *turning point*. Entretanto, a retórica não se converteu em prática, à medida que a "primeira prioridade" era a recuperação econômica, ficando a questão ambiental em segundo plano. As expectativas, então, deslocaram-se para duas conferências: a Cúpula Mundial das Nações Unidas sobre as Metas do Desenvolvimento do Milênio de 2010 e a Conferência das Nações Unidas sobre Desenvolvimento Sustentável (Rio+20).

Em 2010, o principal objetivo da Cúpula Mundial das Nações Unidas sobre as Metas do Desenvolvimento do Milênio foi o debate sobre o cumprimento dos ODM. Emergiu a percepção de que a crise de 2008 estava desacelerando o cumprimento das metas, sinalizando a necessidade de um esforço conjunto de investimentos sociais para realizá-las. O tema ficaria em compasso de espera, para ser retomado na Conferência Rio +20. A Rio +20 foi antecedida pela "Plataforma de Durban para ação fortalecida" em 2011, na qual se tentou avançar o processo preparatório de negociação para evitar a ausência de resultados no ano seguinte.

Outro esforço foi a apresentação de um documento chamado "Esboço Zero", em janeiro de 2012, que estabelecia as linhas de ação prioritária que deveriam ser adotadas no documento final da Conferência prevista para junho de 2012: "O Futuro que Queremos." Composto de cinco capítulos, esse documento reafirmava o compromisso político e engajamento dos governos na pauta ambiental, defesa do desenvolvimento sustentável por meio da economia verde e a institucionalização desse desenvolvimento.

Abordavam-se os métodos para essa implementação e o acompanhamento que tinha como pressuposto a interdependência entre políticas sociais, ambientais e econômicas e ação multilateral, que depende dos Estados. Esse é um paradoxo que se fará presente também na gestão da crise da Covid-19: a disposição à cooperação é inversamente proporcional à demanda por soluções coletivas, ou seja, quanto mais se necessita de uma atuação conjunta, menor é a probabilidade que ela ocorra, com cada Estado e sociedade tentando reposicionar-se individualmente.

Em 2015, duas tentativas de destravar o processo ocorrem: o lançamento dos Objetivos do Desenvolvimento Sustentável (ODS) e a assinatura do Acordo de Paris na COP-21. Retomando as pautas da Rio+20 de construção de um futuro comum, atualizando e ampliando os ODM, os ODS podem ser vistos tanto como um sucesso quanto como um fracasso. Sucesso pela conscientização gerada e metas já alcançadas e fracasso pelas encruzilhadas alcançadas. Havia a percepção de que muitos dos ODM não haviam sido cumpridos e que estavam com problemas de implementação. A proposta dos ODS era ampliar as metas, revigorando e adiando o seu processo de implementação. A expectativa era que o relançamento, prática comum nos meios diplomáticos, gerasse um novo momento. O prazo inicial dos ODM, que era 2015, passa a ser 2030. Os ODS ficaram conhecidos como Agenda 2030.

Quadro 2 ▪ ODS

OBJETIVOS DO DESENVOLVIMENTO SUSTENTÁVEL (2015/2030)	
Acabar com a Pobreza em Todas as Suas Formas e Lugares	Construir Infraestruturas Resistentes, Promover a Industrialização Inclusiva e Sustentável e Fomentar a Inovação
Acabar com a Fome, Alcançar a Segurança Alimentar e Melhoria da Nutrição, Promover a Agricultura Sustentável	Reduzir a Desigualdade entre os Países e Dentro Deles
Assegurar uma Vida Saudável e Promover o Futuro para Todos e Todas as Idades	Tornar as Cidades e os Assentamentos Humanos Inclusivos, Seguros, Resilientes e Sustentáveis
Assegurar a Educação Inclusiva e Equitativa de Qualidade e Promover Oportunidades ao Longo da Vida para Todos	Assegurar Padrões de Produção e Consumo Sustentáveis
Alcançar a Igualdade de Gênero e Empoderar Todas as Mulheres e Meninas	Tomar Medidas Urgentes para Combater a Mudança do Clima e Seus Impactos
Assegurar a Disponibilidade e Gestão Sustentável da Água e Saneamento para Todos	Conservação e Uso Sustentável dos Oceanos, Mares e Recursos e dos Recursos Marinhos para o Desenvolvimento Sustentável
Assegurar o Acesso Confiável, Sustentável, Moderno e a Preço Acessível à Energia para Todos	Proteger, Recuperar e Promover o Uso dos Ecossistemas Terrestres, Gerir de Forma Sustentável as Florestas, Combater a Desertificação, Deter e Reverter a Degradação da Terra e Estancar a Perda da Biodiversidade
Promover o Crescimento Econômico Sustentado, Inclusivo e Sustentável, Emprego Pleno e Produtivo e Trabalho Decente para Todos	

Fonte: ODS. Disponível em: http://www.itamaraty.gov.br/pt-BR/politica-externa/desenvolvimento-sustentavel-e-meio-ambiente/134-objetivos-de-desenvolvimento-sustentavel-ods (elaborado e adaptado pela autora).

O Acordo de Paris também pode ser visto de forma ambígua. Positivamente, revitaliza o debate sobre mudança climática. Negativamente, confere elevado grau de autonomia aos Estados. Diferentemente do

Protocolo de Quioto, que estabelecia uma meta de no mínimo 5% de redução de emissões a partir do referencial de cada país nos anos 1990, o Acordo de Paris deixava a critério de cada Estado a sua definição de meta. Essa nova dinâmica para a definição soberana pelos Estados de seus tetos de cortes foi denominada de Contribuição Pretendida Nacionalmente Determinada (INDC).

Ambos os casos, ODS e o Acordo de Paris, não devem ser desmerecidos, pois representam a manutenção de um ciclo de negociações com caráter preventivo e propositivo sobre temas-chave. Do ponto de vista pragmático, procuraram manter os processos vivos em momentos de dificuldade econômica e de fortalecimento de práticas governamentais contrárias ao multilateralismo e às políticas públicas.

Como são políticas públicas, essas metas são dependentes do Estado. Não se pode apostar somente na sociedade civil e organismos não governamentais, sem que o Estado esteja à frente das agendas com ações e investimentos. Nesse contexto, houve um esvaziamento de sua implementação e retrocessos em vários países a partir de 2017. O crescimento do campo conservador de extrema direita que culmina com a eleição presidencial de Trump dá início a uma trajetória que privilegia pautas fundamentalistas religiosas e de mercado que afetam direitos humanos básicos.

Como será analisado, Trump configurou-se como o governante de mais peso a ser eleito em 2016, por estar à frente da potência hegemônica, os EUA. Todavia, ele não era o primeiro da lista de políticos nacionalistas-xenófobos-unilateralistas a chegar ao poder Executivo ou ao Legislativo (e com ramificações para o Judiciário). Esses são movimentos de interpenetração das sociedades que antecedem Trump e têm suas raízes na implementação dos modelos econômicos neoliberais, na grande depressão de 2008 e na insatisfação generalizada das classes médias.

Em um breve balanço, uma das primeiras medidas de Trump foi retirar os EUA do Acordo de Paris e revogar todas as legislações de proteção e preservação ambiental implementadas na Era Obama: o Plano de Energia Limpa, os Padrões sobre Poluição e Uso do Mercúrio, Controle de Águas Navegáveis, Regulação e Proibição de Agrotóxicos, Emissão de Gás Metano (BAKER, 2020). Cortou investimentos em projetos de pesquisa para o desenvolvimento e implementação de programas de energia renovável e água limpa e obras de infraestrutura de mitigação e prevenção de danos e desastres ambientais. Durante toda a gestão, defendeu a indústria do petróleo, gás e carvão, e negou a existência da mudança climática.

Postura similar encontra-se na gestão Bolsonaro, iniciada em janeiro de 2019, com o desmonte da política proativa e sustentável que o Brasil havia assumido desde 1992. Desmatamento, queimadas, uso ilegal de terras protegidas (indígenas e quilombolas), desregulamentação do setor hídrico, não cumprimento das metas do INDC, liberação indiscriminada de agrotóxicos são alguns dos elementos que podem ser listados. O mesmo se estende a políticas públicas sociais e de direitos humanos, com a adoção de visão similar à de Trump. Compondo esse quadro, inserem-se os cortes de investimento em ciência, educação, tecnologia e saúde. Em síntese, agendas dissonantes com os ODS e regimes previamente acordados.

Na contramão do processo, ou seja, aumentando seus investimentos no campo das energias renováveis, na ciência, saúde, pesquisa e desenvolvimento sustentável, encontra-se a China. A chegada ao poder de Xi Jinping inicia o processo de revolução verde. Como apontam Jaffe (2018) e Chiu (2020), a atualização da política ambiental chinesa passa por um movimento estratégico, econômico e valorativo. De acordo com Chiu (2020), questões críticas como a poluição ambiental e da água são essenciais para a qualidade de vida da população e a atenção do governo a essas agendas é pragmática. O objetivo com essas ações é impedir o agravamento de situações ainda críticas em zonas rurais e urbanas mais vulneráveis, a despeito do crescimento econômico e do aumento da renda (lembrando que a pandemia da Covid-19 surge na China, indicando pontas soltas desse crescimento acelerado).

Chiu (2020) e Jaffe (2018) lembram das razões geopolíticas e geoeconômicas que sustentam essa nova política. Sobre a geopolítica:

> (...) ao aumentar a proporção de fontes renováveis em seu mix energético para o consumo elétrico, a China pode mitigar tensões geopolíticas ao tornar o país menos dependente de regiões instáveis para a sua segurança energética (...) a liderança da China para a expansão das energias renováveis vai beneficiar a geopolítica em duas maneiras. Primeiro, a China terá uma razão a menos para expandir sua presença militar regional para a garantia de sua segurança energética (...) Segundo, à medida que as energias renováveis sejam difundidas globalmente como externalidade vinda do desenvolvimento do setor na China, mais países poderão se tornar potenciais produtores de energia e se tornar menos dependentes de regiões instáveis como o Oriente Médio e o Norte da África e a Rússia em combustíveis fósseis tradicionais (CHIU, 2020, p. 6).

No que se refere à geoeconomia,

> Essa nova realidade levou a China a aumentar o seu investimento em energia renovável e tecnologias de baixo carbono. Ela está não somente visando à segurança energética, mas também dominar produtos de energia verde como bens de exportação prioritária, que competirão com o petróleo e o gás americano. A China pretende tornar-se o centro do universo da energia limpa, vendendo os seus bens e serviços para ajudar outros países a evitar os erros ambientais que ela mesma admite que foram parte do seu recente crescimento econômico (JAFFE, 2018, p. 86).

Para Klare (2002), um dos principais pontos de confrontação geopolítica e geoeconômica no sistema internacional do pós-Guerra Fria recai sobre a posse e utilização dos recursos energéticos e bens essenciais como a água. Países que estiveram tecnologicamente mais preparados para um melhor aproveitamento desses recursos tendem a assumir a liderança do processo e agregar maior valor à sua economia e qualidade de vida às suas populações. Por outro lado, países pobres tenderão a enfrentar mais dificuldades ou a serem vistos como fontes desses recursos (em uma discussão similar à do "celeiro do mundo", trazida no 4.1) A privatização de serviços como de fornecimento de água em muitas nações em desenvolvimento tem sido fonte de escassez e aumento de preços, além das tragédias ambientais associadas ao mau uso desses serviços (como a desertificação). Uma das consequências é o surgimento de deslocamentos populacionais e de refugiados ambientais.[12]

O ano de 2021, contudo, pode representar o início de uma nova fase no que se refere à pauta das negociações e desequilíbrios socioambientais, tendo em vista mais uma mudança política: a posse do democrata Joe Biden na Casa Branca. Em meio à pandemia da Covid-19, Biden busca implementar políticas de curto prazo de ajuda e recuperação, incluindo a vacinação em massa da população dos EUA (ver 4.4) (*America's Rescue Plan*).[13] Ainda no curto prazo, o novo presidente reinseriu o país nos regimes ambientais e sociais internacionais como o Acordo de Paris e, no médio e longo. A relevância do tema ambiental pode ser notada com a criação de um novo cargo na administração, ligado diretamente à Casa Branca, o de enviado especial do clima, ocupado pelo ex-Secretário de Estado John Kerry. Documentos estratégicos do governo como o *Interim*

---

[12] Segundo a ACNUR, a mudança climática ampliou consideravelmente essa categoria de refugiados com migrações internas e externas. Ver ACNUR. CLIMATE CHANGE AND DISASTER DISPLACEMENT. Disponível em: https://www.unhcr.org/climate-change-and-disasters.html. Acesso em: 10 abr. 2021.

[13] US CONGRESS. America's rescue plan. Disponível em: https://www.congress.gov/117/bills/hr1319/BILLS-117hr1319enr.pdf. Acesso em: 15 abr. 2021.

Strategic Guidance (ISG) listam ambos os temas como essenciais para a liderança dos EUA e a retórica já tem se traduzido em políticas concretas.

No final de março, o "The Americans Job Plan[14]" define como prioridades "enfrentar os maiores desafios do nosso tempo: a crise climática e as ambições de uma China autocrática". Em termos de planejamento estratégico, o foco é na recuperação da infraestrutura de transportes, saneamento básico, serviços públicos, investimento em pesquisa e desenvolvimento, habitação e edifícios direcionados a atividades econômicas e à revolução verde, ou seja, uma quebra completa com o modelo neoliberal do pós-Guerra Fria, revitalizado por Trump.

Caso atinja um patamar adequado de implementação, é um plano que tem o potencial para revitalizar, de fato, os EUA. Como no caso das ações chinesas, permite um reposicionamento nos mercados de energia, acesso a recursos e formas de utilização, além da venda e domínio de tecnologias de ponta para terceiros países. Entretanto, o que se observa, passados quase dois anos completos do governo Biden, é uma desaceleração significativa da implementação dessas medidas proativas de desenvolvimento social e econômico. Ainda que o governo atribua essas dificuldades à não aprovação dos pacotes de recuperação de longo prazo pelo Legislativo, há uma mudança de foco do interno ao externo e uma desunião constante entre as forças sociais do país. Além de não cumprir as metas de vacinação nacional contra Covid-19 e outras doenças, em maio de 2022, os EUA se tornaram o primeiro país a atingir a marca de 1 milhão de mortos por essa doença. Da mesma forma, seus investimentos cada vez mais se direcionam a temas polêmicos, como os pacotes de ajuda financeira e militar à Ucrânia, em sua confrontação com a Rússia, em detrimento do setor interno.

---

[14] THE WHITE HOUSE. The American´s job plan. https://www.whitehouse.gov/briefing-room/statements-releases/2021/03/31/fact-sheet-the-american-jobs-plan/.

Em abril de 2021, nos dias 22 e 23, a Cúpula do Clima convocada por Biden foi simbólica do compromisso dos EUA e para a promoção do desenvolvimento sustentável. Um aspecto que ganhou cada vez mais peso nessa questão da sustentabilidade é o da tecnologia, como uma aliada para a substituição e eliminação da emissão dos gases de efeito estufa e para a geração de empregos. Nesse ponto, há uma preocupação constante do governo democrata em desmistificar a ideia de que a preservação ambiental produz desemprego, retórica muito utilizada por Trump e a extrema direita, e apresentá-la como o oposto: fonte de novas vagas no mercado de trabalho com padrões salariais mais elevados. Além de prometer reduzir suas emissões em até 50%, Biden traçou a meta de uma economia carbono zero para 2050, objetivo também apresentado pelas lideranças europeias. Rússia e China igualmente reafirmaram seus compromissos.

A posição do Brasil foi sensível, à medida que o país entrou na cúpula em situação de desvantagem não só pelas manifestações retóricas contra o meio ambiente e direitos de povos indígenas, mas também pela realidade do aumento exponencial do desmatamento da Amazônia por queimadas e crises como as dos incêndios no Pantanal e pela exploração predatória de recursos em áreas protegidas. O discurso na cúpula apresentou metas ambiciosas de proteção ambiental no corte de emissões, fim do desmatamento, em dissonância com o mundo concreto e as legislações que vêm sendo aprovadas no Brasil desde janeiro de 2019. Embora considerado "positivo", as demais diplomacias presentes, principalmente os EUA, alertaram que ações pesam mais do que palavras. A indicação de que o Brasil deveria ser recompensado por seus serviços ambientais (leia-se a proteção da Amazônia) por meio de pacotes de ajuda para a preservação desse patrimônio foi recebida como bastante incômodo internacionalmente (THE WHITE HOUSE, 2021; G1, 2021). Em novembro de 2021, a COP-26 pretende dar continuidade a esses debates.

Em um balanço, progressos e retrocessos se acumularam nas últimas décadas, e os principais setores afetados encontram-se no núcleo dos desequilíbrios sociais, ambientais e das emergências sanitárias contemporâneas. A vulnerabilidade é um terreno fértil para o agravamento desses fenômenos, a polarização e o conflito.

4.3 Política, Polarização e Conflito

O século XXI é uma era de confrontação política. Neste vácuo de ideias, líderes e grupos que parecem traduzir para um maior número de pessoas o que está acontecendo e o que virá adiante ganham a batalha pelo poder. Se essa tradução corresponde ou não ao mundo concreto ou os problemas e soluções apresentados por essa liderança são reais, já é um outro problema. Como visto no Capítulo 1, a liderança pode ser amparada na lei e nas regras do jogo, mas nada a impede de sustentar-se na paixão, na emoção, na demagogia ou na crença. Três períodos podem ser identificados nessa trajetória de política, polarização e conflito: 1990 a 2000, 2001 a 2008 e 2008 em diante.

A etapa inicial é caracterizada pelo predomínio do regime político democrático e econômico capitalista (neoliberal, mais especificamente). Se esse modelo se colocava como universal, por consequência os demais estariam fadados ao esquecimento. De fato, o cenário que prevaleceu foi esse. Entretanto, nada melhor do que o mundo real para colocar em xeque essas ilusões.

A primeira percepção de que havia um descompasso entre o que se prometia e o que se entregava no modelo neoliberal inicia-se no Sul do sistema, atingindo primeiro os países da América Latina, da África e parte da Ásia e da antiga Europa Oriental e a Rússia. Países como a China e a Índia, que mantiveram modelos econômicos híbridos, evitando abrir suas fronteiras comerciais ou desregulamentar suas relações econômicas e sociais, mantiveram-se à margem da crise. Nos países desenvolvidos, EUA e UE, a crise se mantinha nas periferias de suas cidades, sem chegar às classes médias, o que mudaria rapidamente. Nesse contexto, entra-se na segunda fase: 2001 a 2008.

Diante dessa mescla de tendências, o debate ampliou-se para além do modelo neoliberal, e um marco foi a realização, em 2001, do Fórum Social Mundial (FSM), em Porto Alegre. O FSM foi percebido como um movimento de renascimento da esquerda, sintetizado no seu slogan "Um Outro Mundo Possível". As prioridades do FSM, em seu surgimento e primeiras rodadas de negociação, eram a reforma do Estado neoliberal, a retomada das políticas públicas sociais, com ênfase na saúde, educação e desenvolvimento. Essas políticas públicas podem ser associadas às agendas debatidas dos ODM em 4.2 e refletem a preocupação com os desmontes desses sistemas de suporte e proteção humanitária.

A prioridade era o desenvolvimento sustentável e a redução das desigualdades. Além disso, existiam propostas de regulação de mercados financeiros e do comércio internacional, com destaque para a taxação dos capitais especulativos e de grandes fortunas no âmbito nacional. Outras questões relacionadas ao fórum eram a ênfase na interdependência entre Estado, movimentos sociais, organismos não governamentais e instituições multilaterais como agentes da mudança.

O FSM e os debates a ele associados propunham uma "Globalização Mais Justa e Solidária". Em uma nota de crítica, isso significava abrir mão de uma postura que sempre foi característica da esquerda: a da revolução estrutural. Parecia existir uma aceitação tácita da permanência do capitalismo como modelo e a adesão somente às agendas de reforma do *status quo*. Por outro lado, essa ação pode ser vista como uma adaptação necessária, que seria o caminhar a centro-esquerda, associado a um modelo de capitalismo de Estado de bem-estar, como visto em 4.2.

Essa adaptação foi funcional e serviu de inspiração para movimentos progressistas. A partir de 2012, contudo, essa dimensão mais ampliada de agenda programática, que tinha uma visão de Estado e projeto de desenvolvimento (mesmo que contraditória) acabou perdendo espaço para a fragmentação de pautas. Essa fragmentação reforçou em alguns meios as políticas identitárias que promoveram tanto um movimento de inclusão quanto de exclusão nos debates, no que se refere à percepção dos eleitores que se identificam com o centro, com impactos na terceira fase.

Dentro deste período de 2001 a 2008, o movimento mais consistente de projeto político alternativo foi o da "Onda Rosa". Como aponta Chodor (2015), essa agenda nasceu na América Latina, no final dos anos 1990, em meio à crise do modelo neoliberal do pós-Guerra Fria e em um momento de instabilidade política da maioria dessas nações. Instabilidades geradas principalmente pelo desemprego, retomada de processos inflacionários, queda de renda, aumento dos preços dos serviços básicos como água e energia (majoritariamente privatizados), a ausência do Estado e a exclusão. Propostas que revertiam esse cenário ganharam peso e chegaram ao poder. Com isso,

> O resultado foi uma "Onda Rosa" de governos de esquerda eleitos na região, que começou com a eleição de Hugo Chávez na Venezuela em 1998, seguido pela eleição de governos de esquerda ou centro-esquerda na Argentina (2003, 2007, 2011), Bolívia (2005, 2009), Brasil (2002, 2006, 2010), Chile (2000, 2006, 2013), Equador (2006, 2009, 2013), El Salvador (2009, 2014), Guatemala (2007), Nicarágua (2006, 2011), Paraguai (2008) e Uruguai (2005, 2010). Esses governos representavam, mais ou menos constelações de forças radicais que buscavam resolver a crise orgânica por meio de projetos mais ou menos contra-hegemônicos que, de qualquer forma, significavam a negação do neoliberalismo como um modelo viável na região (CHODOR, 2015, p. 87).

Não havia homogeneidade no perfil desses governos, que convergiam em torno de um projeto de centro-esquerda que tinha alguns pilares comuns: a retomada de políticas públicas no campo social e o papel do Estado na agenda do desenvolvimento. No campo externo, isso se traduzia em uma ação de desalinhamento com o Consenso de Washington, de maior autonomia diante dos EUA no espaço hemisférico e no reforço da CSS em duas dimensões: a diversificação das relações internacionais, tendo a China como foco (sem deixar de lado as demais parcerias Sul-Sul com Rússia, Índia e países da África e da Ásia), e a revitalização e adensamento dos projetos de integração regional.

Dentre esses projetos, mencionam-se os já existentes, como o Mercado Comum do Sul (MERCOSUL), a Iniciativa para a Integração da Infraestrutura Regional Sul-Americana (IIRSA) e novas estruturas, como a União das Nações Sul-Americanas (UNASUL) e a Comunidade de Estados Latino-Americanos e Caribenhos (CELAC). As prioridades eram o reforço dos laços regionais e a criação de mecanismos de caráter político-estratégico, como o Conselho de Defesa Sul-Americano (CDS) e o Conselho Sul-Americano de Infraestrutura e Planejamento (COSIPLAN, para o qual a IIRSA foi deslocada). Conselhos de cooperação para saúde, educação e outros temas foram criados.

Como debatem Pecequilo e Carmo (2015), e o mesmo tema é apontado por Chodor (2015), alguns líderes como Evo Morales, da Bolívia, e Hugo Chávez, da Venezuela, buscavam uma maior identificação com uma esquerda mais radical (o socialismo do século XXI), enquanto outros colocavam-se como moderados e de centro: Lula no Brasil, Bachelet no Chile, os Kirchners na Argentina, Rafael Correa no Equador, Uruguai com Tabare Vasquez e José Mojica, dentre outros.

A partir de 2008, todas essas correntes de esquerda passaram a ser instrumentalizadas no debate político, com a contrarreação da direita como "comunistas" e/ou "socialistas", retomando uma retórica típica da Guerra Fria. Iniciou-se um caminho inverso: o da onda conservadora, que se fortaleceria eleitoralmente e como movimento social, chegando ao poder na América Latina, nos EUA e nos países da UE, via Legislativo e Executivo. Dentre essas regiões, as trajetórias e motivações da "guinada à direita" possuem semelhanças e diferenças. A terceira fase desse período, ainda em andamento, inicia-se em 2008, com a contestação dos movimentos de esquerda na América Latina e com a crise econômica nos EUA e na UE.

Em termos de diferenças, no que se refere à América Latina, o fortalecimento da direita encontra-se associado, em um primeiro momento, a uma contrarreação das forças tradicionais internas. Milan (2016) denomina esse processo de uma reação oligárquica, à medida que elites econômicas e políticas tradicionais haviam diminuído seu poder de ação e deparavam com um processo de transformação de estruturas sociais domésticas. Esse processo era resultado das políticas de bem-estar implementadas, como as de inclusão social, ação afirmativa, educacional e redistribuição de renda.

Falando do caso do Brasil, mesmo que muitas destas elites, como o agronegócio, o sistema financeiro-bancário e as empresas de infraestrutura se beneficiassem da expansão econômica, a construção de uma nova classe média e a mobilidade social possuíam impactos subjetivos que indicavam uma potencial perda de poder. Ainda que Lula e Chávez investissem em políticas sociais, procuravam, cada qual a seu estilo e em sua medida, manter uma boa relação com setores econômicos-chave para poder sustentar as políticas sociais. Por sua vez, esses setores percebiam essas ações como uma ameaça, e procuravam outras vias de ação política. Essa dinâmica contraditória é chamada por Chodor (2015) de Revolução Incompleta.

A fragilidade desse modelo é apontada também por Bresser-Pereira (2018), que o denomina de neodesenvolvimentista. Segundo Bresser-Pereira, o projeto brasileiro, em particular (mas em uma avaliação que, com adaptações, estende-se a toda região), era sustentado em um pacto de centro-esquerda com um capitalismo rentista. Esse pacto dependia da preservação de uma política macroeconômica de suporte ao setor financeiro-bancário (altas taxas de juros) e de financiamento de algumas empresas pelo BNDES (Banco Nacional de Desenvolvimento). Além do agronegócio, as demais empresas eram definidas como "as campeãs nacionais": empresas de origem brasileira, com projeção internacional, que receberam financiamentos do BNDES para auxiliar em seu reposicionamento nos mercados globais de forma competitiva. Dentre essas, podem ser mencionadas: Petrobras, Odebrecht, Votorantim, JBS e Marfrig.

Bresser-Pereira (2018) destaca que as vulnerabilidades se encontravam também na ausência de políticas concretas para retomar a autonomia do setor produtivo afetado pela desindustrialização iniciada nos anos 1990. A economia brasileira e as latino-americanas apresentavam um padrão de reprimarização, apostando no agronegócio e na produção de commodities, tornando-se cada vez mais dependentes das exportações ao mercado externo. Como visto em 4.1, um caminho oposto ao que a China escolheu.

A forte demanda da China por esses bens aprofundou essas disparidades entre os setores econômicos. Entretanto, o foco no setor primário, em detrimento do industrial e de uma produção com alto valor agregado tecnologicamente, resulta das opções dos países latino-americanos sobre seus modelos de desenvolvimento, e não de uma imposição ou condicionalidade chinesa (MYERS AND WISE, 2017).

Gestões como as de Lula, Chávez e dos Kirchners detinham bons índices de aprovação popular devidos à recuperação econômica. Era preciso atrair a insatisfação eleitoral por outros caminhos, que foram se desenhando depois de 2010: o combate à corrupção, a desconstrução da imagem da classe política tradicional como ineficiente e a apresentação de candidaturas políticas definidas como inovadoras, empreendedoras e fora do sistema tradicional (*outsiders*).

Os *outsiders* são um fato comum às situações aqui apresentadas na América Latina, nos EUA e na UE. Esses apresentam-se como líderes que se inserem nas disputas políticas com uma postura salvacionista, sintetizada na retórica do "contra tudo que está aí" e podem fazê-lo por não pertencerem aos meios tradicionais de poder (vide o caso de Donald Trump, empresário). A crítica é contra todas as ideologias, em nome de uma gestão não política, meritocrática, isenta e eficiente. No caso dos que já faziam parte dessa classe política (especificamente Collor e Bolsonaro, no Brasil), a construção da imagem ainda é salvacionista, mas adaptada a discursos de nunca ter conseguido ascender a cargos-chave antes, devido à oposição dos "poderosos" e/ou dos "corruptos".

O aspecto demagógico-carismático é essencial para a construção da imagem deste "novo(a) político(a)" populista. O populismo não é nenhuma novidade na história da política, é um fenômeno, como sustenta Weffort (2008), relacionado à capacidade de mobilização do voto popular em massa. Considerando que "a expressão política popular é, essencialmente, individualizada por meio do sufrágio" (WEFFORT, 2008, p. 20), quanto maior for a habilidade do político em traduzir as aspirações populares, maior será a probabilidade de sua eleição.

No cenário de crise pós-2008 e tendências de fragmentação e disputa social, era natural que nomes ou movimentos que traduzissem essa insatisfação se tornassem viáveis eleitoralmente. Como apontam Oliveira e Leite (2021), uma das grandes bases desses movimentos de extrema direita, nacionalistas e neonacionalistas refere-se a essa mescla de simplificação e emoção. A extrema direita sempre busca explicações alternativas, na maioria das vezes sem fundamento na realidade, que disseminam rapidamente à população. As ideias com maior ressonância e apelo vão ganhando periodicamente novas versões para manter a base de apoio mobilizada. Desse movimento provém a denominação de *alt-right* (sendo que o prefixo "alt" se torna comum para todos que oferecem um ideário diferente do dominante).

Não faltam meios ou situações para manipular essas agendas políticas. Outro componente importante foi a introdução de pautas religiosas, explorando a agenda de costumes a partir de um teor conservador. O objetivo nesse campo era oferecer um contraponto direto às políticas identitárias de classe, gênero e raça priorizadas pela esquerda. Em termos de propaganda, os partidos e candidatos conservadores se apresentavam como "pró-família", contra os excessos liberais e o politicamente correto. Isso captou a insatisfação existente entre eleitores moderados e de centro, de um comportamento mais tradicional, e que não se sentiam confortáveis diante de temas como aborto, descriminalização e legalização das drogas, por exemplo.

Essas agendas moralizadoras não são coincidência em termos sociais: além dos fatores citados, surgem em um momento que muitas sociedades ocidentais vivem uma epidemia no consumo de narcóticos, que não se restringe mais ao estereótipo de gangues urbanas, pobreza e miséria. Tomando como base os EUA, atingem as classes médias tradicionais, de média e alta renda, que muitas vezes iniciam sua trajetória com o consumo de álcool e medicamentos legais à base de opioides (HUMPHREYS, CAULKINS and FELBAB-BROWN, 2018).

A retórica antiprogressista também incorpora forte rejeição à globalização, vista como um malefício, pois forçava as nações a abdicarem de sua soberania. Abdicar de soberania podia ser traduzido de diversas formas, dependendo da problemática de cada país: pertencimento a um bloco regional, práticas de abertura comercial, sociedade composta por imigrantes ou que recebe grande fluxo de imigrantes, consumo de bens sociais e culturais vindos de fora, o multilateralismo e a governança internacional em geral. Se havia crise, ela era culpa do exterior. De acordo com Colgan e Keohane (2017), as agendas propunham a "desglobalização" e a "antiglobalização".

Qualquer ator que fosse definido como "o outro" era passível de responsabilidade. O "outro", além disso, não vinha só de fora, ele já estava dentro das fronteiras, por uma divisão de classe, gênero ou raça. Para essas correntes o importante é a construção do inimigo e a união contra ele, realizada por meio de um líder, que não estivesse corrompido por essas forças externas universais. Em entrevista para a revista *Foreign*

Affairs (2016), Marine Le Pen[15], líder da Frente Nacional da França, resume essa agenda:

> Acredito que as pessoas desejem ser livres. Por muito tempo, os povos de países na União Europeia, e talvez os americanos também, desenvolveram a percepção de que seus líderes políticos não estão defendendo os seus interesses, mas, ao contrário, interesses especiais. Existe uma revolta da parte das pessoas contra um sistema que não está mais lhes dando atenção, mas servindo a si mesmo (...). Ambos rejeitam o que parece ser muito egoísta, mesmo egocêntrico, e que coloca as aspirações das populações de lado. Em muitos países, existe o senso de pertencimento à nação e a rejeição desta globalização sem limites que é vista como uma forma de totalitarismo. É imposta a qualquer custo, em uma guerra contra todos para o benefício de alguns poucos (FRANCE´S NEXT REVOLUTION, 2016, p. 2).

Os paralelos datam aos movimentos autoritários e fascistas do século XX. Em *As Origens do Totalitarismo*, Hannah Arendt (1989) lista as condições ideais para isso, tendo como base o caso da Alemanha nazista dos anos 1930: crise econômica, ressentimentos que gerem o sentimento de perda de lugar no mundo, desencantamento e descontentamento, preconceito, nacionalismo e xenofobia. As construções políticas atuais aqui relatadas seguem esse roteiro, assim como reproduzem os discursos ideológicos, o culto às lideranças e a elaboração de visões dogmáticas sobre a realidade.

---

[15] Marine Le Pen é herdeira política de Jean-Marie Le Pen, seu pai e um dos fundadores da Frente Nacional nos anos 1970. Le Pen pode ser considerado uma das principais vozes da extrema direita francesa e nos anos 1990 ganhou visibilidade com políticas anti-UE, antissemitas e anti-islâmicas (sendo curiosamente eleito para o Parlamento Europeu, apesar de sua pauta contra a integração). Le Pen foi um dos primeiros candidatos a se mostrar viável eleitoralmente, apesar de não chegar à presidência da França, o que não parece uma hipótese tão distante no caso de Marine para 2022.

Um livro que se tornou muito popular, com foco na eleição de Trump em 2016, que sintetiza o que se tem discutido até aqui foi *Como as Democracias Morrem*, de Levitsky e Ziblatt (2018). Embora dedicado à ameaça à democracia dos EUA, os autores fazem uma retomada de diversos casos que colocam em xeque esse regime político, pois

> além do uso das armas (...) há outra maneira de arruinar uma democracia. É menos dramática, mas igualmente destrutiva. Democracias podem morrer não nas mãos dos generais, mas de líderes eleitos (...) que subvertem o próprio processo que os levou ao poder (LEVITSKY e ZIBLATT, 2018, s/p).

Apesar de poderem ser facilmente identificados por quatro características que compõem o pensamento autoritário, ainda assim são políticos viáveis eleitoralmente. Especificamente, estas características são:

> 1. Rejeição das regras democráticas do jogo (ou compromisso débil com elas) (...); 2. Negação da legitimidade dos oponentes políticos (...); 3. Tolerância ou encorajamento à violência (...); 4. Propensão a restringir liberdades civis de oponentes, inclusive a mídia.

Os autores ainda complementam:

> A polarização pode destruir as normas democráticas. Quando diferenças socioeconômicas, raciais e religiosas dão lugar a um sectarismo extremo, situação em que as sociedades se dividem em campos políticos cujas visões de mundo são não apenas diferentes, mas mutuamente excludentes, torna-se difícil sustentar a tolerância. Alguma polarização é saudável — até necessária — para a democracia (LEVITSKY e ZIBLATT, 2018, s/p).

Esse é o risco inerente aos processos eleitorais do tipo "regras do jogo" à medida que se colocam na mesa apenas como critérios de avaliação do bom funcionamento da democracia se os procedimentos foram seguidos. E parte da "receita" desses movimentos, quando no poder, é contestar e mudar essas próprias regras. Os movimentos populistas traduzem os desejos da massa com eficiência. Inclusive, muito se fala em polarização, mas não se pode esquecer de um fenômeno que se torna cada vez mais disseminado: o da formação de bolhas de pensamento. Afinal

> A representação é um processo dinâmico, no qual as percepções e identidades dos cidadãos são fortemente influenciadas por aquilo que eles veem, escutam e leem: imagens, palavras e ideias, circuladas pelos políticos, a mídia, a sociedade civil, e mesmo amigos e membros da família. A democracia moderna é uma via de mão dupla, na qual os sistemas representativos não refletem meramente interesses e identidades políticas: eles também os definem. Populistas nacionalistas têm se beneficiado imensamente desse processo, e as organizações de mídia e acadêmicos adotaram a sua estrutura e retórica e acabam ratificando e ampliando as suas mensagens. Retóricas casuais, aparentemente autoevidentes, de "pessoas comuns" que foram "deixadas para trás" ou "desrespeitadas" ou que temem "a destruição de sua cultura" precisam ser tratadas com extremo cuidado (MULLER, 2019, p. 41).

Prevalece um caldo de insatisfação, que não foi percebido por correntes liberais e de esquerda, mas é instrumentalizado pela extrema direita. Avaliando essa situação, Muller lembra que,

> Existem conflitos profundos e frequentemente legítimos sobre comércio, imigração e a forma da ordem internacional. Os liberais não deveriam apresentar suas escolhas nessas questões como obviamente corretas ou simplesmente ganha-ganha; eles precisam convencer as pessoas de suas ideias e justificar suas políticas aos que se encontram em dificuldades (MULLER, 2019, p. 41).

O que as citações de Muller destacam, e casos como os do BREXIT e da eleição de Trump demonstram, ambos em 2016, é que não se pode subestimar o apelo desses discursos. Existe receptividade, pois oferecem uma verdade alternativa, que promete um mundo melhor. E mesmo que não apresentem um mundo melhor, prometem a eliminação do problema, do outro, que incomoda.

Uma ideia que se tornou muito popular foi de que esses líderes seriam eleitos e governariam pelo "Twitter", o que é bastante equivocado, mas se insere nas construções sobre o alcance e a eficiência política dessas mídias como cooptação de eleitores e movimentos. Apesar do seu poder crescente, ninguém governa ou é eleito apenas por causa de um tuíte ou uma mensagem de WhatsApp. Protestos via abaixo-assinados, perfis de Instagram e pelos mesmos tuítes, Facebook e canais do YouTube são tanto eficientes quando ineficientes. Existe toda uma rede de mecanismos multidimensionais de ação, e estes são um dentre os muitos componentes que fazem uma campanha eleitoral e permitem governar.

Grande parte das populações globais ainda não tem acesso a esses mecanismos e se esquece de que a política e as eleições, na maioria das vezes, são ganhas "no chão" ou em espaços de convívio coletivo como igrejas, associações e o poder da televisão aberta, dentre outras. E, mais ainda, dependem da percepção dos sujeitos.

Deve-se deixar claro que nem o BREXIT nem a eleição de Trump são o primeiro capítulo dessas tensões, no pós-2008, mas se tornaram uma espécie de tipo ideal dos dilemas retratados. No caso do BREXIT, em 2016, ele é o ápice da trajetória da crise europeia na primeira década do século XXI. Embora muitos associem esse processo como resultado da crise econômica de 2008, esse foi um dos fatores, e não o único, que impulsionou a vitória do movimento de saída do bloco europeu. Os demais foram, em ordem cronológica: o Tratado de Maastricht (1992), a constituição europeia (2004), os atentados terroristas (2004 em diante) e a crise dos refugiados (2015 em diante).

Desde sua entrada na então Comunidade Econômica Europeia (CEE), em 1973, o Reino Unido sempre assumiu uma posição mais favorável a uma integração mais econômica do que política e menos supranacional. Diferentemente de países líderes do bloco, como França e Alemanha, que viam a CEE e depois a UE como um projeto amplo de governança, o Reino Unido sempre evitou compromissos que colocassem mais empecilhos à sua soberania e à sua aliança especial com os EUA.

Em 1992, a adoção do Tratado de Maastricht, que criou a UE e possuía um projeto ambicioso com o estabelecimento de uma moeda e de uma política externa e de segurança comum, fronteiras abertas à livre circulação de pessoas, já causara desconforto para com os britânicos. A opção desde então foi a adoção de uma integração "a la carte", que permitia que os britânicos ficassem de fora de alguns compromissos, como o Tratado de Schengen (1995) de livre circulação de pessoas e o próprio euro, preservando a libra. Isso abria uma série de precedentes, mas o cálculo estratégico era que um Reino Unido menos integrado era melhor do que um Reino Unido fora da UE.

Essa realidade, contudo, já começou a se alterar em 2004, com a interrupção do processo de adoção da Constituição Europeia. Mesmo em países-chave da integração, como Holanda, França e Alemanha, o debate sobre a implementação desse texto único chocou-se com a desinformação do público, o temor da perda de identidades culturais e sociais, que acirrou o latente nacionalismo. A falta de apoio popular ao texto levou à suspensão e o tema não voltou mais. Em 2010, a implementação de um novo sistema de Tratados com o Tratado da União Europeia e o Tratado de Funcionamento da União Europeia pode ser vista como o último movimento mais sólido da construção contínua do bloco. Mesmo em termos de expansão, a integração enfrenta uma fase de estagnação, após os rápidos alargamentos de 2003 com o Tratado de Nice.[16] Atualmente, após o BREXIT, a UE conta com 27 membros.

---

[16] As ondas de expansão da CEE e da UE foram: 1973 — Reino Unido, Irlanda e Dinamarca; 1995 — Áustria, Finlândia e Suécia; 2003 — Tratado de Nice — Chipre, Eslovênia, Eslováquia, Estônia, Hungria, Lituânia, Letônia, Malta, Polônia, República Tcheca; 2007 — Romênia e Bulgária; 2013 — Croácia.

A rejeição à constituição demonstrou que o cenário não era de apoio popular total à integração. Entretanto, isso foi relativizado pelas classes políticas europeias, e mesmo a britânica pró-integração, preferindo-se manter a lógica discursiva pró-governança e pró-multilateralismo. De 2004 em diante, outro problema começou a se fazer bastante presente: o aumento da xenofobia contra as populações islâmicas, que já vinha crescendo desde os atentados de 2001 nos EUA, mas com novas proporções, quando cidades como Madri (2004) e Londres (2005) foram atacadas.

No contexto do apoio da Espanha e do Reino Unido e outros países europeus à GWT, esses atentados e crises sociais domésticas se acirraram. Mesmo sem mais atentados de grandes proporções, focos de tensão permaneceram: massacres como o do Charlie Hebdo (2015) e ataques a casas noturnas, pontos turísticos, muitas vezes realizados por indivíduos que se autoidentificam com grupos terroristas ("os lobos solitários"). Normalmente são ataques a zonas muito frequentadas, e são realizados com armas brancas (facas) e carros que são jogados em multidões. A crise dos refugiados, iniciada em 2015, gerada no contexto pós-Primavera Árabe (ver 5.4), das guerras do Afeganistão, Iraque, Síria, do surgimento e consolidação do Estado Islâmico (EI) e da crescente situação de miséria e pobreza nos entornos europeus serviu como um catalisador.

Embora proporcionalmente o Reino Unido fosse um dos países que menos permitisse a entrada em seu território de refugiados ou exilados na Europa e no mundo, pouco menos de 10 mil em 2017 segundo dados oficiais do governo[17] (lembrando que a Alemanha recebeu no mesmo ano, segundo dados do ACNUR, quase um milhão de pessoas), o tema ganhou proporções significativas. A extrema direita britânica, liderada por Nigel Farage, do Partido Independente, em oposição ao primeiro-

---

[17] UK GOVERNMENT. NATIONAL STATISTICS. Disponível em: https://www.gov.uk/government/statistics/immigration-statistics-october-to-december-2017/how-many-people-do-we-grant-asylum-or-protection-to#:~:text=Including%20dependants%2C%20the%20number%20of, (under%2018%20years%20old). Acesso em: 10 abr. 2021.

-ministro conservador David Cameron, atribuiu aos refugiados, à UE e à integração econômica a culpa pelo fracasso do país. Parte significativa da opinião pública adotou esse discurso, levando Cameron a apresentar como proposta de campanha para a sua reeleição em 2015 o plebiscito sobre a permanência ou não do Reino Unido na UE.

Em junho de 2016, o BREXIT foi apoiado por cerca de 51,9% dos britânicos no Reino Unido. Irlanda do Norte e Escócia votaram por permanecer na UE, com 55,8% e 62% de apoio, enquanto o País de Gales e a Inglaterra validaram a saída com 53.4% e 52,5%. Cameron renunciou, à medida que havia apoiado a permanência do país no bloco, inclusive enviando uma carta à UE pedindo que o Reino Unido tivesse tratamento especial na integração (o que fora rejeitado). Em seu lugar, assumiu Theresa May, que depois seria substituída por Boris Johnson.

De 2016 a 2020, o processo foi longo: após a primeira-ministra May invocar o artigo 50 do Tratado da União Europeia para dar início às negociações de saída em 2017, o acordo só foi concluído em dezembro de 2020 na gestão de Johnson, entrando em vigor em janeiro de 2021. Para a saída, o Reino Unido comprometeu-se a pagar indenizações à UE e implementar regras de transição referentes a procedimentos de aduana e de entrada e saída de cidadãos. A trajetória do BREXIT internamente foi cercada de polêmicas que envolveram trocas de acusações entre liberais, nacionalistas e conservadores, e inúmeros protestos pedindo a convocação de um novo plebiscito.

Os impactos do BREXIT passam relativamente despercebidos diante das consequências socioeconômicas da Covid-19. Uma das primeiras disputas entre UE-Reino Unido, inclusive, envolveu o acesso à produção de vacinas e disponibilização à população, com uma "vitória" de Johnson em comparação ao bloco. Enquanto o Reino Unido acelerou seu processo de vacinação e atingiu uma boa cobertura vacinal, detendo uma das vacinas mais relevantes, a Oxford AstraZeneca, a UE sustentou um padrão mais lento e com menos adesão da população. Além do BREXIT,

2016 trouxe a eleição de Trump pelo Partido Republicano, que passou a simbolizar, para muitos, a consolidação da extrema direita no sistema internacional e nos EUA. A derrota de Trump para o democrata Joe Biden nas eleições presidenciais de 2020 colocou em xeque essas previsões, assim como enfraqueceu a chamada aliança de extrema direita que esse governante liderava. Como membros dessa aliança conservadora estavam o Brasil de Bolsonaro, a Polônia de Andrzej Duda, a Hungria de Viktor Orbán, a Itália de Salvini, Índia com Modi e Israel com Netanyahu. O que unia esses governantes eram as pautas internas, autoritárias, conservadoras e fundamentalistas nos costumes, e uma postura externa antiglobalização e contra o multilateralismo. Entretanto, é preciso relativizar um pouco essa coalizão global.

Primeiro, a articulação entre essas lideranças sempre foi frouxa, à exceção da pauta de costumes, à qual se agregaram outros países de caráter teocrático e islâmicos. Nessa agenda, inclui-se uma contraofensiva contra direitos humanos básicos relativos a direitos reprodutivos e de gênero relacionados a mulheres e populações LGBTQIA+. Por si só já é uma contradição em termos: uma aliança entre cristãos, judeus e muçulmanos que, internamente, nesses países colocam-se em campos opostos. Segundo, as relações bilaterais ganhavam precedência sobre a ação multilateral e eram construídas em bases assimétricas, com amplas vantagens aos EUA. Terceiro, estilo de liderança e táticas não necessariamente conformam uma aliança ou agendas comuns.

Trump tornou-se referência por levar ao máximo de eficiência os movimentos populistas de caráter contemporâneo, explorando uma polarização social profunda que já atingia os EUA desde os anos 1990. Esse é um processo iniciado em 1994 com a ascensão ao Legislativo de lideranças evangélicas e conservadoras, dentro do Partido Republicano — o Contrato com a América liderado por Newt Gingrich. Esse movimento conservador era uma contrarreação às citadas pautas de política identitária e liberais dos democratas, opondo a religião ao secularismo.

A gestão W. Bush incorpora essa pauta de costumes por meio do "conservadorismo com compaixão". Em 2010, o movimento do Chá, de perfil religioso, libertário, pró-armas, defensor da supremacia, pró-vida, por meio de sua associação ao Partido Republicano ampliou sua presença no Legislativo. Em 2015, foi a vez de Trump fazer o mesmo movimento, articulando para que sua candidatura fosse pelo Partido Republicano e não como independente.

A dinâmica partidária dos EUA, centralizada nos partidos majoritários democrata e republicano, mecanismos de financiamento de campanha e o Colégio Eleitoral, que elege indiretamente o presidente, são gargalos que dificultam que candidatos fora do sistema tradicional cheguem a cargos relevantes. O Partido Republicano aceitou Trump, quase sem nenhuma oposição, visto que isso tornava viável a retomada da presidência.

O sucesso de Obama na recuperação econômica era visto como um fator de difícil superação e o nome de Hillary Clinton, esposa do ex-Presidente Bill Clinton e senadora por Nova York, era conhecido. Isso se demonstraria tanto um benefício quanto um problema. Ainda assim, Hillary ganhou entre os eleitores com 65 milhões de votos contra 62 milhões de seu adversário, mas perdeu no Colégio Eleitoral (306-232), em uma eleição extremamente próxima. A vitória de Trump foi uma surpresa, mas em nenhum momento o eleitorado que o escolheu teve dúvidas de sua pauta ou postura. Como já mencionado, a recuperação econômica nos EUA não era linear com Obama e o sentimento de exclusão e desencantamento atingia boa parte da classe média, percepção capturada por Trump e traduzida em discursos nacionalistas e nativistas.

Slogans como *America First* (América Primeiro) e *Make America Great Again* (MAGA, Fazer a América Grande de Novo) demonstraram-se eficientes em promover a adesão de um eleitor frustrado por suas perdas sociais e econômicas. A campanha explorou as cisões profundas dos EUA em termos de raça, classe e gênero em um país que se torna cada dia mais miscigenado, distanciando-se da América WASP (branca, anglo-saxã e protestante). Não se pode esquecer de que os EUA foram um país que entre 1861-1865 viveu a Guerra da Secessão, entre estados antiabolição da escravidão (denominados de confederados, pertencentes ao Sul do país) e os estados do Norte, defensores da abolição e da instalação de um capitalismo industrial moderno. Essa cisão permanece enraizada em muitos estados do Sul e na sociedade.

Os problemas de apartheid racial e segregação são recorrentes e alimentam o crescimento dos movimentos supremacistas brancos e muitos deles conspiracionistas: dentre os principais podem ser citados os *Proud Boys* e o *Qanon* e a tradicional Ku Klux Klan. Em 2005, grupos supremacistas foram responsáveis pelo ataque terrorista interno a Oklahoma City. O MAGA tornou-se palavra de ordem entre esses grupos, e adaptado internacionalmente por políticos apoiadores de Trump em outros Estados, incluindo o Brasil. A campanha de Bolsonaro em 2018 reproduz, com as adaptações necessárias, o mesmo roteiro: notícias questionáveis, amplo uso das novas mídias e construção de uma base de apoio no vácuo das demais forças.

No outro espectro político, há uma reação dos movimentos sociais com ações como o *Black Lives Matter*, que surge ainda em Obama e ganhou peso com os protestos raciais e sociais de 2020, na esteira de inúmeros abusos policiais. O caso George Floyd, afro-americano morto durante sua prisão por um policial branco, Derek Chauvin (condenado pelo crime em abril de 2021), detonou esses protestos em 2020, que tiveram suas pautas ampliadas para temas como o fim das polícias e o seu financiamento.

Para ambos esses grupos, mesmo que por diferentes razões, emprego para o primeiro e identidade nacional para o segundo, Trump apresentou uma agenda antiglobalização, anti-imigração e de culpabilização de estrangeiros pelos problemas dos EUA. Os principais inimigos eram a China, o México e o Islã. Ameaças securitárias como tráfico de drogas, imigração e perda de empregos eram associadas ao México. A China era acusada de ser responsável pela perda de empregos, somada ao avanço do comunismo global e uma ameaça aos aliados e aos EUA. Por fim, o foco no Islã recaía sobre o terrorismo e o fundamentalismo.

Na agenda internacional, defendeu uma pauta unilateralista e nacionalista, minando organismos e regimes multilaterais (ONU, OMS, direitos humanos e meio ambiente), renegociando o NAFTA (Acordo de Livre Comércio da América do Norte que se tornou USMCA — United States, Mexico, Canada) e com as "guerras" com a China: comercial, tecnológica, sanitária (com a pandemia da Covid-19, acusando o país de ser o responsável pelo vírus em inúmeras teorias conspiratórias). O teor desses conflitos era bastante pragmático, a despeito dessa retórica belicista para o público. A questão nunca foi romper de vez acordos ou parcerias, mas sim reposicionar os EUA nessas relações de forma mais favorável, em um cenário de perda de poder relativo.

Seja com temas internos ou externos, Trump explorou com eficiência o tripé medo, preconceito e ignorância. Transformou a política em um show midiático, de revolução *anti-establishment*, explorando as fissuras preexistentes. A chave do populismo trumpista foi governar, assim como de outros populistas, em campanha permanente pela base, adaptando-se às circunstâncias. Em 2020, quando a pandemia da Covid-19 colocou o sucesso econômico da presidência em questão, Trump tornou-se mais radical em temas sociais, o que o levou a perder parte relevante do eleitorado que o levara à Casa Branca: a classe média secular e moderada.

Mesmo assim, Trump conseguiu uma votação expressiva, com mais de 74 milhões de votos populares contra 81 milhões do candidato democrata, o ex-Vice-presidente de Obama, Joe Biden, e sua companheira de chapa Kamala Harris (no Colégio Eleitoral Biden obteve 306 e Trump 232). Uma chapa mista e moderada, em contraponto à agressividade e ao radicalismo de Trump e que focou suas ações na reconciliação, na promessa da união e de promover importantes reformas no país. Harris tornou-se a primeira mulher a ocupar um cargo na Casa Branca como vice, e também como filha de imigrantes e não branca. Esse marco, assim como foi a eleição de Obama, primeiro afro-americano a chegar à presidência, não deve ser subestimado, mas não pode ser exacerbado, bastando lembrar do processo sucessório à sua gestão, que resultou na eleição de Trump.

No Legislativo, os democratas conseguiram retomar a maioria na Câmara e no Senado, o sinal mais explícito das divisões nacionais: 50-50 democratas e republicanos (o mesmo cenário ocorrera antes, em 2000). Um número que dá maioria ao governo em algumas questões (visto que o voto de desempate é da Vice-presidente como presidente em exercício do Senado), mas não em outras relativas a orçamento, nomeações à Suprema Corte, dentre outras, que demandam 60 votos.

O radicalismo de Trump levaria a uma não aceitação dos resultados da eleição, com inúmeras acusações de fraude, o que gerou um fato inédito na democracia dos EUA: a invasão do Capitólio em 06 de janeiro de 2021 por grupos supremacistas brancos que visavam impedir a confirmação da vitória de Biden no Colégio Eleitoral pelo Legislativo. Dessa invasão resultaram mortes, prisões e um segundo processo de impeachment contra o presidente por incitar a rebelião (o primeiro foi por tráfico de influência e associação para conspiração com governos estrangeiros). Assim como o primeiro pedido de impeachment, esse pedido foi negado. A título de curiosidade, o processo se deu após a posse de Biden, na qual Trump não compareceu.

Sem Trump, as forças de polarização à extrema direita perderam um importante representante e simbolicamente colocou-se em compasso de espera o mito da mencionada "aliança global". As forças que levam a acontecimentos como o BREXIT e à polarização da política ou o seu "embolhamento" continuam presentes, em todos os espectros do pensamento. Nesse contexto, a pandemia da Covid-19 agravou essas tendências.

4.4 A Covid-19 e as Emergências Sanitárias[18]

O surgimento da Covid-19 (SARS-CoV-2, o novo coronavírus) entre dezembro de 2019 e janeiro de 2020 ocorre mais de uma década depois da crise global de 2008 e na esteira de um acúmulo de problemas. Por sua gravidade, extensão e continuidade aparentemente sem fim, essa pandemia foi tratada como algo inédito. Pandemias com similares impactos somente eram lembradas no passado, como a Peste, na Idade Média, e a Gripe Espanhola há mais de um século.

Entretanto, essa não foi a primeira nem será a última emergência sanitária a atingir o sistema internacional nas últimas décadas.[19] Desde o início do século XXI, pode-se observar um acúmulo de ameaças, como as listadas por Almeida e Campos (2020, p. 29-32): Síndrome Respiratória Aguda Severa (2002-2003 — SARS, SARS-CoV), Influenza A (2004-2007 — H5N1 ou Gripe Aviária), Nova Influenza (2009 — H1N1 — Gripe Suína), Síndrome Respiratória do Oriente Médio Coronavírus (2012-2014, MERS-CoV) e o Ebola (2014-2016, EVD). Essas pandemias foram controladas por uma mescla de desenvolvimento de vacinas e medicamentos.

Também continua em andamento a pandemia HIV/AIDS que se inicia na década de 1980, mas que, como as demais, é prevenida e mitigada por um conjunto de respostas: campanhas de conscientização do público para evitar comportamentos de risco (principalmente em relações sexuais e pelo compartilhamento de seringas entre usuários de drogas),

---

[18] Neste item são apresentadas tendências gerais sobre a pandemia, assim como perspectivas com alguns dados, preferencialmente com uma abordagem qualitativa. Dados quantitativos sobre número de infectados, mortos e vacinados pela Covid-19 serão evitados, à medida que rapidamente se tornam desatualizados. Recomenda-se seu acompanhamento por veículos de mídias confiáveis, organismos governamentais como a OMS e universidades como a Johns Hopkins.

[19] Recomenda-se o Dossiê Especial do NERINT/UFRGS para uma leitura adicional. Disponível em: https://www.ufrgs.br/nerint/pandemias/. Acesso em: 16 abr. 2020.

evolução nas formas de tratamento da doença com medicamentos (e pesquisas para o desenvolvimento de vacinas), implementação de políticas públicas de acesso a medicamentos para o tratamento da doença (sendo o Brasil uma referência em tratamentos gratuitos pelo Sistema Universal de Saúde), acolhimento, prevenção e redução de riscos.

Ocorre o agravamento de outras ameaças: o retorno de doenças atingidas por cobertura vacinal, antes praticamente eliminadas, como poliomielite, rubéola e sarampo, o aumento de infectados pela tuberculose e sífilis, surtos de dengue, zika vírus e microcefalia, febre amarela e malária, o aumento no número de bactérias resistentes a antibióticos, dentre outros. O Quadro 3 ilustra a diferença entre os termos aqui usados.

Quadro 3

A CLASSIFICAÇÃO DAS AMEAÇAS	
SURTO	Doença apresenta aumento significativo de casos em uma região geográfica limitada e específica
EPIDEMIA	Doença se amplia em número de casos e extensão geográfica, por meio de surtos disseminados, não estando mais limitada a determinadas regiões
PANDEMIA	Ocorrência mundial da doença, com a extensão de casos por todo o sistema internacional. Cenário de altíssima gravidade
ENDEMIA	Doenças que ocorrem limitadas, sendo características de determinadas regiões geográficas
SINDEMIA	Interação de duas ou mais doenças que geram sintomas de alto risco, com impactos maiores sobre a saúde da população do que quando ocorrem de forma individual

Fonte: Telessaúde São Paulo UNIFESP[20] (elaborado e adaptado pela autora).

---

[20] UNIFESP. Telessaúde — Qual a diferença? Disponível em: https://www.telessaude.unifesp.br/index.php/dno/redes-sociais/159-qual-e-a-diferenca-entre-surto-epidemia-pandemia-e-endemia. Acesso em: 16 abr. 2021.

Esses processos são gerados por diversos fatores: o acesso desigual a condições de vida menos insalubres, educação e saúde em nações pobres, os movimentos antivacina nos países desenvolvidos, a seletividade das indústrias farmacêuticas na produção de medicamentos (preferindo os de maior valor agregado em detrimento dos mais baratos e para doenças que atingem mais os países pobres, como a tuberculose e a hanseníase) e pelos desequilíbrios sociais e ambientais que atingem os Estados e suas populações.

Como indicam Almeida e Campos (2020) e Padula (2017-2020), não há como desconectar o surgimento dessas ameaças da implementação dos modelos econômicos neoliberais. Prevalece uma real disparidade entre as nações e dentro dos Estados que coloca em xeque a segurança sanitária, alimentar e de acesso a bens básicos. Eventuais correções de rumos e iniciativas como as dos ODM e ODS apresentam efeitos até o momento paliativos, não havendo a consolidação de políticas públicas de médio e longo prazo. Na maioria das vezes, o que se observa são reações às crises ou a descontinuidade de projetos de Estado a cada troca de governo nos níveis local e federal.

Essas vulnerabilidades geram uma realidade pouco confortável: embora os surtos e pandemias concentrem seu surgimento nas periferias do sistema ou entre as comunidades mais pobres dos países desenvolvidos, elas não ficam restritas a essas fronteiras, convertendo-se em um problema mundial. Assim,

> A origem da atual pandemia está envolta em teorias da conspiração, mas o que se sabe é que ela atingiu os fundamentos do sistema mundial baseado na globalização econômica, reforçando antagonismos nacionais e sociais. Analisar a situação durante a sua imprevisível evolução é arriscado, mas o custo de não tentar é ainda maior, dada a confusão e manipulação reinantes. As dimensões e velocidade da propagação do vírus são inéditas, pois o mundo está muito mais urbanizado e conectado do que em pandemias

anteriores. Estratégias e narrativas dominantes simplesmente perderam sentido, deixando um vácuo que é preenchido por ações reativas de curto prazo (VISENTINI, 2020, p. 9).

A mesma avaliação é apontada por Almeida e Campos (2020), pois

De um lado, está a profunda interdependência e conectividade no sistema interestatal e suas pressões sobre: a) a economia (geradas principalmente pela financeirização e endividamentos); b) a sociedade e a política (desigualdades, precarização, destruição do tecido social e emergência de extremismos); e c) o meio ambiente (riscos tecnológicos, mudanças climáticas, deterioração de ecossistemas etc.). De outro lado, estão as crescentes limitações que as políticas de austeridade impuseram (e continuam impondo) aos Estados nacionais, seja no âmbito da economia, das políticas sociais ou da não distinção entre as éticas pública e privada. Sendo assim, as preparações para enfrentamento de riscos não encontram base material e social onde se ancorar e, portanto, não se concretizam (ALMEIDA e CAMPOS, 2020, p. 37).

A "novidade" no caso da pandemia da Covid-19 reside tanto em uma espécie de "democratização" da doença, que atingiu rapidamente países ricos e pobres (e ricos e pobres dentro das fronteiras) como na sua longa duração. Não há homogeneidade no acesso a tratamentos e vacinas, o que agrava a situação. Essas deficiências levam ao surgimento de novas ameaças: após mais de um ano de pandemia, cresceu a disseminação de variantes da Covid-19, dentre as quais podem ser mencionadas as do Reino Unido, Brasil e África do Sul, que têm se demonstrado de mais fácil disseminação, de maior letalidade e que afetam a eficiência da cobertura das vacinas já existentes. As divergências são tão grandes que nem mesmo o cancelamento das Olimpíadas de Tóquio 2020 (adiadas para 2021) foi objeto de consenso.

Não se pode desconsiderar que nações que antes se viam seguras e imunes diante de tragédias humanitárias sanitárias de tais proporções se encontrem entre as que mais apresentam número de doentes e mortos, com particular destaque aos Estados Unidos. A posse de Biden reverteu esse cenário com uma campanha maciça de vacinação, mas o ano de 2020 passou à história como um dos mais trágicos no país. Brasil e Índia permanecem como situações graves da pandemia, mas, comparativamente, são nações em desenvolvimento. E, paradoxalmente, a Índia é uma das maiores produtoras de vacinas e fármacos.

No caso dos EUA, a situação é mais peculiar porque esse é o país que concentra parte significativa das indústrias farmacêuticas (*Big Pharma*)[21], pesquisas avançadas em ciência e tecnologia, patentes de medicamentos e produção de bens associados à indústria da saúde (medicamentos e equipamentos). Todavia, uma concentração majoritariamente no setor privado, com baixo acesso ou provisão de serviços públicos na saúde. Essa teia privada de companhias que atuam no setor de saúde e as *Big Pharma* fazem parte do Complexo Econômico-Industrial da Saúde (CEIS), cuja compreensão

> se debruça sobre a relação sistêmica estabelecida entre segmentos industriais e o setor de serviços de saúde e, consequentemente, sobre sua construção sistêmica no âmbito de uma economia nacional (...) Tal abordagem enfatiza questões fundamentais como a relação entre o complexo industrial de saúde e a universalização do acesso à saúde do ponto de vista econômico e social, e ressalta potenciais

---

[21] Uma das transformações mais interessantes da política estadunidense nos últimos anos é o crescente poder da *Big Pharma* como agente político e dos demais grupos de interesse associados à saúde como hospitais, seguradoras e serviços. Na campanha presidencial de 2020 dos EUA entre Biden e Trump, dentre os 10 maiores doadores das duas candidaturas, cerca da metade possuía ligação com esses setores, desbancando doadores tradicionais como o complexo industrial militar. Além dessa mudança, cresceu também a influência de empreendedores e empresas de mídia e informação, controladoras de redes sociais, mercado de streamings (produção e distribuição) como Amazon e Facebook. Disponível em: https://www.opensecrets.org/2020-presidential-race/donald-trump/contributors?cycle=2020&id=N00023864&src=o&type=f e em https://www.opensecrets.org/2020-presidential-race/joe-biden/candidate?id=N00001669.

> conflitos políticos decorrentes dessa lógica, na dimensão política interna — principalmente entre empresas e Estado — e na arena internacional — do ponto de vista da atuação das empresas transnacionais ou das relações econômicas (comerciais, financeiras e acerca de direitos de propriedade intelectual) entre Estados (PADULA, 2017, p. 184-185).

O autor identifica um problema na inter-relação entre a dimensão estratégica da saúde e a capacidade do Estado em produzir ou obter medicamentos e equipamentos. Isso reproduz uma dinâmica de autossuficiência versus dependência.

> Diante da necessidade ou da conveniência de importação, ou da não viabilidade da produção interna, seria fundamental para a segurança de saúde, nos termos definidos acima, que o Estado: em períodos de conflitos ou diante de contenciosos políticos, seja capaz (em tempo hábil) de mobilizar recursos para a produção de medicamentos antes importados; não dependa de fontes restritas de importação (seja(m) país(es) ou empresa(s)); diversificar o máximo possível as fontes de importações (em termos de áreas geográficas, de países e empresas, ou coalizões desses, olhando para a propriedade do capital das empresas), assim como diversificar as rotas comerciais de abastecimento, as fontes de financiamento e as moedas em denominação de contratos (PADULA, 2017, p. 192).

Observa-se uma concentração de atividades econômicas, quando se considera o caso da cadeia produtiva associada às vacinas, conforme dados da OCDE:

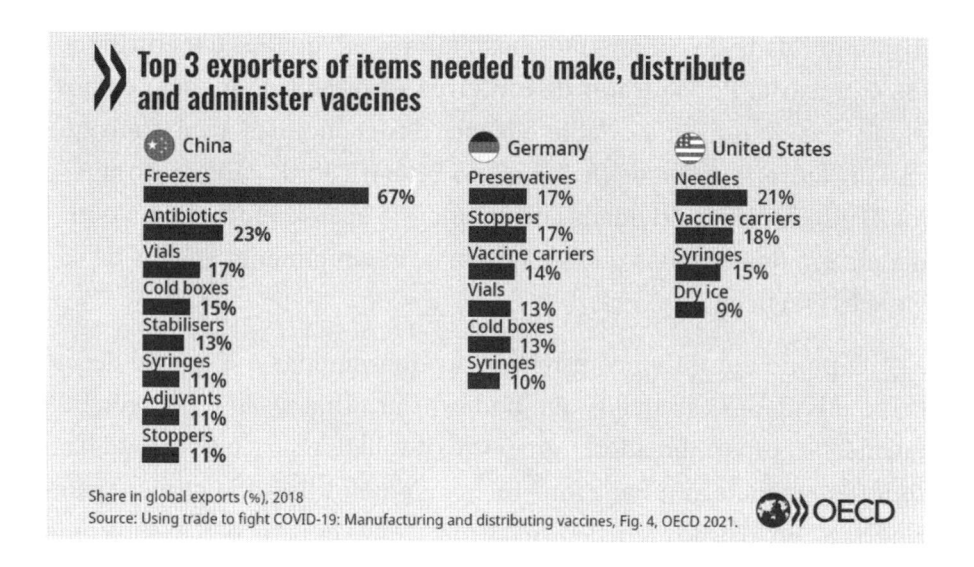

> **Top 3 exporters of items needed to make, distribute and administer vaccines**
>
> **China**
> Freezers 67%
> Antibiotics 23%
> Vials 17%
> Cold boxes 15%
> Stabilisers 13%
> Syringes 11%
> Adjuvants 11%
> Stoppers 11%
>
> **Germany**
> Preservatives 17%
> Stoppers 17%
> Vaccine carriers 14%
> Vials 13%
> Cold boxes 13%
> Syringes 10%
>
> **United States**
> Needles 21%
> Vaccine carriers 18%
> Syringes 15%
> Dry ice 9%
>
> Share in global exports (%), 2018
> Source: Using trade to fight COVID-19: Manufacturing and distributing vaccines, Fig. 4, OECD 2021. **OECD**

Três países surgem como dominantes nesse processo, o que torna as demais nações deles dependentes, e impacta em sua autonomia e segurança. Sobre a inter-relação entre segurança sanitária e econômica, Padula complementa:

> a segurança sanitária e a segurança econômica possuem relações estreitas. A abordagem de segurança de saúde aponta a necessidade de olhar para a propriedade do capital das empresas que atuam no país, possibilidades de transferência tecnológica e perfil de empresas que fazem comércio com o país (independentemente de sua localização territorial). Os processos identificados de concentração global da propriedade das empresas (através de fusões e aquisições) e da inovação tecnológica (patentes), com consequente processo de desnacionalização da indústria nacional, tendem a gerar vulnerabilidades econômicas e políticas (...) a segurança de saúde e, de forma mais ampla, a segurança nacional (PADULA, 2017, p. 192).

A longevidade da pandemia expõe uma série de deficiências no seu combate, prevenção e tratamento em escala local, nacional, regional e global. Apesar de o desenvolvimento das vacinas ter sido acelerado, a disponibilidade de tratamentos hospitalares adequados e medicamentos é precária. Por se tratar de um vírus respiratório, que lota os hospitais, a saída tem sido o "abre e fecha" das economias, com graus que variam entre *lockdowns* (fechamento e restrição de circulação quase total) e redução de atividades econômicas e sociais entre média e moderada em quarentenas que permitem o funcionamento apenas de atividades essenciais.

O ponto conflitivo com relação às quarentenas é o que se define como atividades essenciais que pode variar: uma visão mais reduzida (farmácias, supermercados, transportes públicos e serviços de saúde) ou uma versão mais ampliada (que inclui, além dos listados, clínicas veterinárias, construção civil, dentre outros). Todas essas ações, assim como as medidas preventivas, exigem uma colaboração real da população com uso de máscara, álcool gel, evitando aglomerações que esbarram no negacionismo e no individualismo.

Segundo Casarões e Magalhães (2021), a pandemia é fonte de debates acirrados, que revelam fissuras e fragmentações, como nos casos de Brasil[22] e EUA em 2020. Os líderes desses países promoveram medicamentos sem eficácia comprovada, como a Hidroxicloroquina (HCQ), exercendo um populismo médico. No Brasil, além da HCQ, outro medicamento, a Ivermectina, foi visto como preventivo, fazendo parte do chamado "kit-covid", assim

> (...) o populismo médico para lidar com a crise do coronavírus levou os populistas a construírem uma rede de ciência-alternativa, que serve como uma plataforma para médicos, lobistas, empresários e líderes religioso que são — ou se tornaram — conectados a movimentos de extrema direita por todo o mundo (...) nós a definimos como um movimento frouxo de descobridores da verdade

---

[22] Sobre o Brasil ver VENTURA e BUENO, 2021. Também se recomenda Oliveira, Barabashev, Tapscott, Thompson, Qian, 2021 para uma análise comparativa dos países dos BRICS.

> que publicamente disseminam alegações científicas que mesclam evidências parciais, a pseudociência, e teorias da conspiração. Ela engloba grupos tão diversos como cientistas aventureiros, doadores milionários, terraplanistas, antivacinas e negacionistas do clima, todos unidos em sua desconfiança de governos e da ciência dominante. Embora isso não signifique afirmar que todas as posições da ciência alternativa são intrinsecamente erradas ou enganosas, a sua natureza política foi explorada por populistas em sua luta contra o *status quo* médico (CASARÕES e MAGALHÃES, 2021, p. 199).

Regionalmente, mesmo organismos mais sólidos como a UE não conseguiram coordenar políticas de combate, prevenção e mesmo vacinação e globalmente expôs-se à fragilidade e vulnerabilidade da OMS. Como avaliam Almeida e Campos (2020),

> (...) a falta de coordenação de ações (entre países e em um mesmo país) e de credibilidade nas lideranças, globais e nacionais, foi generalizada, com louváveis exceções. As diferentes formas de enfrentamento da Covid-19 em distintos países são 'evidências' desse processo; assim como o são as resistências às medidas de prevenção (distanciamento físico e social, *lockdown*, uso de máscaras etc.), pois exigem lideranças confiáveis (produto raro no 'mercado' hoje em dia) e coesão social (solidariedade e empatia), desvalorizadas pelo individualismo consumista (ALMEIDA e CAMPOS, 2020, p. 37).

A fragilidade da cooperação internacional é um dos fatos que mais chama a atenção na pandemia, levando a novas políticas globais na área da saúde. De acordo com Almeida e Campos (2020), um dos principais movimentos nesse sentido foi o lançamento em 2014 da Agenda da Segurança em Saúde Global (ASSG). A ASSG tem como objetivo promover ações cooperativas entre Estados, organizações internacionais governamentais e não governamentais, sociedade civil e empresa, para atuar de forma preventiva à emergência de novas pandemias e, caso emerjam, no seu combate. Relacionava-se à questão da construção de capacidades para preparação e prontidão no enfrentamento das emergências sanitárias. Quatro prioridades foram definidas:

> 1) Revisão e fortalecimento dos mecanismos e sistemas de vigilância em saúde (Regulamento Internacional de Saúde, Comitês de Especialistas e Divisões de Emergência, sistema de alarme precoce, rede de laboratórios especializados etc.); 2) Armazenamento de medicamentos e vacinas; 3) Desenvolvimento de protocolos, legislação e mecanismos de financiamento que possam ser rapidamente mobilizados frente a uma emergência; 4) Estabelecimento de sistemas de informação em saúde estruturados e ágeis, capazes de fornecer dados passíveis de análise para o acompanhamento cotidiano do evento (ALMEIDA e CAMPOS, 2020, p. 27).

Esses mesmos desafios são apresentados por Stewart (2020, p. 42),

> (...) o ecossistema dos arranjos de saúde pública global floresceu ao lado da OMS e do IHR, incluindo a Aliança Global por Vacinas e Imunização (agora chamada GAVI, a Aliança da Vacina), a Agenda Global de Segurança Sanitária, o Financiamento de Emergência Contra Pandemias do Banco Mundial e os Centros Africanos de Controle e Prevenção de Doenças. O resultado foi uma infraestrutura global de saúde, além dos sonhos mais loucos dos líderes nacionais que enfrentaram sozinhos a pandemia da influenza em 1918 (...)

Um breve exame da cronologia[23] da Covid-19 deixa claras essas dificuldades e as limitações dos organismos internacionais governamentais em atuar em um momento de baixa valorização do multilateralismo. Esse é um dilema permanente da ação coletiva: as organizações são compostas de Estados soberanos, sendo uma soma dessas partes. Portanto, elas não possuem caráter impositivo sobre esses Estados, mas recomendatório, e uma autonomia relativa (PECEQUILO, 2016). Uma

---

[23] Conforme cronologia da OMS, disponível em: https://www.who.int/emergencies/diseases/novel-coronavirus-2019/interactive-timeline. Acesso em: 10 abr. 2021.

maior capacidade de governança viria em arranjos supranacionais, o que não é o caso da OMS, presidida nessa pandemia por Tedros Adhanom Ghebreyesus. Só há cooperação efetiva quando os Estados assim o desejam e, desde o início, não foi o caso nessa pandemia. Stewart (2020) complementa,

> Uma lição que irá emergir da pandemia da Covid-19 é que a cooperação multilateral pode ser terrivelmente abstrata até que você precise dela — seja para que você abaixe a curva de uma pandemia, assegure a segurança de uma viagem de avião, proteja uma população deslocada ou previna outro desastre econômico global. Outra dura lição é que o sistema multilateral não é uma máquina autônoma, autorregulada, que entra em funcionamento quando se precisa. Nenhuma quantidade de especialização técnica ou reforma institucional pode compensar a falta de direcionamento político e liderança sustentada no sistema contemporâneo (STEWART, 2020, p. 42 e p. 50).

O reconhecimento inicial pela OMS de que existiam sinais preocupantes de surgimento de uma nova forma de pneumonia altamente contagiosa na China (província de Wuhan), em dezembro de 2019, não deram conta de que uma nova pandemia poderia emergir. Mesmo quando se foi detectado e informado pela China ao *International Health Regulations* (IHR) que essa ameaça era um novo coronavírus, essa perspectiva de uma disseminação tão intensa não era considerada. Já em janeiro, a "democratização" do novo coronavírus além das fronteiras chinesas ocorria, com casos da doença sendo reportados na UE e no Oriente Médio.

Esses primeiros momentos permanecem obscuros e são parte do que sustenta diversas teorias de conspiração sobre as origens do vírus, o começo de sua circulação e o porquê da demora da OMS em emitir alertas epidemiológicos sobre a seriedade da nova doença. Termos como "vírus chinês", "comunavírus" e boatos sem fundamento de que a China teria produzido o vírus em laboratório, ou que ele seria reproduzido por antenas de 5G, que as futuras vacinas teriam chips, ou que a OMS teria acobertado a China, se proliferaram. Desde então, a OMS, Estados e os setores de saúde travam uma luta tripla: contra o vírus, contra as notícias falsas e contra o individualismo.

Essas atitudes cresceram no vácuo de informações, mas igualmente no de ações e foram, e continuam sendo impulsionadas pelas dinâmicas de polarização e conflito vistas em 4.3. Chama a atenção o relativo atraso da OMS na recomendação da aplicação de testes, de restrições de viagens e fechamento de fronteiras, de formas de prevenção, o desconhecimento sobre a transmissibilidade (Ar? Superfícies? Quem transmite, sintomáticos e assintomáticos?), quais medicamentos seriam mais apropriados para o tratamento e a ampliação dos sistemas de saúde e acesso aos medicamentos e equipamentos necessários para o tratamento da doença.

Não houve nenhuma iniciativa concertada no campo da prevenção da disseminação da pandemia e cada Estado optou por um caminho. Foi marcante uma histeria coletiva, nem sempre era acompanhada dos cuidados necessários de precaução ou de atendimento aos doentes em uma situação paradoxal. Para Visentini (2020),

> O que assusta é o impacto que o meteoro Covid-19 teve sobre a sociedade e a manipulação política da pandemia por autoridades, do nível internacional e nacional ao municipal. A classe média (segmento "esclarecido") entrou em pânico irracional, recolhida em quarentena total e ignorando amplos setores da sociedade com empregos informais (assim como os ilegais e os refugiados), largados à própria sorte. Um verdadeiro "salve-se quem puder", especialmente nas nações de menor desenvolvimento (...) Charlatões postam "análises" recicladas, espalhando boatos. No Sul Geopolítico parlamentares em reuniões por videoconferência, às vezes à noite, aprovam reformas que terão impacto social negativo duradouro. Sindicatos esvaziados são obrigados a aceitar formas de flexibilizar ainda mais o trabalho para evitar desemprego total, enquanto

> algumas grandes empresas são socorridas. Na confusão reinante, até mesmo pessoas sérias defendem o Home Office antissocial e antitrabalhista, em que o empregado paga os custos e as pessoas perdem a dimensão coletiva do trabalho. E as lutas políticas seguem seu curso e até aceleram, com a população desmobilizada em casa (VISENTINI, 2020, p. 11).

Oficialmente, a pandemia do novo coronavírus foi decretada pela OMS no dia 11 de março, o que poderia acelerar um pouco o combate à doença. Contudo, mais uma vez isso não ocorreu, majoritariamente devido às ações isoladas dos Estados e o predomínio do negacionismo em algumas nações que poderiam tomar a frente do processo, como os EUA. A reunião do G20 financeiro, em março de 2020, não apresentou ações concretas, limitando-se a discursos retóricos.

Ao longo de 2020, o então presidente Trump, como já citado, tornou-se um dos maiores disseminadores de notícias falsas e desinformação sobre a pandemia, minando esforços e organismos multilaterais em termos financeiros e de credibilidade. Apesar de Trump e outros líderes serem criticados por essa prática pela OMS, entidades médicas, sociedade civil e forças de oposição, os canais de divulgação utilizados para disseminar esses dados, como Twitter e Facebook, quase nunca ou muito raramente tomaram atitudes de banimento de contas ou eliminação de conteúdos falsos. Isso somente ocorreria após a derrota de Trump na eleição presidencial em novembro de 2020 e os acontecimentos que levaram à invasão do Capitólio em janeiro de 2021, ainda assim de forma limitada, preservados sob a lógica da "liberdade de expressão".

O mês de abril pareceu trazer uma melhora na resposta global com o estabelecimento do Access to COVID-19 Tools (ACT-Accelerator), traduzido como Aceleração do Acesso às Ferramentas contra a Covid-19. O ACT-A[24] tem como objetivo a facilitação de acesso a ferramentas, como

---

[24] Ver https://www.who.int/initiatives/act-accelerator. Acesso em: 10 abr. 2021.

o seu próprio nome indica, de combate, tratamento e prevenção da Covid-19, visando à mitigação e ao encerramento da pandemia no menor espaço de tempo possível.

Trata-se de um consórcio composto da OMS, a Coalizão para o Preparo e a Inovação Epidêmicas (CEPI), a Aliança Global para Vacinas e Imunizações (GAVI), o Fundo Global de Combate à AIDS, Tuberculose e Malária, a Inovação para Saúde Global (UNITAID), a Fundação para Novos Diagnósticos Inovadores (FINDI), o Fundo de Bem-Estar, o Banco Mundial e a Fundação Bill e Melinda Gates.

A iniciativa é composta de quatro pilares: o pilar das vacinas, representado pela COVAX Facility (sustentada no tripé velocidade, escala e acesso), diagnósticos, terapias e um mecanismo transversal denominado de conector de sistemas de saúde. A COVAX Facility visa

> (...) assegurar o igual acesso a todas as economias e garantir que a renda não seja uma barreira de acesso (...) serve como uma política de segurança inestimável para os participantes para que possam assegurar o acesso a vacinas de Covid-19 seguras e eficazes, por meio de seu portfólio (...) de candidatas a vacinas das mais diversas tecnologias (...) irá permitir acesso de todos os participantes às mesmas candidatas a vacinas em um cronograma acelerado em um esforço para encerrar o mais rápido possível a pandemia da Covid-19 (...) ao ingressar (...) um participante que se autofinancia será requisitado a indicar qual a percentagem de sua população (entre 10-50%) ela deseja cobrir (...) (COVAX OVERVIEW, 2020, p. 2).

Ao ingressarem no consórcio, além de definir esse percentual populacional, os países precisavam estabelecer o tipo de aquisição que desejavam realizar, optando por dois caminhos: o acordo de compromisso de compra, que lhes garantiria o acesso a doses da vacina por um preço mais baixo de US$1,60 por dose ou U$3,20 por pessoa (tendo em vista que a maioria das vacinas demanda a necessidade de segunda dose); ou o acordo de compra opcional no qual o país pode optar ou não por confirmar a compra, quando a vacina estiver disponível, e o custo sobe para U$3,10 a dose e U$6,20 a pessoa.

Uma das vantagens desse arranjo é a garantia de vacinas a preço mais baixo, mesmo que ele não pudesse oferecer cobertura total às populações nacionais. Isso não impediria que outros fornecedores fossem buscados, ainda que a custos mais altos, via acordos bilaterais. A ideia era oferecer uma ação complementar compensatória e muitos países em desenvolvimento optaram pelo compromisso de compra, para 50% da população. Outros, de menor desenvolvimento relativo, contaram também com o processo de doações, pagando apenas uma quantia simbólica ou nenhuma.

Até abril de 2021 a OMS aprovou oficialmente somente as seguintes vacinas: AstraZeneca/Oxford, Johnson and Johnson, Moderna e Pfizer/BionTech. As vacinas chinesas Coronavac (Sinovac) e Sinopharm foram consideradas seguras. Ambas estão em avaliação adicional de eficácia ao lado da Covaxin (Bharat Biotech, Indiana), a Sputnik V (Instituto Gamaleya Rússia) e Novavax (EUA). Independentemente da aprovação limitada da OMS, a organização recomenda que a população se vacine com qualquer vacina disponível, pendente a sua aprovação para uso emergencial pelos organismos competentes nacionais.[25]

Nota-se que as já aprovadas são vacinas desenvolvidas no Norte, EUA, Alemanha, Reino Unido, de altos custos para a produção e preservação (freezers que demandam temperaturas a cerca de -80 a -60 no caso da Pfizer) e com tecnologias novas de alto custo (RNA e Vetor Viral). Por sua vez, as demais (à exceção da Novaxin) derivam de nações emergentes do Sul, China, Rússia, Índia, que têm desempenhado papel fundamental na disponibilização das vacinas globalmente — as vacinas majoritariamente são de vírus inativado —, China e Índia e a russa com vetor viral — todas com baixo custo de produção, distribuição e armazenamento. Estas três

---

[25] BBC. Covid vaccine update: Those that work — and the others on the way. Disponível em: https://www.bbc.com/news/health-51665497. Acesso em: 15 abr. 2021.

nações, China, Rússia e Índia, assumem uma posição geopolítica de liderança nas negociações das vacinas, polarizando com os países desenvolvidos e exercendo papel importante na agenda de governança.

Quanto maior o custo em toda cadeia vacinal, maior será a dificuldade de acesso de nações mais pobres. Somadas a isso, as "novas" tecnologias têm sido objeto de muita desconfiança com as vacinas sendo associadas a mortes por coágulos sanguíneos, tromboses e uma série de reações adversas. Todo medicamento ou vacina traz riscos, porém muitas vezes o debate toma proporções sem controle, pois os casos de problemas ocorridos resumem-se a menos de 1% dos vacinados. É um reflexo das paranoias sociais dos tempos atuais, que não são inéditas contra as vacinas. Uma das razões para que novos surtos de sarampo e pólio surjam no mundo, mesmo em países ricos, é a expansão de um movimento antivacina, associando-as a outros problemas de saúde e alegando que violam o estilo de vida mais natural. Movimentos religiosos fundamentalistas opõem-se às vacinas e tratamentos médicos há décadas. Com a Covid-19 não seria diferente.

E o Brasil? Qual papel está desempenhando? O Brasil, nessas negociações, surge como um coadjuvante, pela demora do governo federal em agir, por uma combinação de fatores internos e externos. Em termos internos, o país aderiu ao populismo médico negacionista, em meio a uma disputa com os poderes estaduais e em um cenário de desmonte continuado de políticas públicas de saúde do SUS. Outro agravante foi a redução de investimentos desde 2015 em ciência, tecnologia e inovação, que minou a autonomia no setor de saúde. Caso o Brasil tivesse vacinas disponíveis, sua expertise do Programa Nacional de Imunização (PNI) e capilaridade do SUS permitiria vacinar mais de 1 milhão de pessoas/dia, como já feito nas pandemias de gripe aviária e suína.

O Brasil entrou tardiamente na "fila das vacinas" e caminha em ritmo lento, principalmente devido às opções realizadas em 2020. No campo externo, o Brasil fechou "o pior negócio" na COVAX, pedindo reserva de apenas 10% de doses e escolhendo a compra opcional. Essa ação foi produto da aliança com os EUA de Trump, contra a OMS. O país está em posição secundária. Além disso, optou por uma saída única vacinal (a britânica Oxford AstraZeneca, renomeada Vaxzevria), em um arranjo bilateral no qual paga o dobro do preço pelas doses que a UE (U$5,25-2,16 comparativamente).[26] Para essa produção, o país depende da importação do IFA (Ingrediente Farmacêutico Ativo).

A outra opção, a Coronavac, produzida pela SINOVAC da China, somente pode ser disponibilizada devido ao contrato do governo do Estado de São Paulo com a China (sendo adquirida pelo governo federal após uma série de embates), e também dependente do IFA importado. Fiocruz, em Bio-Manguinhos, no Rio de Janeiro, e Instituto Butantã, em São Paulo, produzem essas vacinas e somente terão acesso à produção nacional do IFA no final de 2021, devido aos contratos firmados com as companhias estrangeiras.

Outra controvérsia e que representa uma mudança de postura na defesa do acesso a medicamentos surgiu: o Brasil configurou-se na mais importante nação em desenvolvimento a alinhar-se com os países desenvolvidos para barrar a quebra de patentes para acelerar o acesso às vacinas e baratear seu custo. Liderando esses esforços, Índia e África do Sul alegam ser necessário uma quebra ou flexibilização mesmo que temporária das patentes no âmbito dos TRIPS (*Trade Related Aspects to Intellectual Property Rights*), com apoio da OMS e da OMC para que essa produção seja acelerada. Em um contexto de emergência sanitária, essa solução daria conta de motivações humanitárias e razões econômicas.

Ainda que tenha defendido posição similar no passado, relativa às patentes de medicamentos para o HIV/AIDS (OLIVEIRA, 2007), ao lado de Índia e outros países em desenvolvimento, o Brasil de 2020/2021 não

---

[26] Disponível em: https://istoe.com.br/brasil-paga-o-dobro-da-ue-por-vacinas-de-oxford-astrazeneca-contra-a-covid-19/. Acesso em: 20 mar. 2021.

mais defende essas posições. Como aponta Padula (2017), a postura brasileira alinhou-se com a dos EUA, barrando a iniciativa de flexibilização das patentes inicialmente proposta. A posição norte-americana, contra a qual o Brasil sempre lutou, foi a de não colocar na mesa questões sociais, mas sim o choque entre investimentos, tecnologia e inovação e patentes. Além de gerar um racha com aliados tradicionais nesse debate, a imagem do Brasil perante os países de menor desenvolvimento relativo também sofreu perdas.

A posição brasileira, entretanto, sofreu um importante revés com a nova posição dos EUA sob Biden, que passou a defender a quebra das patentes em caráter emergencial. Pesaram nessa decisão agendas humanitárias do Partido Democrata e pragmáticas de acesso à vacinação, à medida que uma situação global crônica de crise sanitária não interessa aos EUA. Prevalece a necessidade de maior detalhamento da proposta e de sua temporalidade, pois, como discutido, a *Big Pharma* e as empresas do setor médico são uma importante força política nos EUA e financiadoras de campanhas eleitorais.[27]

Sobre esse tema, chama a atenção a dificuldade da OMC em termos ideológicos e concretos de exercer seu papel devido ao seu esvaziamento (ver Capítulo 3), e da OMS em promover um debate com foco nas vacinas como bens públicos (que poderia se estender a outros medicamentos para outras doenças e pandemias). No Quadro 4, ilustram-se as linhas gerais do que tem se configurado como o nacionalismo e a geopolítica das vacinas (que são conceitos sobrepostos), mas que, como citado, com adaptações, estende-se ao conjunto da área de saúde global.

---

[27] CHADE, Jamil. Em ato histórico, Biden apoia quebra de patente de vacinas; Brasil é contra. Disponível em: https://noticias.uol.com.br/colunas/jamil-chade/2021/05/05/em-ato-historico-biden-apoia-quebra-de-patente-de-vacinas-brasil-e-contra.htm. Acesso em: 05 mai. 2021.

Quadro 4 ▪ O Nacionalismo e a Geopolítica da Vacina

NACIONALISMO DA VACINA	GEOPOLÍTICA DA VACINA	
	POSITIVA	NEGATIVA
Assegurar a disponibilidade de vacinas e equipamentos médicos para a sua população exclusivamente por meio de políticas oficiais de confisco, leilão de preços e não legais de pirataria	Desenvolvimento e disponibilização de vacinas, equipamentos e medicamentos em escala global com menores custos e viés humanitário	Concentração da produção e distribuição de vacinas de alto valor agregado e tecnologias de ponta
Defesa da manutenção de patentes de vacinas e medicamentos em geral independentemente de demandas públicas humanitárias	Ênfase nas práticas multilaterais	Concentração de mercado de serviços de saúde e disseminação e venda privada de serviços
Rejeição de esforços multilaterais desempenhados por organismos regionais e globais	Instrumento de CSS e incentivo a agendas de saúde pública e projetos de cooperação técnica	Pressão para que terceiros Estados assinem acordos bilaterais sem transferência de tecnologia
Fechamento de fronteiras, obrigatoriedade de quarentenas a cidadãos estrangeiros vindos de zonas mais afetadas sem contrapartida de auxílio social, econômico ou sanitário	Capacitação do desenvolvimento socioeconômico e de políticas públicas na área da saúde	Pressão para limitação do acesso ao mercado de vacinas com base em alianças político-ideológicas
Disseminação de notícias falsas, baseadas em agendas xenofóbicas e nacionalistas, visando à mobilização da base interna e setores econômicos que possam ser beneficiados por maior lucratividade com uso da máquina governamental para pressionar adversários políticos e de posições diferentes (populismo médico)	Reforço da dimensão securitária de acesso a bens públicos no campo da saúde, visando à autonomia estratégica	Manipulação de alianças políticas e ideológicas preferenciais

Fonte: Elaborado pela autora.

Antes de encerrar o capítulo, deve-se desmistificar um pouco a "culpa" da Covid-19 no desmantelamento econômico de regiões e países. A gravidade da situação não pode ser ignorada, mas os números abaixo demonstram, como já indicado no 4.1, que o choque dos modelos econômicos produzia disparidades, crises e diferentes níveis de crescimento. O que a Covid-19 fez foi agravar situações ruins, expondo as dificuldades de algumas sociedades em manter e/ou retomar sem crescimento. Todos foram afetados, mas nem todos estavam em uma situação tão precária e nem todos demorarão tanto a sair da crise ou encontrar um nível melhor de sustentabilidade. No Quadro 5 demonstra-se a desaceleração de regiões como a América Latina e o baixo crescimento de outras, e os eixos de poder deslocados do Ocidente para o Oriente.

Quadro 5 ▪ PIB (2019/2022)
CRESCIMENTO CONSOLIDADO E PERSPECTIVAS — REGIÕES

	2019	2020	2021	2022 (previsão)
Global	2,9	-3,3	6,1	3,6
África Subsaariana	3,1	-1,9	4,5	3,8
América Latina e Caribe	0,1	-7,0	6,8	2,5
Ásia Emergente e em Desenvolvimento	5,5	-1,0	7,3	5,4
Economias Desenvolvidas	1,7	-4,7	5,2	3,3
Europa Emergente e em Desenvolvimento	2,1	-2,0	6,1	-2,9
Mercados Emergentes e Economias em Desenvolvimento	3,7	-2,2	6,8	3,8
Oriente Médio e Ásia Central	1,2	-2,9	5,7	4,6
Países de Menor Desenvolvimento Relativo	5,1	0,0	4,0	4,6
Zona do Euro	1,2	-6,6	5,3	2,8

Fonte: Elaborado e adaptado pela autora a partir de IMF. World Economic Outlooks Report. https://www.imf.org/en/Publications/WEO.

O Quadro 6 faz o mesmo exercício para alguns países:

Quadro 6 ▪ PIB (2019/2022)
CRESCIMENTO CONSOLIDADO E PERSPECTIVAS — PAÍSES

	2019	2020	2021	2022
África do Sul	0,2	-7,0	4,9	1,9
Alemanha	0,6	-4,9	2,8	2,1
Arábia Saudita	0,3	-4,1	3,2	7,6
Brasil	1,1	-4,1	4,6	0,8
Canadá	1,1	-5,4	4,6	3,9
China	6,1	2,3	8,1	4,4
Estados Unidos	2,3	-3,5	5,7	2,8
França	1,3	-8,2	7,0	2,9
Índia	4,2	-8,0	8,9	8,2
Itália	0,3	-8,9	6,6	2,3
Japão	0,7	-4,8	1,6	2,4
México	-0,1	-8,2	4,8	2,0
Nigéria	2,2	-1,8	3,6	3,4
Reino Unido	1,4	-9,9	7,4	3,7
Rússia	1,3	-3,1	4,7	-8,5

Fonte: Elaborado e adaptado pela autora a partir de IMF. World Economic Outlooks Report. https://www.imf.org/en/Publications/WEO.

Uma das análises mais recorrentes do FMI, do Banco Mundial e da OMS é que se desenha uma nova escala de desigualdade gerada pela pandemia, referente ao ritmo da recuperação econômico-social muito distinto entre as nações. Esse cenário abre as portas para a emergência de uma crise sanitária similar e o agravamento da fome, da pobreza e da destruição ambiental. Nenhuma tragédia humanitária ou fluxo transnacional é apenas local em um mundo globalizado, e fechar fronteiras unilateralmente é uma solução frágil e pouco eficiente. Em um mundo em transição, a pandemia da Covid-19 acelera tendências, expondo forças e fraquezas dos Estados no processo de reconfiguração do poder global. Tal processo sofreu ainda mais uma aceleração quando, em fevereiro de 2022, iniciou-se um conflito de grande porte na Europa, envolvendo a Rússia e a Ucrânia, mas com implicações para todo o sistema eurasiano. Assim, quando o mundo parecia se recuperar da pandemia, uma nova crise se apresentou.

CAPÍTULO

5

A Reconfiguração do Poder Global

A natureza do poder e da liderança, a geopolítica e a geoeconômica, assim como um amplo panorama de crises, caracteriza o século XXI. São muitas as hipóteses de que esses desenvolvimentos levarão a uma transição hegemônica no sistema internacional ou, como apontava Brzezinski (2012), a um cenário caótico. Porém, em todo caos existe certa lógica e hipóteses sobre essas perspectivas.

A ordem internacional pode se assemelhar à continuidade de uma Pax, liderada pelos EUA ou pela China, ou a uma multipolaridade — ou a uma bipolaridade em torno de esferas de influência. Segundo

Mearsheimer (2019), a tendência será esta última, esferas de influência organizadas em torno de duas potências, os EUA e a China, cada qual em sua escala global e regional (as "ordens compromissadas").[1] Kissinger (2011) reforça esse mesmo caminho, enquanto Visentini (2019) sugere a ordem em termos de eixos de poder mundial: um núcleo anglo-saxão militar-rentista, o industrial desenvolvido, o industrial heterodoxo emergente e o agrário-mineral-demográfico periférico.

As interpretações variam, as terminologias também, mas convergem em torno de algumas questões comuns: a da transição do sistema internacional e da divisão do mundo em torno de protagonistas e coadjuvantes. Em um exercício de análise do presente e construção de cenários, é essencial compreender essas movimentações, avaliando onde estão e para onde vão EUA e China, UE e Japão, Rússia e Índia, África e Oriente Médio e a América Latina e o Brasil.

5.1 Os Estados Unidos e a China: Os Polos em Disputa

Um dos poucos consensos que parece existir é que os EUA e a China representam os principais polos em disputa para a construção de uma nova ordem internacional. Como visto nos capítulos anteriores, a China reforçou sua presença na geopolítica e na geoeconomia em regiões e questões-chave para os EUA. Bastante significativa foi até mesmo a mudança de linguagem chinesa da ascensão e do desenvolvimento pacífico e harmonioso, sem pretensões hegemônicas[2], para o SFA do

---

[1] *Bounded orders* no original.
[2] Conforme presente nas palavras de Bijian, "A China não busca a hegemonia ou o predomínio nos assuntos internacionais. Ela defende uma nova ordem política e econômica internacional que somente pode ser atingida a partir de reformas graduais e a democratização das relações internacionais. O desenvolvimento da China depende da paz mundial — uma paz que o desenvolvimento irá reforçar" (BIJIAN, 2005, p. 24).

governo Xi Jinping e o conceito de "diplomacia de grande potência com características chinesas". Analisando esse conceito, Poh e Li (2017, p. 85), indicam que:

> O Ministro das Relações Exteriores Wang Li elaborou mais detalhadamente a noção de uma "diplomacia de grande potência com características chinesas" (zhongguo tese de daguo waijiao) (...) De acordo com Wang, isso implica (...) (a) a construção de um novo tipo de relações internacionais com cooperação ganha-ganha (gongying wei hexin de xinxing guoji guanxi); (b) construção de uma rede de parcerias (quanqiu huoban guanxi wangluo); (c) construção de um sonho da Ásia Pacífico (yatai meng); e a construção de uma visão asiática de segurança (yazhou anquanguan).

A uma primeira vista, alguns poderiam argumentar que são notadas mais semelhanças do que diferenças na postura da China ou em sua linguagem, afinal prevalecem termos como desenvolvimento, a premissa dos ganhos mútuos e a preferência por um papel construtivo na projeção internacional. Entretanto, o uso de outros termos, como rejuvenescimento e reemergência, associados a um contexto de modernização e inclusão interna e externa, demonstram com mais clareza essa nova fase assertiva, uma assertividade que possui uma linha de continuidade com a história da China como potência no passado e a sua adaptação para os novos tempos.

Para os EUA, essa mudança de retórica da China, mas principalmente a sua projeção efetiva na Eurásia e mesmo na América Latina, indica a existência de uma rival efetiva. Embora muitos atribuam a Trump as "guerras" com a China, como analisado nos Capítulos 2 e 3, o reposicionamento dos EUA para conter esse país antecede sua presidência. Seguindo a lógica geopolítica dos EUA, formatada desde a era wilsoniana, o país precisa preservar sua liberdade de acesso a ares, mares, territórios, e evitar o surgimento de potências desafiadoras, em escala regional e global, que possam ameaçar essa liberdade e afetar os equilíbrios de poder favoráveis aos EUA. Na geopolítica a mesma lógica se estende.

É a China que emerge como essa potência desafiadora, assim definida nos documentos estratégicos norte-americanos desde o início do século XXI. Nos anteriores da década de 1990, a percepção do nível de risco era menor, devido aos recursos de poder do país não permitirem uma percepção de ação global, o que mudou com a solidez do crescimento interno e a expansão externa chinesa. Essa situação não mais se coloca, e já fora objeto de preocupação nos governos de W. Bush e Barack Obama, ganhando ainda mais visibilidade com a Estratégia de Segurança Nacional de Trump de 2017 (THE WHITE HOUSE, 2017), no ISG e na prévia da Estratégia de Defesa Nacional de Biden (US DEPARTMENT OF DEFENSE, 2022). Em todos esses documentos a China é definida como a maior ameaça, ao lado da Rússia e das transformações geopolíticas e geoeconômicas na Eurásia, no Indo-Pacífico e no sistema de segurança mundial.

O que se alterou de W. Bush em diante, período no qual a China demonstra sua ascensão fora dos limites regionais, foram as táticas aplicadas para essa contenção. Tais táticas desdobram-se em elementos de continuidade e quebra entre Obama e Trump: continuidade na ação político-estratégica, sustentada na lógica do Pivô Asiático, e quebra na agenda multilateral e econômico-tecnológica. Para a gestão Biden, a expectativa é a retomada da Era Obama, tanto no que se refere à China quanto o sistema internacional.

A NSS de Trump traz elementos que se relacionam a suas agendas polarizadas de campanha, como visto em 4.3, reproduzindo uma linguagem nacionalista. Assim, são quatro prioridades: "a proteção do povo americano, do território e do modo de vida americano; a promoção da prosperidade americana; a preservação da paz pela força; e o avanço da influência americana" (THE WHITE HOUSE, 2017, p. V-VI). Esses pilares reproduzem a lógica do MAGA e do *America First*, com ênfase no antiglobalismo (meio ambiente, direitos humanos e economia), com uma dimensão forte de retórica conservadora, na qual se incluía a aliança de extrema direita e com os Estados amigos (*like minded States*).

Tanto o ISG quanto a Estratégia de Defesa Nacional compartilham a percepção da crescente ameaça chinesa em termos globais. O ISG, até por ter sido lançado em 2021, no contexto da pandemia da Covid-19, traz também temas relativos à promoção da saúde e do bem-estar globais e o reforço do multilateralismo. Entretanto, a Estratégia de Defesa de 2022 é muito mais explícita com relação à dimensão securitária. Segundo esse documento, no setor de Defesa

> (...) as prioridades são: 1. Defender o território continental, confrontando a crescente ameaça multidimensional apresentada pela RPC; 2. Impedir ataques estratégicos aos Estados Unidos, Aliados e parceiros; 3. Deter a agressão, ao mesmo tempo em que se mantém preparado para prevalecer, quando necessário, em conflito, priorizando o desafio da RPC no Indo-Pacífico e o desafio da Rússia na Europa; 4. Construir Forças Armadas conjuntas e um ecossistema de defesa resilientes (US DEPARTMENT OF DEFENSE, 2022, s/p).

Avaliando comparativamente as dimensões práticas Trump-Biden, até a disputa com a China, essa trajetória se inicia com o multilateralismo. Um exame das ações de Trump indica que tanto o unilateralismo quanto o antiglobalismo possuíam duas faces: a mobilizadora da base eleitoral e a concreta. Sobre a face concreta, Trump tinha como objetivo não desmobilizar plenamente instituições multilaterais que estivessem em consonância com o interesse norte-americano (OTAN), ou mesmo as que considerava com menor aderência (OMC, OMS), mas sim reformatá-las e esvaziá-las.

No caso da OTAN, o aumento das contribuições financeiras de aliados europeus e a mudança de bases dos EUA de local faziam parte da repactuação. Na OMC, a pressão sobre o OSC visava ao seu desmonte para mudar o eixo das negociações comerciais em geral, e o mesmo pode se dizer da OMS. O NAFTA e o seu relançamento como USMCA, com inúmeras vantagens para os EUA, como a abertura de mercados protegidos do agronegócio no Canadá, a aceitação pelo México de novos valores para o pagamento mínimo de horas/trabalhadas e os tetos obrigatórios de componentes industriais produzidos nos EUA exemplificam essa tática. Aplica-se aqui a avaliação de Mearsheimer, "os grandes poderes criam e administram as ordens (...) quando as ordens não estão de acordo com os interesses vitais dos Estados dominantes, estes mesmos Estados as ignoram e as reescrevem" (MEARSHEIMER, 2019, p. 9).

Empossada em janeiro de 2021, a presidência Biden retoma o perfil menos agressivo no trato do multilateralismo, replicando o modelo da hegemonia do pós-1945. A retórica da pressão foi substituída pela da cooperação, associando a cooptação de aliados a uma dinâmica de incentivos e divisão de responsabilidades. Biden possui experiência na arena internacional, exerceu a chefia da Comissão de Relações Exteriores do Senado (2001/2003 e 2007/2009), participou de grupos de trabalho sobre imigração e narcotráfico e como Vice-presidente foi enviado por Obama para conduzir diversas negociações com países do Oriente Médio, na América Central e na área tecnológica.

Sua equipe possui um perfil mais intervencionista e pró-mudança de regime, com nomes que ocuparam cargos na gestão Obama: Secretário de Estado — Antony Blinken, Assessor de Segurança Nacional — Jake Sullivan, Embaixadora dos EUA nas Nações Unidas — Linda Thomas Greenfield, Secretário de Defesa — Lloyd J. Austin III, Secretária do Tesouro — Janet Yellen, United States Trade Representative (USTR) — Katherine Tai, United States Agency for Aid and Development (USAID) — Samantha Power. A ponte com a sociedade civil, grupos de interesse e Congresso ficou a cargo de Susan Rice. Aqui outra descontinuidade: enquanto Biden se define como parte de uma equipe, Trump concentrou ações e fez inúmeras mudanças no staff da Casa Branca.

Os slogans de Trump foram substituídos pelo *America is Back* e *Build Back Better* (a América está de volta e Reconstruir Melhor), que possuem tanto implicações externas quanto internas. No caso do BBB, o mesmo chegou até a ganhar uma versão externa o B3W (*Build Back Better World*), uma proposta de Biden ao G7, apresentada na reunião de junho de 2021. O B3W tinha como objetivo que os EUA e seus aliados confrontassem diretamente a China com investimentos em infraestrutura em nações do Sul, oferecendo alternativas à BRI (até o momento, contudo, poucos avanços foram obtidos neste campo). Biden reiterou o compromisso dos EUA com os regimes ambientais e de direitos humanos, como visto. Na OTAN, e com a UE, seguiu-se o mesmo padrão: o da reconciliação e de revisão das políticas de Trump com a reaproximação com aliados. Se isso se estenderá ou não a dimensões mais concretas de revitalização e retomada da OMC, reformas no FMI e Banco Mundial, acomodação das novas grandes potências nesses organismos e acomodação com as iniciativas dos emergentes já é outra questão.

Com relação à preferência pelas relações interestatais, com foco no espaço eurasiático, o mesmo padrão: ajustes táticos entre os dois governos, que preservam a prioridade desse espaço geopolítico e geoeconômico para os EUA, como foco na China. Dentre as mudanças que Trump empreendeu, devem ser mencionadas as interações com a Coreia do Norte e a Rússia. O termo que pode ser aplicado é *frenemies*, uma combinação de *friends* com *enemies*, que rompeu o padrão de pressões sistemáticas democratas sobre esses dois países, com ênfase nas estruturas bilaterais.

As negociações com a Coreia do Norte chamam mais a atenção, incluindo até mesmo um encontro de cúpula presidencial e um relativo descongelamento de tensões. A ação de Trump exibiu contornos bastante pragmáticos nessa aproximação, buscando desconectar as negociações de arranjos multilaterais, como as Conversações das Seis Partes, nas quais a China desempenha um papel relevante e indutor. Com isso, os EUA foram capazes de reduzir o nível de ameaça norte-coreana em uma barganha aceita pelo governo de Kim Jong-Un e retomar a iniciativa diplomática em uma arena de crescente influência da China. A postura contrasta com a assumida no Irã.

As relações com a Rússia foram um pouco mais complexas: embora Trump não buscasse um conflito aberto sistemático com Putin no campo da democracia e direitos humanos (ver 5.3), e prevalecesse certa acomodação no que se refere às ações russas em seu entorno, mantiveram-se tensões, em especial nas conversações nucleares. A suspensão unilateral das negociações em andamento para novos cortes de armamentos e a saída dos EUA de arranjos da Guerra Fria fizeram parte de um arcabouço maior de questionamentos ao multilateralismo que se insere no que foi abordado assim como "repactuação". Considerando a crescente parceria sino-russa, essa política gerava um desequilíbrio na previsibilidade das novas corridas armamentistas na Eurásia. Na dimensão energética, o apoio de Trump à matriz dos hidrocarbonetos também reforçou a pressão sobre o eixo sino-russo na competição pelos recursos energéticos eurasianos.

A gestão Biden, em seus primeiros 100 dias, tornou a Rússia e a Coreia do Norte alguns de seus principais focos de pressão, com críticas abertas e choques diretos, principalmente com a Rússia. Retoma-se o padrão de focar as dinâmicas internas do regime russo e sua democracia, assim como suas relações com o entorno estratégico que engloba as ex-repúblicas soviéticas mais próximas à UE e ao Ocidente, Ucrânia e Belarus. Acrescente-se a essa retomada de pressões as acusações de espionagem e ingerência russa nos EUA. Nesse curto período de gestão Biden, um incidente diplomático já aconteceu, com o presidente dos EUA definindo Putin como "um assassino". Entretanto, essa troca de acusações seria mínima quando comparada aos eventos que passaram a se desenrolar após a eclosão do conflito na Ucrânia, em 2022. Desde fevereiro de 2022, os EUA desenvolvem, por meio da Ucrânia, uma *proxy war* contra a Rússia, fazendo uso desse país como um pivô para pressionar Putin em seu entorno estratégico, mantendo ativo o ciclo de ingerências iniciado com as Revoluções Coloridas (ver 5.3). A ofensiva anti-Rússia se materializa em pacotes de ajuda financeira e militar ao governo de Volodymyr Zelensky e políticas de estrangulamento econômico com embargos financeiros, retirada de empresas da Rússia e redução das compras de gás e petróleo no setor energético. Apesar da elevada dependência europeia dos recursos energéticos russos, o bloco europeu tem apoiado às ações estadunidenses em um conflito que se mantém em andamento. Chama a atenção a fragilidade estratégica europeia (ver 5.2), cuja política de segurança e defesa permanece atrelada aos EUA e à OTAN, independentemente das consequências nocivas que o distanciamento russo-europeu pode ter para a sua economia e as consequências humanitárias da guerra (e as novas ondas de refugiados por ela geradas). Além disso, essa união do Ocidente pela Ucrânia permite o reposicionamento do Reino Unido no cenário mundial pós-Brexit por meio da revitalização da parceria transatlântica. Igualmente, a ação dos EUA nesse conflito não tem como objetivo atingir somente a Rússia, mas igualmente a China. Como analisado nos Capítulos 2 e 3, o avanço chinês em termos geopolíticos e geoeconômicos é significativo e tem na BRI o seu principal pilar. E, por sua vez, a Rússia é uma cabeça de ponte essencial para os corredores terrestres e marítimos desse projeto (principalmente no que se refere à Rota do Ártico). Assim, de um governo que parecia se voltar para o campo interno, Biden elevou em 2022 de forma abrangente o seu intervencionismo eurasiano, com base em elementos clássicos da geopolítica e renovados da geoeconomia contra a Rússia e a parceria sino-russa.

No subsistema do Indo-Pacífico, cabe mencionar a Índia como pivô de contenção da Rússia e da Índia, no âmbito da BRI. Enquanto Trump apostava no bilateralismo, uma das primeiras iniciativas de Biden foi a reativação do *Quadrilateral Security Dialogue* (Quad). Estabelecido por W. Bush em 2004, com natureza consultiva devido à crise humanitária do tsunami, o Quad não alcançou visibilidade estratégica nos anos seguintes. Todavia, sua reativação por Biden o recolocou como mecanismo complementar ao Pivô Asiático, reforçando a parceria militar-estratégica com Japão, Austrália e Índia. Biden, adicionalmente, propôs a criação de uma parceria adicional, o AUKUS, unindo Austrália, Reino Unido e Estados Unidos em políticas de contenção marítima da China neste espaço geopolítico. Saindo da esfera eurasiana, as ações de Trump e Biden na América Latina seguem linha similar. Para ambos, independentemente da linguagem que usem para se referir ao hemisfério sob a Doutrina Monroe ou não, a realidade estrutural do intercâmbio é a mesma: geopoliticamente, o hemisfério é visto como uma extensão do perímetro de segurança norte-americana, devendo-se impedir focos de instabilidade. Temas correlatos são a prevenção do surgimento de potências intrarregionais e extrarregionais que possam exercer políticas de lideranças e apresentar modelos alternativos político-econômicos.

Biden deve repetir Obama e não utilizar o termo Doutrina Monroe, cujo fim havia sido anunciado em 2013 pelo então Secretário de Estado John Kerry, após ter sido reativado por Trump. Porém, independentemente disso, as continuidades já surgem como claras: as pressões diretas para a mudança de regime na Venezuela, contra Nicolás Maduro, o combate ao narcotráfico na Colômbia e no México, a atualização do USMCA e a contenção da China. No caso da Venezuela, o apoio a Juan Guaidó, autodeclarado presidente, encontra-se mantido neste primeiro momento, pendente de alteração devido à ineficácia dessa estratégia para enfraquecer Maduro.

Biden procurará enquadrar os Estados que eram mais próximos de Trump na "aliança da extrema direita", na qual merece destaque o Brasil. Esse enquadramento tem como foco o meio ambiente e os direitos humanos, mas deverá ser dual: como uma resposta às pautas e demandas do Partido Democrata e seus grupos de interesse, mas dentro de limites para não afastar em excesso esses países e consolidá-los como parte de uma esfera de influência chinesa em construção (ver 5.5).

Nas dimensões de descontinuidade, inserem-se a política diante de Cuba, que pode retomar o curso de normalização iniciado por Obama e interrompido por Trump, e a política migratória. Esta política mescla dinâmicas domésticas e externas. Do ponto de vista doméstico, envolve processos interrompidos por Trump de legalização de imigrantes que moram há muitos anos no país e já se encontram produtivamente integrados e os jovens (os chamados *Dreamers*), essenciais para a manutenção do apoio do eleitorado hispânico jovem e não conservador.

Em termos externos, a sinalização de que Biden retomaria as políticas de asilo e refúgio, assim como melhor tratamento aos imigrantes e suas famílias (lembrando dos episódios de encarceramento e separação de famílias), incrementou as ondas migratórias. A região da América Central e o México (cujo projeto do muro físico iniciado em W. Bush permanece controverso), principais fontes de origem dessas migrações, continuam imersas em profundas crises político-econômicas, violência de gangues e tráfico de drogas, o que implica uma tensão permanente. El Salvador, Guatemala e Honduras são, dentro da América Central, os países mais atingidos. O próprio presidente Biden já indicou que uma ação mais decisiva nessas regiões será necessária da parte dos EUA ou não haverá uma diminuição desses problemas fronteiriços, só o seu agravamento.

Antes de adentrar na questão EUA-China, é preciso avaliar mais um elemento desse embate, que são as capacidades de poder dos EUA. E essa é uma grande quebra diante da gestão Trump, cujo modelo econômico desenhou-se em torno das linhas neoliberais (ver 4.1). Biden traça o caminho oposto com pacotes de recuperação econômica, ajuda social e investimento econômico do Estado em setores estratégicos. Aqui destacam-se o America Rescue Plan[3] e o The American Jobs Plan[4], o primeiro lançado em janeiro e o segundo em março, com gastos previstos,

---

[3] THE WHITE HOUSE. https://www.whitehouse.gov/briefing-room/legislation/2021/01/20/president-biden-announces-american-rescue-plan/.

[4] THE WHITE HOUSE. The American´s jobs plan. https://www.whitehouse.gov/briefing-room/statements-releases/2021/03/31/fact-sheet-the-american-jobs-plan/.

somados, de quase US$ 4-5 trilhões anuais. Contando com a maioria na Câmara, os planos têm sido aprovados e quando sofrem alterações que possam prejudicar sua implementação, Biden recorre às Ordens Executivas.

Ambos os planos dão forma ao que Biden denominou em seu discurso de posse[5] de "política externa da classe média", atendendo aos anseios da sociedade moderada, que haviam se consubstanciado no MAGA. Respondem ao declínio dos EUA e à sua perda de competitividade diante de outros Estados, conforme já vinha sendo apontado por muitos analistas. A primeira proposta foca o curto prazo, direcionada aos impactos da Covid-19, enquanto a segunda possui uma visão de longo prazo, que traz elementos estruturantes: infraestrutura de transportes (interconectividade interna e transportes urbanos), comunicação, energia, acesso à água, investimento em políticas de inovação tecnológica, pesquisa e desenvolvimento, geração de empregos, habitação, renda e empregos. Ilustrando a multidimensionalidade do plano, esta citação de abertura é bastante significativa, pois deixa clara a mudança de paradigma de modelo econômico e o papel do Estado como indutor do progresso e desenvolvimento público.

> Enquanto o Plano de Resgate Americano está mudando o rumo da pandemia e fornecendo auxílio para as famílias trabalhadoras, este não é o momento de voltar para o passo. Este é um momento de reimaginar e reconstruir uma nova economia. O Plano de Empregos Americano é um investimento na América que irá criar milhões de bons empregos, reconstruir a infraestrutura nacional e posicionar os EUA para poder ganhar da China. O investimento público doméstico havia sido reduzido em mais de 40% desde os anos 1960. O Plano de Empregos Americano fará investimentos na América de uma forma que não era investida desde a construção das estradas

---

[5] THE WHITE HOUSE. Biden´s Inaugural Address. January 20th, 2021 https://www.whitehouse.gov/briefing-room/speeches-remarks/2021/01/20/inaugural-address-by--president-joseph-r-biden-jr/. Acesso em: 20 fev. 2021.

interestaduais e de quando nós ganhamos a corrida espacial (THE WHITE HOUSE, 2021, s/p).

A construção de capacidades dos EUA diante da China chama a atenção. Essa postura daria conta dos elementos que elevam a vulnerabilidade norte-americana: a relação assimétrica no comércio e a dilapidação do *edge* competitivo dos EUA. Como os números a seguir comprovam, a guerra "comercial" com a China, travada por Trump, não teve nenhum efeito prático nem terá em qualquer governo, a não ser que se corrijam as suas raízes: nível e tipo de produção dos EUA, matriz de consumo energética, dentre outros. Dentre as prioridades dos planos Biden está a premissa do "Buy American", que se encontra atrelada a esta internalização da produção e à sua diversificação. Mesmo quando Trump falava nessa "guerra", a questão era o *edge* das indústrias dos EUA, a sua realocação para a China (e como fazer o seu retorno aos EUA) e a competição tecnológica.

Quadro 7 ▪ Evolução Déficit Comercial EUA Geral e com China (em Milhões US$)

	Geral	China
George W Bush I (2004)[6]	-654,82	-162,25
George W Bush II (2008)	-816,20	-268,03
Barack Obama I (2012)	-734,48	-315,10
Barack Obama II (2016)	-735,32	-346,82
Donald Trump (2020)	-904,95	-310,80
Joe Biden (2021)	-1.078.565,7	-355.301,7
Joe Biden (até março 2022)	-341.147.6	-101.036.1

Fonte: Elaborado pela autora a partir de: CENSUS GOV. Dados Disponíveis em: https://www.census.gov/foreign-trade/balance/c0004.html#2004 e https://www.census.gov/foreign-trade/balance/c5700.html.

---

[6] Datas correspondem ao fim dos mandatos presidenciais.

Um dos símbolos da competição EUA-China na geoeconomia é o caso do 5G, que engloba todos estes níveis: agenda tecnológica, hardware e software, infraestrutura de redes e a segurança nacional que remete aos elementos de poder analisados no Capítulo 1, ou seja, há uma intersecção do 5G, da Inteligência Artificial como recursos, entre esta geoeconomia e a geopolítica. A disputa se dissemina para apps como Tik Tok, WeChat, para o mercado de celulares Huwaei, Apple, e por muitas outras dimensões. E, em muitas situações de barganha e cooptação de outros mercados, a China tem levado vantagem. A BRI é outro modelo de competição com essa intersecção (e inclui o próprio 5G), assim como a geopolítica das vacinas, analisada em 4.4.

Duas questões econômicas adicionais associam-se à BRI: de que forma esse espaço territorial poderá se converter, quando unido, em um espaço preferencial seguro para a internacionalização da moeda chinesa e os efeitos dos processos de financiamento da China de seus parceiros (definido pelo Ocidente como "armadilha da dívida e pelos chineses como investimentos). Poderá essa consolidação econômica causar ameaças à hegemonia do dólar como moeda de reserva? Zonas preferenciais de transações com moeda chinesa já vêm sendo estabelecidas nessa região, mas terão elas a capacidade e/ou ambição de confrontar o dólar? Esses são processos que somente as próximas décadas deixarão mais claros.

A potência de características chinesas está em contraposição com a potência da *Pax Americana*, devido a esta diferença entre recursos de poder disponíveis, formas de exercício de poder, dentre outros. Em março de 2021, a primeira Cúpula Bilateral no Alasca já deu o tom do que será a gestão Biden diante da China, e como a China não recuará. No campo político-estratégico, a possibilidade de uma confrontação militar direta é baixa, mas não devem ser descartadas "guerras posicionais" ou demonstrativas, como as manobras militares no MSCh realizadas pelos dois países.

Os temas de democracia e direitos humanos permanecem uma constante nessa pauta, com pressões dos EUA à China relativas ao Tibet (autodeterminação), Hong Kong, Taiwan e Xinjiang (massacre das etnias uigures). Acusações de genocídio de minorias, desrespeito à autonomia de Taiwan e de Hong Kong são recorrentes e contam, muitas vezes, com o apoio de aliados como a UE. As pendências relativas a Taiwan derivam da política de uma só China, pré-condição para a retomada das relações bilaterais EUA-China em 1969, e se estendem como um jogo de poder: os EUA não reconhecem Taiwan como Estado, mas não deixam de lhes fornecer armas, o que gera, como no caso do MSCh, demonstrações de força por meio de manobras militares.

O caso de Hong Kong, colônia reincorporada à China como parte de seu território, foca o tema da ingerência de Beijing contra a democracia, segundo os EUA. A China, por sua vez, faz acusações similares de ingerência aos EUA na ilha. Desde a devolução de Hong Kong (1997) e Macau (1999) pelos britânicos, aplica-se a essas regiões a política de "Uma Nação, Dois Sistemas". Entretanto, é uma política que é questionada por forças internas em Hong Kong, principalmente com o apoio ocidental na maioria das vezes. O modelo é o suporte a líderes de movimentos democráticos, contra o regime de Beijing, replicando as Revoluções Coloridas (5.3).

O termo Revoluções Coloridas aplica-se a movimentos internos a Estados ligados à antiga URSS, com ênfase em posturas nacionalistas apoiadas pelas forças ocidentais e com atuação da sociedade civil e organizações não governamentais. A dinâmica das Revoluções Coloridas sustentava-se no apoio dos EUA e UE às forças de oposição direta e indiretamente contra a Rússia. Na China e em outras nações, essas dinâmicas são replicadas, adequadas às suas especificidades, e não se deve esquecer das guerras híbridas e proxy.

Sugere-se que na ausência e/ou escassez de recursos não militares, os EUA apelam para essa tática como forma de gerar a desordem na periferia estratégica de potências como a China e a Rússia, e dentro de Estados que não alinham com suas políticas. Ainda que isso só permita atingir objetivos que podem ser vistos como limitados, como o caos a ser administrado pelas outras nações, isso favorece os EUA no curto prazo, à medida que força essas potências a agirem nesses cenários. Um risco adicional para os norte-americanos é a disseminação descontrolada dessas tensões, de forma que no médio e longo prazo causem transtornos também ao interesse dos EUA e seus aliados.

Poderão os EUA voltar a exercer um papel construtivo no sistema internacional como no pós-1945 ou somente dependerão do fator bélico ou dessa constante geração de caos? Enquanto a China exerce um papel construtivo baseado no desenvolvimento, restará aos EUA somente a promoção das instabilidades periféricas? Haverá uma ordem ou uma desordem hegemônica? Como as dinâmicas e fraturas domésticas impactam na capacidade de projeção internacional?

No Quadro 8, uma reflexão comparada tenta ajudar a compreender esse cenário:

Quadro 8 ▪ EUA-China e as Transições Hegemônicas: Reflexão Comparativa

TRANSIÇÃO HEGEMÔNICA SÉCULOS XVI-XX	TRANSIÇÃO HEGEMÔNICA SÉCULO XXI
Potência(s) Desafiadora(s) do *status quo* Desejando Promover a Ruptura da Ordem Internacional Estabelecida	Potência(s) Integrada(s) ao *status quo* (*Pax Americana*) com Agenda de Reforma e Atualização da Ordem Internacional Estabelecida
(Desafiadores Fora da Ordem)	(Desafiadora Dentro da Ordem)
Potência(s) Integrada(s) ao *status quo*, Em Estado de Acomodação, Concentração de Recursos de Poder, *Free Rider* (Desafiadora Dentro da Ordem)	Potência(s) de Distintas Trajetórias Históricas, Civilizacionais e Modelo de Ascensão (*Catch Up*)
Capacidade de Gerar a Nova Ordem Internacional	Atualização dos Sistemas e Regimes Multilaterais
	Criação de Novos Mecanismos Multilaterais
	Internacionalização Sistemas Políticos-Econômicos
	e Mecanismos de Poder (Moeda)
Poder Duro e Poder Brando	Poder Duro, Poder Brando e Poder Inteligente
Episódios de Ruptura (Guerras Mundiais), Corridas Armamentistas e Tecnológica, *Proxy Wars*, Conflito Sistêmico Multidimensional	Episódios de Coexistência Competitiva
	Corridas Armamentistas e Tecnológica, *Proxy Wars*
	Conflito Intrassistêmico Multidimensional

▷ (Continua)

TRANSIÇÃO HEGEMÔNICA SÉCULOS XVI-XX	TRANSIÇÃO HEGEMÔNICA SÉCULO XXI
Menor Interdependência em Escala Global com Baixo Risco de Desacoplamento	Risco Elevado de Desacoplamento
	Sistemas Econômicos Interpenetrados
	Capacidade de Projeção Político-Ideológica
	Adaptação Geocultural
	Vulnerabilidade e Dependência Mútua
	Transnacionalização e Interdependência
	Globalização
Capacidade Construtiva × Capacidade Destrutiva	Capacidade Construtiva × Capacidade Destrutiva
Caos, Desordem ou Desenvolvimento	Caos, Desordem ou Desenvolvimento
Condição Socioeconômica Política Interna	Condição Socioeconômica Política Interna
Estabilidade × Instabilidade	Estabilidade × Instabilidade
Unidade × Fragmentação	Unidade × Fragmentação
Identidade e Soberania Nacional	Identidade × Soberania Nacional
Consenso para Ação × Polarização	Consenso para Ação × Polarização
Poder para Dentro × Poder para Fora	Poder para Dentro × Poder para Fora
(Projeção e Recursos de Poder)	(Projeção e Recursos de Poder)
Gerenciamento de Crises	Gerenciamento de Crises
Capacidade de Liderança	Capacidade de Liderança
Credibilidade e Legitimidade	Credibilidade e Legitimidade
Poder de Atração	Poder de Atração
Prospecção de Cenários	Prospecção de Cenários
Resultado	Resultados Possíveis/Hipóteses:
Troca de Pax Hegemônica	Troca de Pax Hegemônica, Multipolaridade, Coexistência Competitiva, "Nova Guerra Fria", Bimultipolaridade

O destino da ordem internacional depende das relações EUA-China, mas suas perspectivas estão em aberto. Diante dessa constatação, como se encaixam as demais regiões e potências? Qual o seu posicionamento no equilíbrio de poder mundial e suas relações com os polos em disputa?

5.2 A União Europeia e o Japão: Força e Fraqueza

Localizados na Eurásia, os países que compõem o bloco da UE e o Japão são pivôs regionais, com elevada capacidade de projeção econômica e menor poder relativo no campo político-estratégico. Esse descolamento entre recursos e capacidades geopolíticas e geoeconômicas foi construído e acentuado ao longo da Guerra Fria, quando ambos foram inseridos no bloco ocidental como parte da esfera de influência dos EUA. Dentro desse cenário de cooperação, que nos anos 1970 foi denominado de trilateral, predominava uma espécie de divisão de tarefas: enquanto os EUA eram responsáveis pela dimensão securitária desses intercâmbios, os parceiros consolidavam o modelo econômico capitalista em um contexto de competição com a ex-URSS.

Em termos securitários, os principais pilares eram a OTAN na Europa Ocidental e o *Japan-US Security Treaty* (JUST), e na agenda econômica a lógica era de relações econômicas preferenciais com a facilitação de acesso ao mercado norte-americano e interdependência financeira. No pós-1945, essas dinâmicas sustentaram a recuperação econômica dos aliados, gerando, em contrapartida, um problema estrutural nos EUA: a dependência crescente das exportações para a sustentação do consumo interno a baixos custos, que se aprofundou com os fluxos da globalização a partir dos anos 1970, gerando um déficit comercial crônico. Positivamente, essas interações permitiram que os EUA exercessem uma política de contenção abrangente: da URSS e dos seus aliados na Guerra Fria e, no pós-Guerra Fria, da autonomia desses aliados.

Essa lógica também criou desafios para esses aliados, gerando duas dependências: a econômica, do mercado norte-americano (principalmente no caso japonês que possui um consumo interno pouco relevante) e a estratégica, com menor autonomia político-diplomática e capacidade de defesa estratégica em termos bélicos. Na dimensão positiva, fortaleceu a convergência de interesses entre esses polos e diminuiu os ônus financeiros e sociais de manter um aparato para a sua defesa.

Retomando a classificação de Visentini (2019), estabeleceu-se uma dinâmica simbiótica entre os eixos de poder anglo-saxão militar rentista e o industrial desenvolvido. Entretanto, a ascensão da China, as dinâmicas internas de UE e Japão e as ações dos EUA diante de seus parceiros geram algumas fissuras nessas triangulações.

Analisando a UE, a trajetória do bloco tem sido errática no pós-Guerra Fria. Ao longo dos capítulos anteriores, procurou-se demonstrar a existência dessas fragmentações: a crise econômica de 2008, a onda de refugiados que atingiu o continente, a ascensão dos movimentos nacionalistas e xenofóbicos e o BREXIT. O que todas essas tensões expuseram e têm exposto é a ausência de um consenso popular e mesmo governamental com relação ao caráter e rumos da integração.

Em tempos de prosperidade e bom funcionamento econômico, esses são problemas latentes e, muitas vezes, ignorados. Nesses períodos predomina a narrativa de um bloco unido, apoiado pela população, na vanguarda do desenvolvimento e dos temas associados ao meio ambiente e aos direitos humanos. No campo externo, a imagem de uma frente negociadora unida em torno desses valores e interesses é apresentada, assim como de um poder civil ético, sem amparo bélico.

Quando uma crise de qualquer natureza eclode, a maioria dessas construções ideológicas é desconstruída, revelando contradições históricas do bloco: soberania e supranacionalidade, aprofundamento ou alargamento, nacionalismo ou espírito cooperativo-multilateral, o déficit democrático, a participação e a percepção cidadã do que é a integração e as relações de maior autonomia e subordinação diante dos EUA. Com isso reforçam-se tendências das quais o BREXIT foi um sintoma.

A despeito das particularidades do BREXIT (ver 4.3), ele reflete debates anti-UE nacionalistas que não se restringem aos nacionalistas ou ao Reino Unido, ou à extrema direita radical. Adicionalmente, existem também os defensores de uma integração mais flexível, com base comercial-financeira. A opção por outro modelo mais frouxo poderia evitar novos BREXITs, preservando a integração de um desmonte maior, ao qual poderia estar sujeito com a ascensão de governos anti-Europa em alguns países-chave como Alemanha e França. Em 2021, a saída já anunciada da Chanceler Angela Merkel e a posse de seu sucessor Olaf Scholz, a força crescente da extrema direita na França, com Marine Le Pen do Partido Nacionalista obtendo cerca de 40% no segundo turno contra o reeleito François Macron, ligam sinais de alerta.

A UE parece estar em uma encruzilhada entre retroceder em suas conquistas ou promover reformas que atendam às demandas e anseios de parte da população, em uma versão mais moderada de integração. Mesmo nessa "versão moderada", a avaliação do bloco pelas sociedades não demandará somente da incorporação de atualizações ou dessas reinvindicações, mas sim da eficiência ou não da UE como arranjo institucional em lidar com seus desafios de curto, médio e longo prazo. A seguir, uma breve linha temporal na Figura 7 ilustra, de forma não exaustiva, os acontecimentos e o perfil da integração nos últimos anos entre profunda, ampliada e moderada.

Figura 7

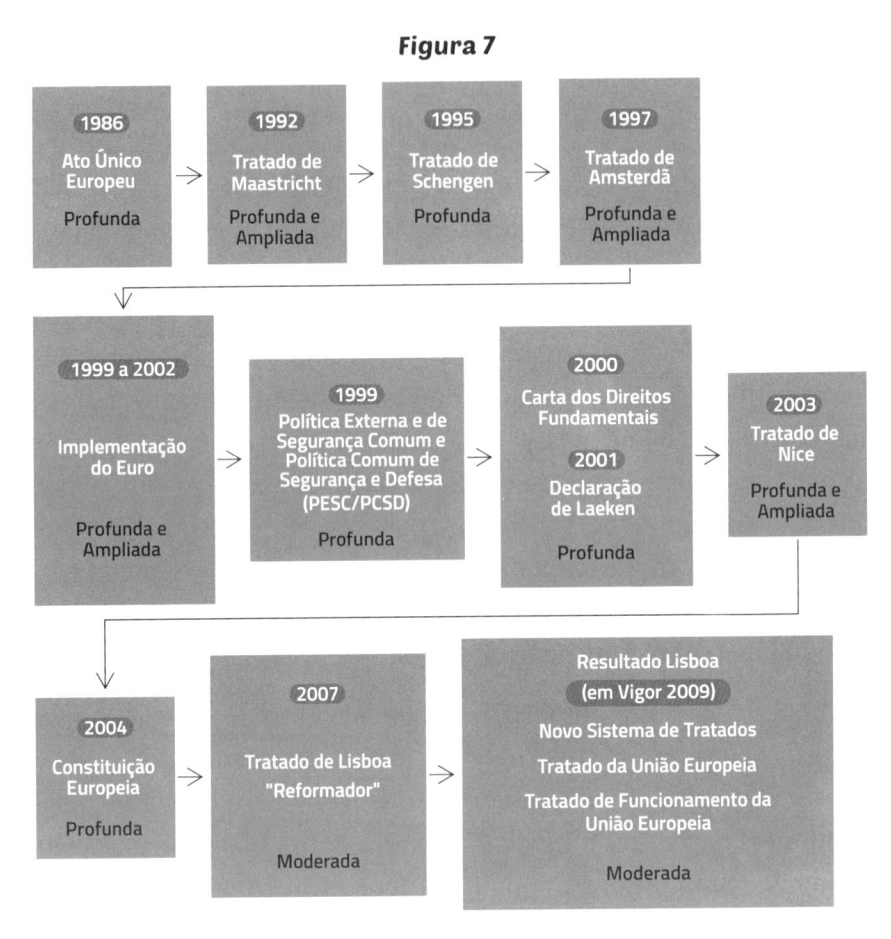

```
┌──────────────┐   ┌──────────────┐   ┌──────────────┐   ┌──────────────┐
│    1986      │   │    1992      │   │    1995      │   │    1997      │
│ Ato Único    │→  │ Tratado de   │→  │ Tratado de   │→  │ Tratado de   │
│ Europeu      │   │ Maastricht   │   │ Schengen     │   │ Amsterdã     │
│ Profunda     │   │ Profunda e   │   │ Profunda     │   │ Profunda e   │
│              │   │ Ampliada     │   │              │   │ Ampliada     │
└──────────────┘   └──────────────┘   └──────────────┘   └──────────────┘
                                                                │
                                                                ▼
┌──────────────┐   ┌──────────────────┐   ┌──────────────┐   ┌──────────────┐
│ 1999 a 2002  │   │     1999         │   │    2000      │   │    2003      │
│              │   │ Política Externa │   │ Carta dos    │   │              │
│Implementação │→  │ e de Segurança   │→  │ Direitos     │→  │ Tratado de   │
│   do Euro    │   │ Comum e Política │   │ Fundamentais │   │    Nice      │
│              │   │ Comum de Seg. e  │   │    2001      │   │              │
│              │   │ Defesa (PESC/PCSD)│  │ Declaração   │   │ Profunda e   │
│ Profunda e   │   │                  │   │ de Laeken    │   │ Ampliada     │
│ Ampliada     │   │ Profunda         │   │ Profunda     │   │              │
└──────────────┘   └──────────────────┘   └──────────────┘   └──────────────┘
        │                                                           │
        ▼                                                           
┌──────────────┐   ┌──────────────┐   ┌──────────────────────────┐
│    2004      │   │    2007      │   │   Resultado Lisboa       │
│ Constituição │→  │ Tratado de   │→  │   (em Vigor 2009)        │
│ Europeia     │   │ Lisboa       │   │ Novo Sistema de Tratados │
│              │   │ "Reformador" │   │ Tratado da União Europeia│
│ Profunda     │   │              │   │ Tratado de Funcionamento │
│              │   │ Moderada     │   │ da União Europeia        │
│              │   │              │   │ Moderada                 │
└──────────────┘   └──────────────┘   └──────────────────────────┘
```

Fonte: A autora

Portanto, o período de 1986 a 2004 foi de crescente aprofundamento e alargamento institucional e de composição do bloco. Mesmo antes de 2008, contudo, esse modelo foi questionado como abordado em 4.3 com a crise constitucional. Na Figura 8, a trajetória passa a ser caracterizada por crises:

Figura 8

2004 — Crise Constituição → 2008 em Diante — Crise Econômica → 2010 em Diante — Crise dos Refugiados → 2016 em Diante — BREXIT Nacionalismo Xenofobia Extrema Direita → 2020 em Diante — Pandemia da COVID-19

Fonte: A autora

A despeito de novas medidas não serem apresentadas a público para o aprofundamento e o alargamento ter atingido um limite natural, sendo poucos os países que não fazem parte do bloco (Turquia dentre eles), permaneceu uma expectativa política dos dirigentes europeus de relançar metas mais ambiciosas. Entretanto, como a crise econômica de 2008, analisada em 4.1, demonstrou, o bloco precisa de reformas ou enfrentará cada vez mais dificuldades como projeto político, econômico, social, cultural ou estratégico. Sua capacidade de resposta coletiva tem sido bastante questionável, assim como sua habilidade de cooptar apoio social para a sua continuidade.

Medidas de austeridade aplicadas aos PIIGS provocaram ainda mais desconfiança popular, expondo as assimetrias entre o eixo franco-alemão, os poderes intermediários Itália, Holanda, Bélgica, e os periféricos como os PIIGS e as nações recém-incorporadas do Leste Europeu. Com relação ao Leste, a integração foi muito mais motivada pela política e estratégia, visando isolar a Rússia no continente e atingir mais mercados, e não passou por uma avaliação rigorosa. No caso da Turquia, o processo de integração é barrado por críticas ao regime democrático do país, desrespeito aos direitos humanos, que, proporcionalmente, pesaram menos nessa rápida incorporação dos novos membros. A posterior correção de rumos com pacotes de incentivo foi tímida, seguindo-se o BREXIT em 2016 (e as negociações para o processo de saída concluídas em 2020/2021), e a pandemia da Covid-19.

Essa pandemia da Covid-19 expôs a fragilidade do bloco, visto o atraso na distribuição das vacinas e das campanhas de vacinação, as controvérsias na aquisição de imunizantes e o unilateralismo de Estados que não seguem as orientações do bloco. No caso do unilateralismo, o problema ocorre em múltiplos níveis: desrespeito às datas de vacinação conjuntas negociadas, não havendo uma "campanha" conjunta; o ritmo diferente das campanhas de vacinação derivado de orientações distintas sobre grupos prioritários e a capacidade dos sistemas de saúde pública em promover campanhas nacionais; a dificuldade de acesso ao imunizante gerada por problemas no fornecimento das vacinas; a disputa geopolítica pelo mercado europeu de vacinas, na qual produtores como China, Rússia e Índia foram excluídos pelo bloco, mas tiveram seus imunizantes adquiridos sem a aprovação da UE; o fechamento de fronteiras para vizinhos europeus sem consulta ou comunicação prévia; as negociações sobre a necessidade de "passaportes de vacinação" para viajantes e quais vacinas seriam aceitas nesses passaportes. E, por fim, ligado à Covid-19, mais um dilema que se arrasta desde a crise de 2008: como promover a recuperação econômica do bloco de forma sustentada e homogênea.

Os dilemas estratégicos do bloco continuam significativos na construção de uma agenda comum, da pauta soberana dos membros do bloco e as relações com os EUA, a Rússia e a China. Relacionados a esses temas encontram-se quatro pilares: agenda energética, comércio internacional (exportação e importação de bens industriais, agrícolas, serviços e tecnologia), imigração e religião.[7]

Em linhas gerais, a ambição de uma política externa, de segurança e de defesa comum prevista em Maastricht em 1992 e reforçada em 1999 com o lançamento da PESC/PCSD encontra-se em compasso de espera. A estrutura existente de projeção externa permanece funcionando como o cargo de Alto Representante, o Serviço Europeu para a Ação Externa

---

[7] Para esses pilares, algumas regiões são essenciais: a Parceria ACP (África, Caribe, Pacífico) e as cobertas pela Política Europeia de Vizinhança (Mediterrâneo, Mar Negro e Leste Europeu). Todas são rotas de imigração ilegal, com reservas estratégicas de gás e petróleo e zonas de passagem de gasodutos e oleodutos, e mercados.

e a organização de forças armadas, com atuação em operações de paz, defesa marítima (pirataria e fluxos de refugiados). Essa é uma capacidade operacional secundária diante da OTAN e se encontra ausente um elemento essencial: o consenso para que as políticas sejam comuns.

Pensando em termos de bloco, à exceção da Política Agrícola Comum (PAC), o consenso multilateral é cada dia menor no que se refere a temas econômicos e sociais. Se a dimensão econômica está associada a 2008, a social encontra-se ligada à crise dos refugiados, aos direitos humanos e ao meio ambiente. Assim como existe uma assimetria de recursos de poder, essa assimetria se estende à agenda de "vanguarda" que a UE sempre procurou defender nesses campos e que lhe valeu um Prêmio Nobel da Paz em 2012, e membros do bloco governados por coalizões de extrema direita.

Nações como Polônia e Hungria desconstroem o sistema de direitos civis e sociais internos em dissonância com os tratados da UE, defendendo uma pauta religiosa fundamentalista que impacta direitos de gênero e reprodutivos. No que se refere a refugiados de direitos de imigrantes, Estados como a Áustria, a Holanda, a Itália e mesmo a França possuem políticas mais restritivas. O ônus tem recaído sobre a Alemanha no recebimento de refugiados e os relatos de abusos de direitos humanos amplia-se nesses outros países, assim como o não cumprimento de políticas comuns da UE.

Sobre as relações com os EUA, a Rússia e a China, os EUA permanecem o vetor estruturante devido à OTAN. Momentos de tensão como em 2002/2003 nos quais a UE apresentou maior autonomia, com alguns países não apoiando a Guerra do Iraque e contestando abertamente a opção norte-americana (França e Alemanha que compuseram o Eixo da Paz com a Rússia) tornaram-se raros. Naquele momento, OTAN e UE, racharam nessas posições: membros da aliança e da UE apoiando a guerra (a "coalizão da vontade", que contou com o Reino Unido, Espanha, Portugal e a "nova Europa" do Leste nas palavras do então Secretário de

Defesa Rumsfeld) e outros a rechaçando. No período contemporâneo os rachas internos são outros.

Com os EUA, confrontos similares ao biênio da guerra preventiva não ocorreram, ainda que o relacionamento EUA-OTAN-UE no governo Trump tenha apresentado divergências. Todavia, os amplos ruídos dos EUA contra o governo da Alemanha, as propostas de diminuição e realocação de tropas da OTAN no continente não levaram a quebras reais nem a divergências ambientais e humanitárias. Não havia convergências, mas muitas medidas relativas à OTAN propostas por Trump não foram implementadas, somente utilizadas como fonte de barganha para que os países europeus dividissem mais os custos com os EUA. A questão das tropas foi deixada como uma medida de fim de mandato, revertida imediatamente por Biden quando de sua posse em janeiro de 2021.

Questões sensíveis permanecem e se reafirmam entre os EUA e a UE, no campo das relações do bloco (e bilaterais de Estados-membros) com países terceiros, Rússia e China. Nessas pautas, a UE alinha-se com os EUA em alguns pontos: direitos humanos, críticas aos regimes políticos, disputas tecnológicas (estas mais específicas com a China), ameaças à segurança nacional, ingerência desses Estados contra populações e nações soberanas. Dependente do gás russo para a manutenção de sua matriz energética, a UE, por conta de sua dependência estratégica dos EUA e da OTAN, alinhou-se incondicionalmente a seus parceiros atlânticos na política anti-Putin e pró-Ucrânia, com consequências que atingem diretamente os preços do gás e do petróleo. A despeito do risco econômico-social e das ondas de choque que isso pode gerar em termos de polarização e desencanto entre suas populações, as nações do bloco apostam nas ações de Biden visando enfraquecer Putin. Mesmo antes de 2022, os EUA já realizavam pressões para a Europa Ocidental, principalmente a Alemanha, bloquear importantes projetos como o do gasoduto Nord Stream 2, que permitiria um abastecimento direto de gás Rússia-Alemanha, fortalecendo sua parceria. Mais uma vez, os europeus cederam à OTAN nesse grande jogo, em detrimento dos riscos a seus interesses e populações. A promessa do fim da dependência energética diante da Rússia é cada dia mais presente no discurso europeu, mas pouco se sinaliza sobre como essa transição será realizada ou como os custos a uma população ainda afetada pela pandemia serão gerenciados. De certa forma, os EUA parecem atingir a parceria Rússia-UE diretamente e torná-la menos efetiva. O mesmo, porém, ainda não se estende às relações UE-China. Como visto no Capítulo 2, os corredores da BRI chegam à Europa, à Alemanha, Itália, Holanda, e fazem parte de um amplo projeto de infraestrutura e interconectividade terrestre e marítima no qual a Eurásia é o foco. Comparado com o Japão a ser analisado a seguir, o nível de confrontação UE-China é mais baixo e, na maioria das vezes, dependente das relações EUA-UE, com o compartilhamento das pautas político-sociais. Para um continente cuja vulnerabilidade econômica somente se eleva, a parceria com a China pode ser uma saída pragmática. Isso não significa que a OTAN esteja em risco no curto prazo, mas insere um componente diplomático que pode afetar a dimensão estratégica que prevalece desde 1949.

Assim como a UE, pensar o Japão no tabuleiro geopolítico e geoeconômico global e regional não demanda só uma análise de sua posição estratégica individual, mas de seu sistema de relações internacionais. O dilema força-fraqueza é permanente nas escolhas japonesas, tendo em vista sua relação de interdependência, quase simbiose com os EUA na Ásia. Muito se fala de uma opção japonesa por um alinhamento com os norte-americanos desde os anos 1950. Todavia, essa é uma opção que precisa historicamente ser qualificada.

Como aponta Gaddis (1998), no imediato pós-Segunda Guerra, Alemanha e Japão eram países derrotados e ocupados pelas tropas aliadas, e sem capacidade de negociação ou resistência. Ainda que a hegemonia dos EUA, como visto nos Capítulos 2 e 3, esteja sustentada em mecanismos de força e de cooptação, ela impõe uma regra e uma estrutura de dominação aos membros de sua ordem. E, no caso de Japão e Alemanha, os processos de inserção na esfera de influência dos EUA não se limitavam a arranjos globais ou regionais, incluindo ações diretas em sua política interna e reconstrução político-econômica dos regimes.

Para o Japão, além disso, um processo tardio ocorre depois da Revolução Chinesa (1949) e da Guerra da Coreia (1950/1953), quando essa nação passa a ser considerada pelos EUA como essencial para a consolidação de sua presença asiática. A "perda" da China e de parte da Coreia consolida o Japão como principal pivô do interesse norte-americano na Ásia Pacífico, passando a receber investimentos e ampliação dos efetivos militares. A parceria estratégico-militar estabelece-se com o Tratado de Segurança (JUST). Nesse contexto, o sucesso econômico japonês e a sua solidez eram essenciais para a segurança do país e para criar uma barreira econômica ao avanço do comunismo. O Japão e a Coreia do Sul recebem ajuda para sua reconstrução, nos mesmos moldes do Plano Marshall, e aportes de investimentos nas décadas seguintes.

Outro fato marcante é o perfil da nova constituição, que preconiza a permanência do Imperador sem seu caráter divino como instrumento de estabilidade e na qual o Artigo 9º estabelece o caráter pacifista do país, com o compromisso de não desenvolver forças militares ofensivas e abdicar da guerra. Assim, a Doutrina Yoshida era resultante de um processo de imposição de alinhamento à esfera dos EUA, somado às especificidades da dominação via cooperação. Portanto, pelo menos nesse momento, o que era opção traduzia-se como uma falta de escolha.

O crescimento econômico japonês, assim como o europeu ocidental, como parte integrada do sistema norte-americano levou a uma alteração no poder relativo. Na década de 1970, essa alteração impulsionou uma maior assertividade na esfera asiática, com a aproximação econômica do Japão com as nações denominadas de Tigres Asiáticos (Coreia do Sul, Cingapura, Hong Kong e Tailândia). Similar ao Japão, esses países possuíam um capitalismo de Estado (ver 4.1), voltado para o mercado externo, e que contara com investimentos norte-americanos para a sua expansão. Apesar da resistência política ao Japão por não ter reconhecido seus crimes de guerra e não buscar a reconciliação diplomática pedindo desculpas, o caráter econômico e instrumental das parcerias predominava.

Essa "virada asiática" baseou-se no fortalecimento da esfera regional, no fenômeno denominado de "Revoada dos Gansos" (VISENTINI, 2011). Além disso, a Ásia tomou a frente dos processos da RCT, e, como abordado nos Capítulos 1 e 3, consolidou-se como uma fonte de poder geoeconômico e de desenvolvimento tecnológico. Nesse contexto nasceram as hipóteses de um "século asiático" e de mudança do eixo de poder do Ocidente para o Oriente.

O Japão também realizou um movimento de expansão externa nos anos 1970, em direção à América do Sul e à África, assim como a China o fez nos anos 1999-2000, visando à obtenção de *commodities* no setor de alimentos e energia e atrair novos mercados. A Assistência Oficial ao Desenvolvimento (ODA) era o braço de projeção do poder japonês. Como analisado no caso europeu, a fraqueza estratégico-militar era compensada pela influência econômica, sendo ambos identificados pelo conceito de "Poder Civil Global" (*Global Civilian Power*).

Os anos 1980 foram vistos como uma etapa de maior assertividade japonesa, indicando-se um fim para o alinhamento com os EUA (tornou-se simbólico o uso da expressão "o Japão que pode dizer não"). Porém, parafraseando essa expressão, o Japão "não disse não" quando pressionado em 1985 para valorizar sua moeda no "Acordo de Plaza", em um momento crítico da economia dos EUA. Na oportunidade, as primeiras hipóteses de declínio dos EUA sustentadas no elevado déficit comercial com o Japão e parceiros europeus levaram o país a pressionar seus parceiros comerciais. No caso japonês, envolveu um sistema de restrições voluntárias às exportações e maior aquisição de produtos dos EUA. Essas opções, assim como o crescimento da China nesse mesmo período, levaram a economia japonesa à estagnação por um longo período.

A questão assemelha-se à da guerra comercial com a China, uma vez que o déficit comercial é um problema estrutural e não conjuntural dos EUA: para manter sua economia equilibrada e o acesso a bens de consumo em um cenário de desindustrialização, evitando a alta da inflação, os norte-americanos necessitam de produtos externos importados.

Nos anos 1980, a China supriu o que o Japão não poderia mais oferecer de forma barata. Com isso, houve uma troca de dependência.

A questão que permanece é porque, no auge de seu poder geoeconômico, o Japão optou por este caminho de ceder às pressões dos EUA, abrindo mão de uma eventual *Pax Nipponica* ou *Pax Consortium*. Na segunda metade dos anos 1980 e na década de 1990, predominou a lógica geopolítica para preservar o alinhamento com os EUA, tendo em vista as instabilidades geradas pelo fim da URSS e a ascensão político-econômica da China. Nesse cálculo também pesaram as dificuldades de inserção diplomática na Ásia, a dependência dos recursos energéticos externos e os custos de uma mudança para uma política externa mais assertiva, incluindo a revisão do Artigo 9º da Constituição.

Contudo, a reconfiguração de forças na Ásia, com o crescimento da China e da Índia, a recuperação da Rússia, as recorrentes crises com a Coreia do Norte e no Mar do Sul e do Leste da China, e o unilateralismo da gestão W. Bush impulsionaram um novo debate no Japão sobre autonomia estratégica. Debates sobre a revisão do artigo 9º e o desenvolvimento de capacidades operacionais das Forças Armadas que não o violassem, com aumento de gastos na defesa, marcaram a entrada do país em uma nova etapa. Em 2011, o terremoto e a sua tragédia humanitária, assim como a catástrofe ambiental da usina nuclear de Fukushima, representaram uma aceleração nesse processo, como forma de revitalizar o país e a sua economia. Adicionalmente, o período de 2012 a 2015 foi representativo da consolidação da China como maior segunda potência global.

De 2012 a 2020, a liderança do Primeiro-Ministro Shinzo Abe promoveu essa postura mais assertiva, com foco primeiro na recuperação econômica e depois na reforma das relações internacionais. Apesar do sucesso do seu governo, Abe deixou o cargo devido a questões de saúde, transferindo o poder a Yoshihide Suga, o que pode mudar a trajetória descrita a seguir. Entretanto, é fundamental compreender essas agendas recentes do país.

Como abordado no Capítulo 1, o lançamento da proposta da ABENOMICS sustentava-se na modernização nacional de forma sustentável, e com ênfase humana, sintetizado na "Sociedade 5.0" (e que, como visto, é baseado em concepções similares da Indústria 4.0 e do MIC 2025). O papel do Estado era central devido a uma política de investimentos maciça, incentivo ao consumo interno, elevação dos salários e manutenção de políticas públicas na saúde, educação, infraestrutura e previdência. Nesse projeto, a ideia era de uma abordagem integrada entre a tecnologia e a qualidade de vida (visando à consolidação de uma recuperação demográfica). Outro ponto era a retomada de uma imagem positiva do Japão no mundo como país em crescimento e dinâmico, perdida para a China. As Olimpíadas de Tóquio 2020 seriam a vitrine para demonstrar o sucesso dessa iniciativa, o que foi impedido pela pandemia.

Sobre as relações internacionais, Katagiri (2019) destaca um salto qualitativo na gestão Abe: a reconciliação com os vizinhos (i.e., uma política de boa vizinhança), o multilateralismo, a ascensão da China, a ameaça nuclear da Coreia do Norte e as relações com os EUA. Há uma tentativa muito gradual de retomar espaços na geopolítica do Sul, com uma reaproximação com a América Latina e África. Todavia, a possibilidade de uma disputa direta com a China por esses espaços não se coloca, por limitações políticas e econômicas. Assim, não será um item prioritário.

No que se refere à primeira agenda, a da reconciliação com os vizinhos, Abe procurou, mais do que qualquer outro governo, reforçar laços diplomáticos regionais dando conta de questões pendentes desde a Segunda Guerra Mundial: revisionismo de livros históricos, crimes contra a humanidade cometidos pelas tropas japonesas, incluindo as situações relativas a genocídios e as *comfort women* (mulheres utilizadas pelas tropas japonesas como escravas sexuais). Internamente, linhas mais conservadoras na política nacional não demonstraram apoio a esse tema, que permanece controverso.

No campo do multilateralismo, o Japão procurou retomar influência nos processos decisórios da ONU, reiterando seu interesse na cadeira de membro permanente do CSONU, pleito no qual é apoiado pelos EUA. Adicionalmente, o país apoia e financia projetos dos ODS e procura demonstrar uma ação construtiva nos demais organismos multilaterais, principalmente o G7 e o G20 financeiro. Regionalmente, o foco é econômico, com apoio à ASEAN e assumindo a liderança do novo TPP, o CPTPP, no vácuo dos EUA. Adicionalmente, o Japão tornou-se integrante da RCEP ao lado da China.

Independentemente dessa aproximação econômica, o foco é de contenção estratégica da expansão da China, pela BRI, e pelo reposicionamento no MSCh. Os investimentos continuaram elevados no campo militar, sem deixar de lado o JUST. O foco recaiu sobre a Marinha, a capacitação de forças japonesas para a participação em missões de paz, modernização dos serviços de inteligência e ampliação do uso de tecnologias de ponta. Existe uma busca por reforçar estruturas de cooperação próprias, multi e bilaterais, e não só ligadas aos EUA (como o Quad) para o exercício dessa contenção da China e para lidar com a ameaça da Coreia do Norte. A estagnação das Conversações das Seis Partes tem levado o Japão a uma aproximação bilateral com esse país.

Sintetizando essas posturas, Katagiri (2019) sustenta que:

> No Sudeste e Sul da Ásia, o Japão provavelmente continuará a usar seus mecanismos institucionais para reforçar sua rede e parcerias por toda a região (...) Na arena de segurança (...) estará mais envolvido na competição de grandes potências no Mar do Sul da China, no qual as forças dos EUA estão presentes também. Isso aumentou a chance que a China e o Japão possam se enfrentar em uma área geográfica mais ampla, não somente no Mar do Leste da China (disputa sobre Senkaku/Diaoyu-tai) (...) No que pode ser considerado

> como a emergência de uma Ásia do Sudeste e do Sul multipolar (EUA, China, Japão, Índia e Austrália), a crise em uma disputa pode contaminar outras e elevar a probabilidade de uma confrontação militar. No campo econômico, o Japão consolidou sua posição no IED e no desenvolvimento de infraestrutura (...) em maior competição com a China. Essas ações acompanham um conjunto de instituições regionais lideradas pelo Japão para conter a BRI da China e projetos correlatos, como o BAII e a RCEP (...) e efetivamente desenvolveu parcerias estratégicas com a Índia e a Austrália (KATAGIRI, 2019, p. 17).

Nesse processo de maior assertividade japonesa, as relações com os EUA são um fator relevante a ser considerado, principalmente com a mudança de governo Trump a Biden. Na gestão Trump, o fato de o Japão ocupar vácuos foi interessante como tática de baixo custo para conter a China indiretamente, desde que não afetasse a dimensão militar-estratégica do JUST e outras iniciativas conjuntas. Um Japão forte, mas distante da China, é útil como contraponto para equilibrar esse país regionalmente.

No governo Biden, o Japão também é visto como útil à contenção da China. A tendência é a manutenção do eixo EUA-Japão como preferencial para ambos em termos securitários. O Japão encontra-se fora da BRI e não deverá integrá-la no curto prazo. A situação China-Japão assemelha-se à de China-Índia a seguir examinada: por enquanto a aliança ao sistema dos EUA parece ser mais vantajosa em termos de equilíbrio de poder para barrar o avanço chinês.

O caso da UE talvez surja como até mais complexo, à medida que países do bloco, como Alemanha e Holanda, encontram-se na BRI, e com parcerias bilaterais com a China. Isso tornará as regiões cada vez mais interdependentes ou, para usar o termo da BRI, interconectadas.

Para o Japão, a pandemia interrompeu dois ciclos: o da recuperação econômica e o da construção de uma postura mais ativa no exterior. A vacinação igualmente caminha a passos lentos, como na UE. Esperava-se uma resposta mais decisiva e rápida na mitigação da Covid-19, o que não ocorreu e, na corrida das vacinas, parecem ter ficado um passo atrás: a UE como bloco (à exceção da Alemanha, devido à sua forte atuação na área de saúde, patentes e medicamentos, que tem atuado no desenvolvimento tecnológico de vacinas) e o Japão como nação industrial e tecnologicamente avançada. Na linha de frente da geopolítica das vacinas, EUA, Alemanha, Reino Unido, Rússia, Índia e China dominam o cenário.

5.3 A Rússia e a Índia: Sobre Novos Velhos Poderes[8]

Comparativamente a EUA-China, UE-Japão, a Rússia e a Índia encontram-se em uma espécie de posição intermediária: apesar de possuírem menor poder relativo do que essas outras nações e bloco, nas dimensões político-econômicas-bélicas, sua autonomia estratégica-diplomática diante dos EUA e mesmo da China os coloca como pivôs na Eurásia. Para que qualquer equilíbrio regional possa se manter estável, seu papel é fundamental, exercendo uma ação pivô de contenção regional da China e dos EUA. Com isso, podem exercer uma diplomacia de barganha diante dessas duas nações e de independência nos organismos multilaterais.

Em termos de autonomia, o caso da Rússia é menos linear do que o da Índia. Durante todo o pós-Guerra Fria, a Índia não cedeu às pressões do Ocidente para ajustar seu modelo econômico, a Rússia aderiu ao Consenso de Washington na década de 1990. Nas Relações Internacionais, o mesmo padrão: a Rússia transitou de um alinhamento automático à retomada da autonomia, enquanto a Índia preservou o seu papel de barganha. Mesmo que alguns apontem uma maior aproximação bilateral

---

[8] No que se refere aos eixos de poder estabelecidos por Visentini (2019), os dois Estados são parte do industrial heterodoxo emergente.

entre EUA e Índia no século XXI, ela não se configura como de alinhamento automático ou de submissão.

Avaliando a trajetória russa, três etapas podem ser definidas: 1989 a 1991, 1992 a 1999 e 2000 em diante. A primeira etapa é caracterizada pelos efeitos imediatos do fim da Guerra Fria, com a URSS ainda sob os efeitos das reformas empreendidas por Mikhail Gorbachev (1985/1991), que desmontaram o sistema soviético: a reestruturação econômica (*perestroika*), a abertura política (*glasnost*) e o novo pensamento, política externa que defendia uma postura sustentada na coexistência com os EUA e a Europa Ocidental, a defesa da paz e o desarmamento. Nessa agenda, incluía-se a retirada da URSS de cenários estratégicos em outros continentes e da Europa Oriental.

Isso significou abrir mão de posições geopolíticas soviéticas no mundo e nas esferas de influência do báltico, do leste europeu e da Ásia Central. Em 1991, isso representaria o fim da URSS, que foi definido pelo presidente Vladimir Putin como a maior tragédia geopolítica do século XX. Da URSS emergiram diversos Estados independentes, recriando o mapa da Eurásia em seus subsistemas. Encerrava-se não só a trajetória do império soviético, mas os arranjos do pós-1945 em Yalta. Tornaram-se soberanos: Lituânia, Letônia, Estônia, na região do Báltico, Moldávia, Belarus, Ucrânia, correspondente à "Rússia europeia" e Armênia, Geórgia, Azerbaijão, Turcomenistão, Cazaquistão, Uzbequistão, Tadjiquistão e o Quirguistão (Cáucaso e Ásia Central). A Rússia herdou o poder residual da URSS nuclear e no CSONU.

Essa nova autodeterminação dos antigos estados soviéticos gerou, e continua gerando, inúmeras fontes de tensão: o tratamento às populações russas que vivem nesses países, e movimentos separatistas diversos na Chechênia, na Ossétia do Sul, Nagorno Karabakh, dentre outros. Esse entorno pós-URSS também funciona como zona de pressão do Ocidente sobre a Rússia, principalmente após a ascensão de Putin ao poder, com destaque para as Revoluções Coloridas.

Dentre as mais relevantes encontram-se as Revoluções Laranja na Ucrânia (2003), Rosa na Geórgia (2004) e Tulipa no Quirguistão (2005). Movimentos paralelos são as tentativas de atração do Ocidente desses Estados, com promessas de integração à UE, à OTAN e/ou parcerias bilaterais. Busca-se enfraquecer partidos e líderes que apoiam à Rússia e se aproximam política, econômica e estrategicamente de Moscou. Por serem estrategicamente relevantes (na dimensão energética, como zonas-tampão), são regiões que não podem ser descartadas ou ocupadas por forças de oposição agressivas, o que demanda o envolvimento periódico da Rússia, até militarmente. Com isso, geram-se custos político-diplomáticos, humanos e financeiros sistemáticos.

A Ucrânia e a Crimeia são focos de tensão recorrente. A Ucrânia é zona de passagem de gasodutos e oleodutos russos, e a perda desse espaço tornaria essa operação mais vulnerável. O agravamento das tensões ocorre desde 2014, e a Rússia tem se mantido militarmente envolvida no país, principalmente na Península da Crimeia. Povoada por população majoritariamente de origem russa, essa península é estrategicamente relevante, à medida que fornece uma posição preferencial para a projeção de poder russo: na região localizam-se forças e bases terrestres, marítimas e aéreas (como a de Sevastopol). Sem o acesso a Crimeia, a Rússia perderia sua capacidade de penetração no continente eurasiano e o trânsito no Mar Negro. A Rússia não abrirá mão desse espaço para sua segurança e ação externa.

Autores como Korybko (2018) consideram que crises como as da Crimeia e as Revoluções Coloridas foram o primeiro exemplo das Guerras Híbridas. Além desses movimentos originais, a prática estendeu-se à América Latina, à África e à China, como analisado. Para a Rússia e suas ex-repúblicas, é um padrão.⁹ Adicionalmente, existe a pressão dos EUA e da UE sobre o caráter da democracia russa. Para o Ocidente, uma democracia inexistente, sob um regime autoritário liderado por Putin; para Putin, um regime democrático autárquico de características russas (TRENIN, 2007).

Putin, no caso, entre o cargo de Primeiro-Ministro (1999/2000 e 2008/2012) e de presidente (2000/2008 e 2012 em diante), encontra-se ligado ao poder desde 1999. Em 2021, foi aprovada uma mudança constitucional que amplia a possibilidade de reeleições por mais mandatos (no caso, a próxima eleição russa é em 2024 e com essa lei, Putin poderia governar até 2036).

Fontes adicionais de pressão encontram-se em arenas como o esporte, com a acusação de doping sistêmico de atletas em competições internacionais. Os atletas autorizados a competir são obrigados a fazê-lo ou como independentes ou outras bandeiras, sem o reconhecimento de sua nacionalidade. Embora muitos analistas desmereçam esse ponto como relevante, simbolicamente ele afeta como será debatido um dos principais pilares da política interna e externa russa do século XXI: a retomada de um papel relevante do Estado e um sentimento de unidade nacional.

Uma saída para a Rússia foi a aposta em arranjos multilaterais. O primeiro, em 1991, foi a Comunidade de Estados Independentes (CEI), um arranjo frouxo politicamente e sem impactos; em 1996, a proposta dos Cinco de Xangai, com Rússia, Cazaquistão, Quirguistão, Tadjiquistão, e que já contava com a China; em 2001, esse arranjo levaria à conformação da OCX, composta por oito membros plenos, China, Rússia,

---

⁹ Periodicamente, surgem novos personagens: na Rússia 2020/2021 é Alexander Navalny, antes Sergei Skripal, ou oligarcas como Mikhail Khodorkovsky. Em Belarus, Svetlana Tikhanovskaya, Vitali Klitschko na Ucrânia, dentre outros. Enquanto os primeiros eram ligados de alguma forma aos regimes oficiais e se distanciaram por não concordarem com suas políticas, os demais representam a oposição cidadão comum contra o sistema, uma dona de casa e um ex-boxeador.

Cazaquistão, Quirguistão, Tajiquistão, Uzbequistão, Índia e Paquistão; e em 2014 a União Econômica Eurasiática (UEE), composta por Armênia, Bielorrússia, Cazaquistão, Quirguistão e Rússia (ROLLAND, 2019).

Tanto a OCX quanto a UEE consolidam-se em um período de maior autonomia da Rússia. O multilateralismo global, em fóruns tradicionais e em novas alianças, como o BRICS, também faz parte dessa tática pós-2000. Um elemento que une as agendas russas e globais é a de reforma do sistema internacional e a construção de uma ordem multipolar não hegemônica, com a defesa de modelos econômicos e políticos que se distanciem da regra neoliberal. Essa tática permitiu que o país explorasse as agendas comuns com essas nações, independentemente de suas trajetórias distintas ao longo do século XX (uma superpotência e nações do Sul) em termos globais, somada a um adensamento das políticas regionais. Zhebit (2003) define essa política como pragmática e multivetorial, com atenção ao Ocidente e ao Oriente, às relações interestatais e multilaterais.

Em nível bilateral, a parceria com a China tornou-se chave da recuperação econômico-estratégica da Rússia na Eurásia e de reposicionamento. Sem a Rússia, a BRI não seria um projeto de natureza tão abrangente, à medida que corredores terrestres atravessam seu território. Como destaca Rolland (2019), esse intercâmbio assemelha-se a um condomínio eurasiano, sustentado na visão de uma "grande parceria eurasiática".

A retomada da autonomia no pós-2000 é antecedida por uma etapa de submissão ao Ocidente, majoritariamente no governo de Boris Iéltsin, de 1992 a 1999. O auge desse processo ocorre entre 1992 e 1997, quando a Rússia soma ao seu encolhimento geopolítico um acelerado desmonte econômico pela adesão ao Consenso de Washington. A reforma iniciada por Gorbachev na *glasnost* atingirá novos níveis com a "Terapia de Choque", conduzida por Anatoly Chubais (1992/1994) com a privatização das principais empresas do país a preços abaixo do mercado. Mesmo empresas-chave para o financiamento do Estado e a relevância russa como ator internacional, como as do setor energético, produção e transporte de petróleo e gás, foram colocadas a leilão.

A literatura é praticamente unânime em apontar que esse processo assumiu proporções ilegais e criminosas, com a dilapidação do patrimônio nacional e sem uma legislação adequada para reger os setores privatizados posteriormente no que se refere à remessa de lucros, acesso a serviços e bens, obrigações produtivas, dentre outros (SEGRILLO, 2008; MARKOV, 2008; SAKWA, 2008). A nova economia russa era sustentada em um tripé: a classe política que realizava os processos de privatização, as firmas ocidentais e uma geração de jovens empresários russos, os oligarcas.

Embora a situação russa se agravasse internamente, com alto desemprego, baixos salários, inflação, precariedade de serviços públicos, o país era considerado um modelo. Em 1991, a URSS apoiou a Operação Tempestade do Deserto e entre 1992/1995 não se oporia à ação da OTAN nos Balcãs no contexto da Guerra da Iugoslávia. Também não ofereceu objeções ao fim desse país, fragmentado em Sérvia, Bósnia-Herzegovina, Croácia, Sérvia e Montenegro. Como prova de sua renovada inserção no Ocidente e de sua nova parceria com os EUA, a Rússia faria parte de conselhos da OTAN, e o país foi incluído como membro do G7, que se tornou um G8. Em 2014, a Rússia foi expulsa do G8 por conta da crise com a Ucrânia na Península da Crimeia, e a relação com a OTAN manteve-se distante desde 2003, com a nova operação no Iraque.

Para os EUA e aliados da UE, esse período Iéltsin foi essencial para a expansão geográfica e econômica na Ásia Central, com foco no setor energético. Como visto no Capítulo 2, a diplomacia dos dutos era representada pela tentativa ocidental de expandir sua influência na Eurásia no sistema de produção e distribuição de gás e petróleo. Além disso, implicava o acesso a outros recursos estratégicos da Ásia Central, por meio da aproximação com os países locais recém-soberanos. A quebra do quase monopólio russo no setor teria implicações estratégicas e econômicas para o país, agravando sua crise.

O Azerbaijão e o oleoduto Baku-Tblisi-Ceyhan (BTC) foi um dos primeiros passos dessas iniciativas que, depois, passaram a encontrar maior resistência: primeiro pela retomada da autonomia da política externa russa e a reestatização do setor de energia a partir de Putin, segundo pelas dificuldades de negociação com os Estados para a utilização de seus territórios como zonas de passagem e obtenção de concessões e, terceiro, e mais importante, pela emergência da BRI, que tem no setor de infraestrutura energética uma de suas prioridades. Há uma forte competição estratégica no triângulo energético entre EUA/Reino Unido/França/Holanda (Eixo Ocidental)-Rússia-China em andamento, com esforços de contenção mútua e inúmeras disputas.

Essas ações de maior independência da parte da Rússia, e sua reafirmação geopolítica, contudo, somente foram possíveis com o início da terceira fase no pós-2000. Ainda que entre 1998/1999 sinais de autonomia surgissem, principalmente em resposta a situações desfavoráveis à Rússia como a primeira onda de expansão da OTAN e a Guerra no Kosovo em 1999, foi somente com a ascensão de Putin ao poder que esse ciclo de subordinação aos EUA/Ocidente foi quebrado. A expansão da OTAN, inclusive, em suas duas ondas, 1999 e 2002, gera uma situação de estrangulamento da Rússia, eliminando qualquer zona-tampão entre o país e o continente europeu. E, como citado, a OTAN e a UE permanecem como fontes de atração e barganha com outras antigas repúblicas soviéticas, o que tornaria as fronteiras geopolíticas mais vulneráveis e mesmo geoeconômicas (sendo Ucrânia e Belarus focos periódicos dessas ações de cooptação).

A reemergência e o reposicionamento russo com Putin são processos de dentro para fora: retomada do controle do Estado sobre setores econômicos estratégicos, centralização do poder político, reativação de símbolos nacionais, modernização das forças armadas e incentivo à ciência e tecnologia (em 2010, essas agendas foram sintetizadas em um programa chamado Go Russia!). A "primeira prioridade" do governo foi impedir a continuidade do desmonte do Estado e das zonas de influência russas, econômica e estrategicamente. Para Trenin (2019, s/p),

> Os resultados da política externa da Rússia na era de Putin podem ser avaliados segundo diferentes campos e critérios. Desde 1999 (...) o presidente buscou atingir dois objetivos: preservar a unidade da Rússia e restaurar seu status como uma grande potência na arena global. Ele alcançou os dois. A supremacia do poder central se reafirmou na Federação Russa. E a Rússia (...) que havia sido descartada como um poder global, retornou à arena global e algumas décadas depois se tornou um dos maiores e mais ativos players geopolíticos e militares.

Isso foi feito de forma pragmática e realista, e com a percepção de que o status da Rússia como potência global baseava-se em fontes residuais de poder, mas que sua vocação deveria ser regional e defensiva. Os EUA são a principal ameaça e as parcerias multilaterais e interestatais visam duplamente conter esse risco, como fortalecer a Rússia e suas opções. Breves parcerias como as de 2001 na Guerra do Afeganistão e de uma aliança estratégica contra o terrorismo fundamentalista rapidamente são encerradas pela manutenção da desconfiança e competição mútua. No âmbito da GWT, a invasão do Iraque em 2003 pelos EUA contaria com forte oposição russa e da comunidade internacional, incluindo países próximos aos EUA como França e Alemanha (que compuseram com Moscou o "eixo da paz"). Mantém-se a lógica do Capítulo 2, uma Rússia/URSS forte na Eurásia é uma barreira natural à expansão dos EUA nessa região.

As conversações nucleares com os EUA são uma constante ao longo de todo o pós-Guerra Fria, alternando fases de maior acomodação com outras de distanciamento. Até a chegada do governo Trump ao poder, a tendência era de acomodação, com o encaminhamento de acordos bilaterais como o "Novo START" (Strategic Arms Reductions Treaty, 2010) e iniciativas cooperativas como o "Global Zero" (que busca a eliminação de todos os arsenais nucleares). Essa aproximação estendia-se a negociações com terceiros países, como a Coreia do Norte (vide as Negociações das Seis Partes já citadas) e o Irã, visando ao estabelecimento de acordos e à certa estabilidade.

A cooperação Irã-Rússia no campo nuclear é um elemento importante para a Rússia, o que explica a não convergência com os EUA. Ainda assim, a Rússia fez parte das negociações que resultaram no Acordo Nuclear de 2015[10], como membro do P5+1 (cinco membros permanentes do CSONU mais a Alemanha). Esse acordo reconhecia o Irã como poder nuclear e o país, por sua vez, enfatizava a dimensão civil de seu programa voltado à produção de energia. O monitoramento da quantidade de urânio enriquecido e o processo estava a cargo da AIEA. Em 2016, o embargo foi levantado.

No ano seguinte, com a posse de Trump, os EUA rejeitaram o acordo do qual saíram em definitivo em junho de 2018. A alegação dos norte-americanos era que o Irã estava apenas apaziguado e desenvolvendo capacidade bélica. Esse rompimento foi fonte de tensão com a Rússia, com a China e a UE. Adicionalmente, Trump anunciou que romperia os tratados dos anos 1970.

A Rússia moveu-se em direção a uma maior assertividade no Oriente Médio, não se restringindo só à temática nuclear com o Irã. Apesar de não ter se oposto, assim como os demais membros do CSONU, à intervenção na Líbia em 2011, as consequências de mais um vácuo de poder regional, somadas à possibilidade de ação similar na Síria, elevaram a presença geopolítica do país nessa região. No contexto da Primavera Árabe e da ascensão do Estado Islâmico (EI), associadas aos conflitos do Afeganistão e Iraque, a ajuda militar da Rússia à Síria contrapôs-se às pressões

---

[10] Em 2010, o Acordo Tripartite Irã-Brasil-Turquia já oferecia uma solução para essa questão. O arranjo sustentava-se no compromisso do Irã em somente usar a energia nuclear para fins pacíficos, transparência com autorização para a entrada da Agência Internacional de Energia Atômica no país e a troca de urânio enriquecido para fins bélicos por urânio para usos civis. Os EUA e a UE barraram o acordo que não foi implementado, optando por uma nova rodada de sanções e embargo. Recomenda-se AMORIM, 2015 e HIRST, 2019 para uma melhor compreensão do processo.

ocidentais para a derrubada do regime vigente (de Bashar al-Assad). Essa ajuda militar foi composta de ações diretas como bombardeios aéreos contra o EI e forças de oposição e pelo envio de auxílio financeiro e de armamentos. A Síria é um pivô regional no campo energético para a produção de petróleo, as atuais rotas de abastecimento de gasodutos e oleodutos e para a construção de possíveis novos dutos (o que a coloca no núcleo de disputas entre os EUA e seus aliados, a Rússia, a China, o Irã e o Iraque).

Em 2022, ainda pressionada pelo Ocidente e em busca de escapar ao estrangulamento geopolítico crescente desenhado pelos EUA e a UE, a Rússia iniciou em fevereiro uma operação militar contra a Ucrânia. Como já citado nesse item, a Ucrânia já era um ponto fraco para a Rússia, sofrendo as influências dos EUA e do Ocidente, desde as Revoluções Coloridas (VISENTINI, 2021).

O conflito de 2022 é uma resposta a essas pressões e, em certa medida, uma continuidade da Guerra da Crimeia, que permitiu à Rússia acesso e conquista dessa península. Os Acordos de Minsk que garantiriam estabilidade e proteção às populações russas não foram respeitados por grupos ucranianos, mantendo um estado de guerra civil. Assim, enquanto o Ocidente declara ser essa uma guerra ofensiva de conquista, a Rússia define o conflito como uma "operação especial" que tem os seguintes objetivos: garantir a neutralidade da Ucrânia (ou seja, que o país não se torne membro da OTAN), proteger as populações russas na região de Donbass, conquistando acessos importantes ao mar como Mariupol e a "desnazificação" da Ucrânia.

Ainda que a guerra de narrativas do Ocidente esconda, devido ao conflito e à postura anti-Putin, a influência dos movimentos de extrema direita no país, a Ucrânia já vinha sendo reconhecida, nos últimos anos, como um polo desses movimentos transnacionais (vide a atuação do Batalhão de Azov e do Pravyi Sektor). Mesmo sendo minoritários no país, esses grupos possuem uma atuação interna e externa que não pode ser ignorada. Apontar esses fatores, deve-se destacar, não significa validar a ação de Putin, que foi, claramente, uma violação de soberania, ou negar a existência de gravíssimas consequências humanitárias, mas sim indicar que as zonas cinzentas e os interesses envolvidos na Ucrânia vão muito além do que surge na mídia. Adicionalmente, cabe lembrar que tanto a China quanto a Índia não se alinharam ao Ocidente nessas pressões sobre Putin.

Portanto, o reposicionamento russo foi, e continua essencial, no espaço eurasiano para a definição da geopolítica global. Em um balanço dessa trajetória de mais de duas décadas, Trenin (2019, s/p) avalia que:

> A Rússia de Putin restaurou a soberania concreta. O rápido crescimento dos preços do petróleo nos anos 2000 permitiu que o país fizesse a transição para o crescimento econômico e (...) se tornasse menos dependente do financiamento externo. A nacionalização da indústria do petróleo russa (...) criou as bases para uma política coordenada de energia. As reformas nas Forças Armadas deram ao Kremlin um instrumento de poder efetivo para a defesa e a promoção dos interesses do país. A manutenção do apoio a Putin pela maioria da população assegurou a estabilidade do sistema, enquanto o poder vertical permitiu um mecanismo para o presidente exercer sua vontade política. Está igualmente claro que a Rússia retomou seu status de grande poder no século XXI. Precisamos entender aqui que grande poder é um conceito essencialmente político-militar (...) é um Estado resistente à pressão externa e capaz de forjar um curso político independente e — quando necessário — defender-se sem ajuda externa.

Se tomarmos como base essa avaliação de Trenin de que uma grande potência é aquela capaz de se defender sem auxílio externo, o mesmo pode se aplicar à Índia. Poder nuclear, nação emergente e que aprofundou seus laços bilaterais com os EUA na última década, a Índia manteve uma trajetória contínua de autonomia desde 1989. O país focou a agenda de barganha devido ao papel-chave na região eurasiana e do Indo-Pacífico.

Historicamente, a barganha não é uma prática inédita à Índia. Na Guerra Fria, esteve à frente do movimento não alinhado com posição neutralista em termos políticos, ao mesmo tempo em que desenvolveu uma capacidade nuclear para garantir sua autonomia em um contexto de tensões regionais com o Paquistão. Ao longo dos anos 1980, criou arranjos como a SAARC (Associação Sul-Asiática de Cooperação Regional), reforçando sua esfera de influência comercial no subcontinente indiano.

No pós-Guerra Fria, a política externa indiana sofre um processo de reformatação devido às mudanças na posição relativa da China, do Paquistão e dos EUA na região eurasiana e às dinâmicas multilaterais globais e regionais. Segundo Mukherjee e Malone (2011), esses pilares geopolíticos e geoeconômicos correspondem a tensões estruturais e sempre são as variáveis consideradas na elaboração da estratégia externa.

Essa avaliação é complementada por Horimoto (2017), que identifica três eixos na matriz indiana de relações internacionais: o global, o regional e o local. Em termos globais, identificam-se como áreas prioritárias de ação a defesa de um sistema internacional multipolar não hegemônico, pleito pelo assento permanente no CSONU e a participação em organismos multilaterais como o mencionado BRICS e outros arranjos como a OCX e o Fórum Ibas. No caso do multilateralismo, deve-se destacar que essas visões de parcerias estratégicas foram mais efetivas no governo do Primeiro-Ministro Manmohan Singh (2004 a 2014[11], Congresso Nacional Indiano). Essas políticas perderam fôlego na gestão do Primeiro-Ministro Narendra Modi, desde 2014 (BJP).

---

[11] No período pós-1989, os demais Primeiros-Ministros foram: V. P. Singh (1989 a 1990 do Janata Dal), Chandra Shekhar (1990 a 1991 do Samajwadi Janata), Narasimha Rao (1991 a 1996 do Congresso Nacional Indiano), Atal Vajpayee (1996 e 1998 a 2004, Bharatiya Janata), Deve Gowda (1996 a 1997, Janata Dal), I. K. Gujral (1997 a 1998, Janata Dal) e Atal Bihari Vajpayee (2008 a 2014, BJP).

Para Horimoto (2017), há uma sobreposição entre esse eixo global e o regional e o local, que corresponde à parte terrestre da Eurásia e à marítima do espaço do Indo-Pacífico. Adicionalmente, o fim da URSS agregou um componente de instabilidade em regiões próximas, gerando um temor da disseminação de disputas nacionalistas, pela autodeterminação e fundamentalistas religiosas no entorno. Para um país já afetado internamente por essas fragmentações, essas tensões geograficamente próximas poderiam ter um efeito demonstrativo, incentivando as crises domésticas.

Tais crises ainda são compostas de outros problemas duradouros: preservação do sistema de castas, elevados níveis de pobreza, diferenças crônicas de desenvolvimento social entre zonas rurais e urbanas, no que se refere ao crescimento populacional, o acesso à saúde e à educação, infraestrutura básica de água e esgoto, violência social e de gênero. Mesmo sendo definida como uma nação emergente, esses problemas são sistêmicos, como apontam Mukherjee e Malone (2018), e atuam como entraves para a construção de uma economia menos desigual e com mobilidade entre as classes.

Em síntese, são desafios internos e externos. E no externo, agrega-se à presença sino-paquistanesa, a ação russa na Ásia Central e as relações sino-russas. China-Rússia-Paquistão representam corredores centrais da BRI que podem promover um estrangulamento concreto da Índia em seu espaço geográfico. A Índia não participa da BRI, assim como não assinou o RCEP, mantendo-se à margem das movimentações chinesas de reforço de poder. Parte dessas decisões é explicada pelas relações Índia-EUA, mas parte também pela postura mais nacionalista de Modi.

Ainda que China, Índia e Rússia estejam juntos no BRICS e na OCX tenhamos a parceria China, Índia, Rússia e Paquistão, tensões bilaterais por fronteiras (Caxemira, Himalaia e Tibet), o receio pelo avanço econômico-estratégico da China e da Rússia na região e a ameaça estratégica paquistanesa permanecem (corrida armamentista nuclear).

Assim, há uma dinâmica de autocontenção mútua entre os Estados e uma tentativa da Índia em avançar em políticas da boa vizinhança com outras nações próximas ("o olhar e agir para o leste"). Todavia, coloca-se em xeque, diante da expansão chinesa, associada a suas relações bilaterais e da BRI, a capacidade indiana de efetivamente contrabalançar essa potência.

O fator China e sua rápida e sólida ascensão na Ásia e sua política de *going out*, mesmo antes da construção da BRI, é um dos que mais impactou a política externa da Índia diante dos EUA (e vice-versa). Embora se atribua a Modi a consolidação de uma "aliança especial" com Trump, a construção das bases do relacionamento indo-americano contemporâneo inicia-se em 2000, com uma visita do presidente Clinton. A despeito de embargos e tensões entre EUA e Índia no campo nuclear devido à não assinatura do TNP por esse país, troca de acusações por falta de transparência e a realização de testes nucleares, ocorrem diversos ensaios de aproximação antes da conclusão dos acordos comercial e nuclear entre 2006/2008.

A partir de Clinton, estabeleceu-se uma estrutura de parceria estratégica que foi aprofundada por W. Bush no contexto da GWT. Na oportunidade, o movimento dos EUA contra o Afeganistão e em busca de apoio para suas incursões locais foi duplo: aproximação com o Paquistão e com a Índia. No governo W. Bush, foram estabelecidos: o *India-US Joint Working Group on Counter Terrorism* (2002), a Iniciativa NSSP — Próximos Passos na Parceria Estratégica (2004) e a parceria estratégica formal (2005). O ano de 2006 trouxe os dois mais importantes avanços: o Diálogo Econômico EUA-Índia (*US-India Economic Dialogue*) e o Acordo Nuclear Civil entre EUA e Índia (*US-India Nuclear Civil Agreement*) — denominado de Acordo 123.

O diálogo econômico firma um tratado bilateral comercial entre EUA e Índia com facilitação de trocas e arranjos preferenciais, enquanto o segundo representa o reconhecimento formal da Índia pelos EUA como um poder nuclear. Esta foi uma grande conquista para a política externa indiana, pois permite que o país coopere com os EUA nesse campo, participe do Grupo de Fornecedores Nucleares (NSG — *Nuclear Suppliers Group*), sem ter assinado o TNP. Como garantia, somente a aceitação de salvaguardar o não repasse de tecnologia ou combustível nuclear obtido dos EUA e a transparência no acesso a instalações civis (sem a mesma contrapartida nas bélicas).

O acordo, em sua versão final, foi aprovado em 2008: o *United States--India Nuclear Cooperation Approval and Nonproliferation Enhancement Act*). Em 2010, mais uma conquista indiana, agora na gestão Obama: o apoio formal dos EUA à entrada do país como membro permanente do CSONU. Até o momento, os quatro Estados principais (G4) que pleiteiam esse assento são Alemanha, Brasil, Índia e Japão, os EUA só apoiam Japão e Índia formalmente. O Brasil é visto "com simpatia" e a Alemanha foi vetada.

Portanto, a relação Modi-Trump e os arranjos preferenciais Índia--EUA não trazem inovações no intercâmbio, apenas reforçam tendências estratégicas prévias. Se havia "novidade", era na prática do nacionalismo em termos de políticas domésticas de supremacia, de garantia do interesse nacional, mas sempre foi uma aliança delimitada nessas pautas, não compondo, como visto em 4.3, uma "ação global". Em termos geopolíticos e geoeconômicos, o que ambos fizeram foi dar continuidade a um macroplanejamento de rebalanceamento da China na região.

Pode-se questionar a eficácia desse movimento para impedir a consolidação da BRI e da esfera de influência chinesa e para a preservação do interesse indiano. A opção foi por não fazer uma frente eurasiática com Rússia e China contra os EUA, e sim aliar-se aos EUA. Até o momento, a Índia parece se beneficiar desse arranjo. Entretanto, na complexidade do jogo político-econômico atual entre as grandes potências, há de se questionar quais instrumentos de construção de ordem e esferas de influência serão mais eficientes: os dos EUA ou os da China.

Nenhuma dessas ações bilaterais implicou concessões indianas aos norte-americanos com perfil de alinhamento automático. Prevalece uma aliança baseada em barganha devido a interesses convergentes na contenção da China (regional e global), na reestruturação militar do Indo-Pacífico e da Ásia Central. Adicionalmente, existem divergências em questões comerciais.

Competição essa que a Índia também desenvolve com a Rússia e a China como emergentes, sustentada na CSS e na ampliação de sua participação no mercado de saúde. Considerando estes países, Rússia e China proporcionalmente têm obtido controle da pandemia internamente muito mais efetivamente que a Índia. A partir de abril de 2021 a Índia, assim como o Brasil, tornou-se epicentro da pandemia. Apesar de a Índia possuir vacina própria e ser fornecedora de IFA e insumos para a produção de vacinas e medicamentos (o oposto do Brasil), os problemas são os mesmos com relação à pobreza, desemprego, moradias precárias, acesso à saúde pública e promoção de isolamento social.

No caso das divergências EUA-Índia, elas coexistem com a cooperação. O que isso demonstra, inclusive, é que política internacional e de alianças não é um jogo de soma zero, mas sim de busca de vantagens relativas em diferentes tabuleiros de interesse, algo que a América Latina e o Brasil têm dificuldades em praticar (ver 5.5). Modi não cedeu a Trump nessas questões e não deve ceder a Biden, mas manterá uma relação estratégica no Quad e nos demais aspectos da agenda bilateral.

Rússia e Índia, portanto, podem ser classificadas como "novos velhos poderes": potências regionais, que ajustaram suas políticas externas a circunstâncias distintas da Guerra Fria, uma de forma linear em direção à autonomia (Índia) e outra com mais sobressaltos entre o alinhamento e a autonomia (Rússia). Independentemente dessas trajetórias, a conclusão é a mesma: dois Estados que se mantêm como *players* relevantes na Eurásia, com forte sentido de destino e interesse nacional.

5.4 A África e o Oriente Médio: Tabuleiros em Xeque

Em 2021, a Primavera Árabe completará uma década envolta em muitas interpretações diferentes sobre suas motivações e resultados. Essas percepções distintas sobre esse fenômeno não se resumem somente a ele, mas se estendem sobre muitas dimensões estratégicas que envolvem a África e Oriente Médio. Imersas em conflitos territoriais e sectários, vistas como fontes de *commodities* e problemas sociais (crises sanitárias, alimentares, desemprego, pobreza e fome), essas regiões são muito mais complexas política, social e economicamente do que uma leitura rápida possa indicar.[12]

As relações intrarregionais e extrarregionais são heterogêneas do ponto de vista de Estados, arranjos multilaterais e de características geopolíticas e geoeconômicas distintas. Adicionalmente, não se pode compreender as realidades desses espaços sem lembrar do recente passado colonial, associado aos movimentos imperialistas europeus do século XIX e os processos de independência, reconstrução de fronteiras e reestruturação política do século XX e que se estende até os dias atuais. Na sequência, serão traçadas algumas linhas mestras da África e do Oriente Médio, finalizando com dois temas transversais a essas regiões: a Primavera Árabe e o EI.

Considerando inicialmente a questão africana, o continente[13] possui enorme importância estratégica, que é acompanhada por dificuldades do mesmo porte, resultantes de seu passado como zona de partilha

---

[12] Para uma visão ampliada dos temas, recomenda-se VISENTINI, 2014. Essas regiões, assim como a América Latina, encontram-se no eixo mineral, demográfico e populacional.

[13] Visentini (2014) aponta a existência de três subsistemas regionais: o transaariano (Estados árabes do Mediterrâneo, ao Sul do deserto do Saara, Golfo da Guiné e Chifre da África, a África Central (que engloba a região dos Lagos e a região de Camarões ao Quênia) e a África Austral (correspondente ao sul do continente e às regiões de colonização portuguesa e inglesa).

imperial, fronteiras artificiais, processos de descolonização complexos e um presente de desafios. Apresentando um panorama dessa situação, Wapmuk e Akinkwotu (2017) refletem sobre essa complexidade. A África

> (...) dispõe de enormes recursos naturais, incluindo petróleo e gás, minerais sólidos e rica terra arável para a produção agrícola, bem como mercados que atraíram as grandes potências que partiram, colonizaram e moldaram a história do continente. Novas potências econômicas se encontram igualmente atraídas pelos vastos recursos e mercados do continente. Assim como o mundo modela os assuntos africanos, seus assuntos também afetam o mundo (...) a África está assentada no meio de três das mais importantes rotas de comércio: os oceanos Atlântico e Índico e o mar Mediterrâneo. Seus 55 Estados representam aproximadamente um quarto de todos os votos dentro do sistema da ONU. Ainda assim, a maioria dos Estados africanos exerce pequena influência nas relações mundiais em razão de seus fracos sistemas político e econômico e de suas capacidades militares limitadas. Na busca de soluções Pan-Africanistas para os problemas de liderança e de governança, desafios de desenvolvimento, pobreza, conflitos, terrorismo e muitos outros, a África deve agir unida e buscar engajar a comunidade internacional em seus próprios termos, como um ator de igual importância (...) As relações entre a África e o resto do mundo devem ser enraizadas nos princípios de igualdade das nações e dos povos, na colaboração mútua para interesses mútuos e no respeito pela habilidade e pelo direito dos africanos para liderar sua própria mudança (Wapmuk e Akinkwotu, 2017, p. 29).

Em meio a essas contradições, a África atravessou, desde 1989, fases de marginalização, renascimento e reposicionamento. A marginalização, como sustenta Visentini (2010), corresponde ao período pós-bipolaridade, que se estende por grande parte da década de 1990. Assim como na América Latina, analisada no próximo tópico, sem o cenário estratégico da Guerra Fria e da disputa entre as superpotências, esse espaço perdeu relevância em um cenário de concentração de poder dos

EUA. Da mesma forma, são cenários que saíam dos anos 1980 em crise política-econômica-social, pressionados pelos ajustes consubstanciados no Consenso de Washington.

A saída da "Década Perdida" era a da reforma neoliberal, porém o que gerou foi apenas outra década perdida, sem contrapartidas dos EUA, do sistema multilateral ou outras potências do mundo desenvolvido. Nos anos 1990, além disso, intensificam-se os conflitos internos a alguns países africanos, descongelados no pós-bipolaridade: Somália, Serra Leoa, Ruanda, Burundi, Uganda, República Democrática do Congo e Sudão (dividido a partir de 2011 em Sudão e Sudão do Sul, sendo que as reservas de petróleo se concentram no Sul), podem ser mencionados. Ao mesmo tempo, tensões permaneceram na Etiópia, na África do Sul, Angola e Moçambique.

Como forma de mitigar essa agenda, ações dos EUA (Somália) e operações de paz da ONU tornaram-se recorrentes, sem que se apresentassem soluções duradouras. Em um cenário transnacional, a crença de que essas problemáticas ficariam restritas à região rapidamente foi sendo desconstruída no campo sanitário e no securitário. Fenômenos como a pirataria, aumento da imigração ilegal e de fluxos de refugiados ao Ocidente, crescimento do fundamentalismo religioso e do terrorismo islâmico, dificuldade de acesso a bens energéticos e *commodities* minerais estratégicas não se limitavam às fronteiras africanas.

O final da década apresentaria sinais mais promissores de estabilização e recuperação. Esse processo foi denominado de "renascimento africano" por Thabo Mbeki, ex-presidente da África do Sul, e era composto de reformas econômicas, a atualização do sistema regional africano e de suas relações internacionais globais. Em termos cronológicos, pode-se propor que esse período se inicia em 1999, estendendo-se até 2010 (ano de realização da Copa do Mundo na África do Sul e em dezembro da eclosão da Primavera Árabe), e será seguido por uma fase de reposicionamento estratégico.

No que se refere ao renascimento, alguns países como África do Sul e Nigéria consolidaram, apesar das dificuldades, programas de recuperação da economia. Ambas as nações passaram a ser consideradas emergentes, sendo a África do Sul incluída no BRIC em 2011, como visto. Líbia e Egito, assim como outras nações, sofreriam pressões sobre seus regimes, principalmente após 2001 e 2003, devido às operações militares dos EUA no Afeganistão e Iraque. É enganoso atribuir a essas operações efeitos somente sobre o Oriente Médio. Suas consequências disseminaram-se pela África e são responsáveis por acontecimentos ligados à Primavera Árabe e ao EI. Dentro da etapa do renascimento africano, ondas de estabilidade e instabilidade sobrepunham-se.

Em termos de estabilidade, além dos fatores econômicos, deve ser destacada a atualização do sistema regional. Nesse campo, inserem-se mecanismos econômicos e políticos multilaterais. Na agenda econômica, os dois principais arranjos são a SACU (União Aduaneira da África Austral) e a SADC (Comunidade para o Desenvolvimento da África Austral), cujas origens antecedem o período do renascimento. Ambas passaram por processos de aprofundamento e modernização. A SACU trouxe à mesa o Acordo Monetário Multilateral (MMA) e se tornou um pilar de negociações com blocos extrarregionais (MERCOSUL e UE) e terceiros países (China e Índia). A SADC, em 1992, consolidou uma estrutura econômica, política e comercial, com forte atuação em projetos de infraestrutura e desenvolvimento.[14]

No que se refere aos pilares políticos do multilateralismo, destaca-se a criação da União Africana (UA) em 2002, herdeira da Organização da Unidade Africana (OUA) de 1963. Segundo Appiah (2018), a UA avança no objetivo de prover uma estrutura ampliada para os debates sobre o continente, com ênfase na estabilidade, na paz e no desenvolvimento

---

[14] Os membros da SACU são: Botsuana, Lesoto, Namíbia, Suazilândia e África do Sul. Da SADC: África do Sul, Botsuana, Lesoto, Namíbia, Angola, Ilhas Maurício, Madagascar, Malaui, Moçambique, República Democrática do Congo, Tanzânia, Zâmbia e Zimbábue.

(sustentados no princípio da não indiferença). Para isso, demandava-se uma posição mais proativa dos Estados-membros que pode ser encontrada em diversas iniciativas: a formalização da Arquitetura de Paz e Segurança Africana (ASPA), visando à estabilidade, segurança e defesa regionais e da Nova Aliança para o Desenvolvimento da África (NEPAD).

O NEPAD possui foco em políticas de desenvolvimento, com interdependência com as metas dos ODM (e ODS). Há uma crescente conscientização de que a continuidade das desigualdades sociais permite a emergência de posturas radicais e fundamentalistas. Os esforços multilaterais não se restringiram às dimensões regionais e incluem essa maior assertividade humanitária e securitária na ONU, a criação de novos mecanismos como o IBAS, a participação no G20 comercial e financeiro e a entrada da África do Sul no BRICS.

Um elemento fundamental do renascimento e que marca toda a sua trajetória é o da reconfiguração do sistema de relações internacionais africano. A criação do Fórum de Cooperação África-China (FOCAC), em 1999, surge como o mais relevante elemento desse processo, ainda que não se possa desconsiderar a presença indiana e brasileira no continente. Porém, dos três emergentes. China, Brasil e Índia, é a China que possui uma ação mais sistemática, ampliada com a BRI. Brasil e Índia, até por seu menor poder econômico possuem menor presença e, no caso brasileiro, a projeção foi drasticamente reduzida a partir de 2016.

Diante dessas movimentações, houve uma contrapartida dos EUA com uma relativa maior atenção ao continente, no que foi acompanhada pela UE. No pós-2001, as medidas dos países desenvolvidos foram motivadas pelo combate ao terrorismo fundamentalista islâmico, devido à identificação do continente como foco e santuário para emergência desses grupos nos Estados bandidos-falidos-frágeis, conforme classificação já abordada. Depois, a partir de 2010, a UE mostrou-se mais envolvida em cenários específicos (Norte da África, ex-colônias) devido à somatória dessas ameaças terroristas, da insurgência de grupos locais contra governos (guerras civis) e, principalmente, por causa da crise dos refugiados, uma vez que a África é rota de passagem terrestre e marítima, funcionando como porta de saída para os fluxos humanos gerados pelas guerras e tensões da região e do entorno do Oriente Médio.

Todavia, seja em termos de investimentos, como da natureza político-estratégica da relação, essa reaproximação não foi sustentada de forma sistemática ou com a redução de assimetrias. Enquanto às agendas com os emergentes e organismos multilaterais enfatizaram a CSS, nesse campo se reproduziram práticas antigas de ingerência e mesmo críticas às parcerias do continente com o Brasil, a China e a Índia.

Tais críticas focavam-se o conceito de "novo imperialismo" (que inclui práticas como a "armadilha da dívida"), ignorando que as estruturas e práticas de cooperação entre essas nações e os países africanos baseavam-se em uma composição complexa: interesses mútuos como mercados, *commodities*, troca de apoios estratégico-diplomáticos em coalizões negociadoras ad hoc ou arranjos multilaterais, ampliação de infraestrutura, políticas convergentes em defesa do desenvolvimento e combate aos desequilíbrios sociais da fome, da pobreza, dos bens públicos (saúde e educação) e emergências sanitárias. Essas acusações eram rechaçadas com base nessa mescla de convergências e solidariedade características da CSS.

Em uma breve linha temporal, as iniciativas dos EUA para o continente englobaram a criação do AGOA (*African Growth and Opportunity Act*) por Clinton, depois ampliado por W. Bush, que, em seu segundo mandato, também investiu em programas de ajuda para combater a fome, problemas sanitários e sociais, no âmbito da diplomacia transformacional. Estrategicamente, a iniciativa mais relevante com objetivo duplo, estabilizar o continente e conter a projeção dos emergentes, foi a do estabelecimento do USAFRICOM, a partir de 2008.

Esse comando designa efetivos e forças para a África, em sobreposição em algumas regiões com o USSOUTHCOM, referente ao Atlântico Sul. Sua área de atuação foi definida a partir de territórios antes alocados no USCENTCOM e no USPACOM. Como analisado, o USPACOM e sua nova formatação USINDOPACOM e todo espaço geográfico são respostas diretas à expansão da China na Ásia e globalmente.

A militarização do Atlântico Sul se choca com a iniciativa da Zona de Paz e Cooperação do Atlântico Sul (ZOPACAS). Além da criação do USAFRICOM, ela englobou nesse período a reativação da Quarta Frota dos EUA no Atlântico Sul (que acompanha outras iniciativas militares norte-americanas na América Latina, examinadas em 5.5). Igualmente, as propostas dos EUA estão em desacordo com os Tratados de Tlatelolco e Pelindaba, que estabelecem zonas livres de armas nucleares.

Tanto Obama quanto Trump mantiveram essas prioridades. Obama, mais uma vez, ampliou o AGOA, prometendo um incremento de investimentos no Norte da África e Oriente Médio (a Iniciativa de Parceria em Comércio e Investimentos) que tinha três objetivos quando lançada em 2008: conter a China e as nações emergentes, promover a reconciliação com a região devido à GWT e incrementar a presença regional dos EUA. Ao longo do mandato de Obama foi criado um fórum nos moldes similares do FOCAC, o US-Africa Business Forum.[15]

Essas movimentações não barraram o aumento da presença da China no continente, vide a já citada BRI, nem são os pilares pelos quais a gestão Obama é lembrada na política africana. A intervenção militar da Líbia em 2011, sob a bandeira da ONU, justificada pela crise humanitária provocada pelo governo de Muammar Gaddafi tornou-se a política mais conhecida, pelos seus sucessos e fracassos: sucessos ao ajudar a depor Gaddafi, o que levou à sua morte, e garantir a ampliação da presença ocidental no setor energético líbio, e fracassos como a inabilidade em

---

[15] Para um balanço oficial destas políticas ver, THE WHITE HOUSE PRESIDENT BARACK OBAMA. FACT SHEET: U.S. — Africa Cooperation on Trade and Investment Under the Obama Administration. Disponível em: https://obamawhitehouse.archives.gov/the-press-office/2016/09/21/fact-sheet-us-africa-cooperation-trade-and-investment-under-obama. Acesso em: 20 abr. 2021.

promover um arranjo de paz duradouro, impedir o avanço das forças fundamentalistas no vácuo de poder na região e em seu entorno e o assassinato do Embaixador dos EUA na Embaixada no país.

A intervenção sustentou-se no R2P, responsabilidade de proteger, convertendo-se na primeira e última operação desse tipo. No contexto da Primavera Árabe, outra intervenção similar foi proposta em 2014 para a Síria, em meio à guerra civil, mas rechaçada pela Rússia e China.

Outro ponto sensível para Obama foi o conjunto da Primavera Árabe, desde a sua eclosão em 2010/2011, com a instabilidade em parceiros regionais como o Egito. Na verdade, como será visto adiante, parte das motivações do movimento é atribuída a um discurso de Obama pró-democracia no Cairo, em 2009, logo após a sua posse na Casa Branca. Esse é um fator do processo, mas não o seu principal catalisador, como será discutido. Trump deu continuidade a essas políticas, mas com ajustes importantes: críticas ao intervencionismo na Líbia, as políticas contra EI e a instabilidade.

Por fim, a última etapa é bastante complexa, a do reposicionamento: assim mesclam-se tendências como as da Primavera Árabe com a inclusão da África na BRI, e a continuidade da explosão de cenários conflituosos. Em 2020, a pandemia da Covid-19 atingiu o continente, já bastante sensível a outras epidemias e pandemias nas áreas da saúde. O conjunto de regiões periféricas da África, Oriente Médio e América Latina encontra, para o enfrentamento da pandemia, desafios similares para a obtenção de medicamentos, acesso ao tratamento e vacinas.

Permanece uma situação de crises, às quais se somam novas zonas de oportunidade em relações interestatais e multilaterais, não se repetindo a marginalização do pós-Guerra Fria. Assim como o Oriente Médio, é um tabuleiro em xeque, de extremo potencial em recursos de poder, mas envolvido em disputas intra e extrarregionais que impactam o seu desenvolvimento autônomo.

Considerando o Oriente Médio, a região também é composta de realidades heterogêneas em seus subsistemas, que, como visto no Capítulo 2, compõem uma região sensível geopoliticamente[16] e de importância geoeconômica. Algumas das principais questões que envolvem esse espaço são: o processo de paz Israel-Palestina, o papel do Irã como pivô estratégico, as guerras do Iraque e Afeganistão no âmbito da GWT (e seus efeitos), as instabilidades na região do Iêmen e as dinâmicas da Primavera Árabe e do EI.

No que se refere ao processo de paz Israel/Palestina, ele se encontra estagnado e retrocedendo desde a segunda metade dos anos 1990. Essa situação deixa de lado as avaliações já realizadas pelos próprios EUA de que sem uma política equilibrada nesse campo não haveria paz possível, como já alertava o ex-Assessor de Segurança Nacional e ex-Secretário de Estado dos EUA Henry Kissinger (1994). Como analisado no Capítulo 2, a não inserção de Israel em um arcabouço regional é uma situação geopolítica que afeta os interesses dos EUA e globais por conta das ameaças ao mercado de energia, os custos estratégicos, militares e humanitários e os impactos que causa nos vizinhos. Entretanto, essas lições parecem ter sido esquecidas.

No pós-Guerra Fria, dando continuidade aos esforços negociadores da década de 1970, duas conquistas importantes foram obtidas: os Acordos de Oslo I e Oslo II. Patrocinadas pelos EUA desde o governo de Bush pai, culminando com a implementação dos tratados em Clinton, esses

---

[16] Os subsistemas, no caso, podem ser assim divididos: "(...) Oriente Médio (árabe e não árabe), propriamente dito (Machrek ou Oriente, em árabe), o Norte da África (Magreb, ou Ocidente, em árabe), a Eurásia Central e o Afeganistão e o Paquistão. O primeiro abarca a Península Arábica (Arábia Saudita, Iemen, Omã, Emirados Árabes, Catar, Bahrein e Kuwait), o Crescente Fértil (Egito, Israel/Palestina, Jordânia, Líbano, Síria e Iraque) e o arco montanhoso ao Norte deste (Turquia, Azerbaijão e Irã). O Magreb compreende a Líbia, Tunísia, Argélia, Marrocos/Saara Ocidental (...) A Eurásia Central abrange as repúblicas muçulmanas que integravam a URSS (Cazaquistão, Uzbequistão, Quirguistão, Tadjiquistão e Turcomenistão) e o Afeganistão e o Paquistão" (VISENTINI, 2014, p. 3).

acordos restabeleceram a fórmula "terra pela paz", com foco no eixo Israel-Palestina. Por Israel, os protagonistas foram o Primeiro-Ministro Yitzhak Rabin e o Ministro das Relações Exteriores Shimon Peres, e pela Palestina Yasser Arafat ao lado da OLP (Organização para Libertação da Palestina). Posteriormente os resultados positivos desses acordos levariam ao Prêmio Nobel da Paz para esses atores.

Houve o reconhecimento da existência entre Israel e Palestinos, a devolução dos territórios ocupados por Israel (Cisjordânia e Faixa de Gaza) e a transição para o futuro Estado palestino, com a instituição da Autoridade Nacional Palestina (ANP) como órgão de governo responsável por sua administração. Atrelados a esses acordos seguiram-se novas negociações bem-sucedidas com a Jordânia, e conversações com Líbano e Síria com resultados menos significativos.

Rápida e decisiva, a consolidação dos arranjos de Oslo foi sustentada pela ajuda externa de EUA e UE, e foi possível estabelecer um embrião de Estado e serviços públicos para os palestinos. Entretanto, o seu sucesso afetava interesses de grupos radicais nos dois lados, e os acordos se quebrariam "por dentro": com o assassinato de Rabin em 1995 e a ascensão de Benjamin Netanyahu (Bibi) ao cargo de Primeiro-Ministro. Na oportunidade, Bibi ficou apenas três anos no comando do Estado (sendo sucedido por Ariel Sharon entre 2001 e 2006 e Ehud Olmert de 2006 a 2009). Desde 2009, porém, permanece no cargo, enfrentando inúmeras acusações de corrupção, eleições apertadas e se sustentado por meio de alianças com radicais ortodoxos.

Em meio a tudo isso, Bibi fortaleceu-se diante dos EUA (transferência da Embaixada a Jerusalém) e como um dos líderes da extrema direita trumpista, mesmo sem compartilhar de toda a agenda desse grupo, em particular no que se refere à pandemia da Covid-19. Nessa pandemia, aplicou de forma eficiente o gerenciamento de medidas de distanciamento social, saúde pública, aquisição e campanhas de vacinação, que é apresentado ao mundo como um modelo de sucesso. Modelo, contudo, que não é compartilhado na mesma medida com cidadãos palestinos, representando uma grave questão humanitária. A despeito das sobras de vacina em Israel, da proximidade geográfica, de serem zonas ilegalmente ocupadas por Israel e o fluxo populacional (mesmo que restrito), a Palestina conta mais com a ajuda da ONU, OMS e da China.[17]

Cronologicamente, esse é apenas mais um dos agravantes no desmonte sistemático e pressões de Israel sobre a região da Palestina que se inicia, como citado, em 1995. Desde então, uma somatória de crises se sucedeu como a tentativa fracassada de resgatar Oslo com o Acordo de Wye Plantation (1998), a GWT e o apoio incondicional à Israel. Tendências negativas como a aceleração da construção de colônias judaicas nos territórios ocupados e do muro físico entre Israel-Palestina demonstram a estagnação do processo de paz. O Acordo Mapa da Estrada (Road Map[74]) em 2003 e as ações de Obama pró-criação dos dois Estados, Israel e Palestina, também pouco avançaram, e não há sinalização de mudança em Biden. O legado de Trump no que se refere ao processo de Israel-Palestina é inexistente e não era para ser diferente devido à sua política de alinhamento a Bibi. Ainda assim, muitos analistas apontam inúmeros sucessos de sua gestão no Oriente Médio, como os acordos de paz entre Israel, Bahrein e Emirados Árabes Unidos e o fato de não ter iniciado nenhuma operação militar. Porém, mais controvérsias permanecem: o não envolvimento no conflito do Iemen e sua tragédia humanitária, o apoio à Arábia Saudita, o rompimento unilateral do tratado nuclear com o Irã e a retirada de tropas da Síria e do Afeganistão (INDY, 2020; COOK, 2020).

Assim, é questionável apontar que se trata de um legado de estabilidade regional abrangente, talvez o mais correto seja afirmar de sucesso em objetivos estratégicos limitados. E, nesse sentido, objetivos estratégicos que precisam ser avaliados do ponto de vista regional e interno aos EUA: a diminuição da superextensão de tropas, sem abrir mão da

---

[17] REUTERS. Palestinians get Chinese-donated Covid-19 vaccines. https://www.reuters.com/article/us-health-coronavirus-palestinians-vacci-idUSKBN2BL24D.

manutenção da estabilidade para aliados-chave (Israel e Arábia Saudita) e a garantia do apoio à presidência de parte significativa de sua base ligada aos movimentos fundamentalistas religiosos.

> Sob Trump, cuja administração estava obcecada com o Irã e pouco interessada nas nuances da política regional, Washington praticamente desapareceu como um ator relevante em regiões como Iraque e a Síria, nas quais ainda permanecem tropas. Longe de encorajar a mudança democrática ou defender os direitos humanos, Trump escolheu priorizar os parceiros autocráticos dos EUA (...) as novas relações formais de Israel com o Bahrein e os EUA, ao lado do apoio de outros Estados do Golfo para conter o Irã, parece validar um pouco essa abordagem. Na ausência da mediação dos EUA por todo o restante da região, contudo, intervenções prolongaram conflitos existentes, como pouca preocupação sobre aqueles atingidos (LYNCH, 2021, p. 119).

Os pivôs estratégicos Irã, Iraque e Afeganistão também merecem atenção como zonas de disputa nessa reconfiguração dos tabuleiros da região (assim como a Líbia e Síria). Em todos esses pivôs, em maior ou menor grau, a influência militar e estratégica dos EUA pode ser percebida, assim como a da China e da Rússia. A UE faz parte desta equação, mas em uma posição de menor destaque, predominantemente atrelada às políticas dos EUA. Ainda que na gestão Trump desentendimentos mais frequentes tenham ocorrido devidos às polêmicas da transferência da Embaixada dos EUA para Jerusalém e a crise do acordo com o Irã, eles ficaram mais restritos à retórica do que a atuações efetivas da UE.

A presença direta dos EUA se fez notar pela GWT como citado no Afeganistão e Iraque, na intervenção humanitária da Líbia. Para a Síria e o Irã, pressões e embargos, mas sem uma projeção estratégica, e que é contrabalançada pela Rússia e a China. Esse contrabalanço deriva do interesse energético dessas potências na região, e como uma forma de contenção da influência dos EUA na Eurásia. A atuação russa foi decisiva no combate aos vácuos de poder gerados por esses dois conflitos, nos quais se encontram as raízes da Primavera Árabe e do Estado Islâmico.

Quando os primeiros protestos populares que deram origem à Primavera Árabe em 2010/2011 eclodiram na Tunísia e no Egito, o processo foi romantizado como uma luta pela instalação de regimes populares democráticos no Norte da África e do Oriente Médio. A imagem do "despertar" rapidamente associou esses movimentos a outras primaveras: a dos povos de 1848 (Europa Ocidental), Praga (1968) e as revoluções de veludo de 1989 na Europa Oriental. Igualmente, exacerbou-se o papel das redes sociais como catalisadoras dos movimentos e do discurso de Obama no Cairo, quando teria pedido pela democracia na região.

O evento inicial da Primavera Árabe ocorreu na Tunísia, quando um vendedor de rua, Mohamed Bouazizi, suicidou-se devido a um episódio de brutalidade policial. Bouazizi emergiu como símbolo dos protestos, que ganharam maior densidade e visibilidade quando atingiram o Egito de Hosni Mubarak, há mais de três décadas no poder e aliado dos EUA. Egito, onde, paradoxalmente Obama fez em 2009 esse discurso. Com a eclosão dos protestos no Egito, as manifestações populares da Praça Tahrir tornaram-se dominantes no imaginário popular.

A complexidade desse movimento excede essas avaliações e imagens. Como revolta popular, possui raízes multidimensionais comuns a diversos países, que, ao mesmo tempo, foram afetadas por realidades locais. Homogênea no sentido de promover a defesa de uma nova ordem regional, a Primavera foi heterogênea em seu desenrolar e resultados. Em termos econômicos, os pontos de convergência do movimento são: sociedades de baixa renda e com desigualdades entre classes, dependência do mercado energético e suas oscilações de preço, produção interna industrial e agrícola incipiente, altos preços dos alimentos, ausência de políticas públicas (saúde e educação) e desemprego. Na arena política, os pontos comuns: corrupção, prevalência de governos autoritários e repressivos (tanto seculares quanto religiosos), baixa inclusão das massas populares e fragilidade das coalizões domésticas.[18]

Externamente, podem ser identificados como motores do processo: o descontentamento com a estagnação do processo de paz Israel-Palestina, com as operações militares dos EUA na região e suas políticas de intervenção, e a ascensão do EI. O surgimento do EI é localizado historicamente entre 2003/2006, no confronto do Iraque, como uma reação de grupos sunitas radicais à presença dos EUA e à repressão interna, em coalizão com forças da Al-Qaeda no Afeganistão.[19] Com a eclosão da Primavera Árabe e os movimentos antiocidentais e contra os regimes locais, os dois processos se autorreforçaram.

O EI possui forte ligação com a Al-Qaeda, que, mesmo com a intervenção dos EUA no Afeganistão, manteve-se ativa em células em diversos países da região, inclusive no Paquistão e na Índia (que, como analisado, tornaram-se aliados dos EUA na GWT). Dessa forma, sua influência na Síria, no Iraque, ganhou forma com o EI e grupos insurgentes locais. Um dos fatos mais peculiares do EI foi a sua interpenetração no Ocidente com forte atração sobre populações jovens de origem muçulmana, mas também jovens ocidentais convertidos ou simpatizantes que aderiram à sua agenda. A pauta de luta contra injustiças, mas, principalmente, o sentido de missão, é um elemento essencial para essa cooptação. Lembrando que essa disseminação coincide com a crise econômica de 2008 e as polarizações sociais, políticas e econômicas existentes.

---

[18] A insatisfação popular no pós-Primavera Árabe levou muitos processos políticos, como no Egito, ao outro extremo: ao apoio ao fundamentalismo religioso (como, por exemplo, de Mursi) e à contrarreação de forças seculares e a novas intervenções de parte das forças armadas.

[19] Sobre a natureza do EI, Visentini comenta que o atual EI era a antiga Al-Qaeda no Iraque (...) A AQI aproveitou-se da ocupação americana e da marginalização dos grupos sunitas, antigos quadros do regime do Baas, para fomentar um conflito sectário e guerra civil, que eclodiram em 2006. Nesse ano, a AQI também passou a intitular-se como Estado Islâmico do Iraque (EII) (2018, p. 57).

O auge do EI foi atingido em 2014 com a criação do Califado Islâmico (GELDENHUYS, 2017). Iraque e Síria sofreram perdas consideráveis territoriais: Mosul e Kirku e Aleppo e Raqqa respectivamente, e zonas estratégicas de produção e distribuição de gás e petróleo. A deterioração da situação levou os EUA e aliados a iniciarem bombardeios aéreos contra o EI. A Rússia, posteriormente, somou-se a essas ações de forma independente, auxiliando o governo de Assad em diversas áreas, incluindo as humanitárias (sendo o período de 2010 a 2015 o auge da crise dos refugiados que atingiu a UE). Em 2019, foi anunciado o fim do EI como resultado dessas políticas sistemáticas de bombardeios e esforços das forças militares locais, o que permanece uma avaliação otimista, mas questionável.

A avaliação de Lynch (2021) oferece um panorama realista e mais pragmático, que dá conta dos dez anos da Primavera Árabe, das fragmentações regionais, das limitações estratégicas, da exclusão econômica e da recente crise sanitária,

> A eclosão de mais protestos de massa parece inevitável. Simplesmente existem muitos catalisadores de instabilidade política (...) A pandemia da Covid-19, o colapso do preço do petróleo e uma redução drástica dos recursos de trabalhos migrantes gera novas camadas de pressões em economias já desastrosamente fracas. As guerras na Líbia, na Síria, no Iemen, continuam a produzir refugiados, armamentos, extremismos e a atrair a intervenção externa. E as coisas podem somente piorar. As relações tensas com o Irã podem subitamente escalar para uma guerra quente ou o colapso da ANP impulsionar outra revolta (LYNCH, 2021, p. 120).

Finalmente, não se deve esquecer de mencionar a desastrosa retirada dos soldados remanescentes dos EUA e da OTAN do Afeganistão em agosto de 2021, que levou ao poder, novamente, o talibã. Depois de quase duas décadas no país, a saída dos poucos efetivos ocidentais que ainda restavam em solo afegão (lembrando que oficialmente, do ponto de vista norte-americano, a guerra termina em 2014) apenas consolidou uma realidade de abandono e desamparo de muitas populações locais. Se em 2022 a mídia é dominada pelas imagens do conflito russo-ucraniano, até pouco tempo atrás eram as imagens de afegãos buscando refúgio em aviões ocidentais deixando o país. A política e os interesses, como debatido no Capítulo 1, mudam rápido e pode-se perguntar: para que a guerra no Afeganistão se, no fundo, o tempo, e o talibã, voltaram ao poder?

Essa é uma situação que mescla tendências de instabilidade e estabilidade, de promessas não realizadas e de disputas em andamento. Quando se mencionam tabuleiros em xeque, a imagem é justamente essa: a de uma prevalência de fatores internos e externos que contribui para essas oscilações em regiões altamente populosas, ricas em recursos estratégicos geopolíticos. De que forma projetos como a BRI podem funcionar como contraponto a essas incertezas é uma interrogação, à medida que o desenvolvimento econômico pode, sim, gerar maior inclusão e progresso, mas não necessariamente eliminará dilemas político-estratégicos que podem colocar seus resultados em risco. Para a resolução dessas dimensões diplomáticas, o ideal seria o de um esforço conjunto de todas as potências e blocos tradicionais e emergentes que convergem a esse espaço geopolítico e geoeconômico: EUA, UE, Rússia e China.

5.5 A América Latina e o Brasil: Ainda no Jogo?

Por fim, mas não menos importante, algumas breves reflexões sobre a América Latina e o Brasil, que já apareceram diversas vezes ao longo do texto. Assim como a África e o Oriente Médio, essa é uma região rica em recursos e potencial de poder que, caso os explorasse de forma autóctone e soberana, poderia deixar de ser coadjuvante na ordem mundial para assumir um papel de protagonismo, com o Brasil à frente dos processos (COSTA, 2003). A soma de suas contradições internas sociais, políticas e econômicas e da sombra da hegemonia dos EUA relativizam essa possibilidade.

Desde o fim da Guerra Fria, como analisado, o hemisfério passou por três grandes fases: 1989 a 2000, de prevalência dos modelos neoliberais associados ao Consenso de Washington e alinhamento à esfera de influência dos EUA; 2001 a 2011, de gradual avanço da Onda Rosa e consolidação da autonomia; e 2012 em diante, com a contrarreação conservadora na agenda interna e externa. O que chama a atenção no sequenciamento dessas fases, principalmente na passagem da segunda para a terceira, não são tanto as alternâncias políticas de governos, à medida que isso é normal em regimes democráticos, mas sim a fragilidade dos projetos nacionais e institucionais do hemisfério. Essa fragilidade permitiu que esses projetos ou sucumbissem às trocas de governo em definitivo, ou fossem tão atingidos por revisões de missão e cortes de orçamento que perderam sua natureza e viabilidade.

Blocos como a UNASUL foram desmontados em tempo recorde, a despeito de terem estabelecido uma estrutura de negociações de políticas com razoável eficácia por quase mais de uma década: COSIPLAN, CDS, conselhos de educação e saúde. A UNASUL fazia a ponte do hemisfério em negociações como as Cúpulas ASA (América do Sul-África) e ASPA (América do Sul-Países Árabes), funcionava como um mediador de conflitos regionais e situações de instabilidade (Venezuela, Paraguai) e oferecia mecanismos de concertação em áreas sanitárias que poderiam estar sendo úteis no combate à pandemia da Covid-19 e a negociação de vacinas. Por outro lado, arranjos como o MERCOSUL focam-se cada vez mais em questões econômicas, voltando-se à defesa do regionalismo aberto e da liberalização comercial.

Dentre os poucos que parece manter a sua integridade, a CELAC funciona com a atuação mais direcionada aos países da América Central e do Caribe, com destaque ao Fórum China-CELAC, que poderia ser a porta de entrada da região na BRI. Em 2018, essa meta era assim anunciada, para depois não ter avanços. A preferência chinesa, por enquanto, é por tratados bilaterais com alguns países, diante da indefinição regional.

> A China gostaria de aproveitar essa oportunidade para promover o acoplamento da iniciativa "Um Cinturão e Uma Rota" com as estratégias de desenvolvimento dos países latino-americanos e caribenhos. Proposto pelo presidente chinês Xi Jinping, em 2013, "Um Cinturão e Uma Rota" é uma iniciativa que objetiva a criação de uma plataforma de cooperação internacional. Durante a Cúpula "Um Cinturão e Uma Rota" da Cooperação Internacional no ano passado, o presidente Xi anunciou que a China aumentará seu apoio à construção "Um Cinturão e Uma Rota" e adicionará 100 bilhões de yuan ao Fundo da Rota da Seda, e encorajará as instituições financeiras a realizar operações em yuan no exterior, que poderão movimentar 300 bilhões de yuan. Além disso, as instituições financeiras da China fornecerão quase 400 bilhões de yuan de empréstimos especiais para apoiar a construção "Um Cinturão e Uma Rota". "Um Cinturão e Uma Rota" tornou-se um produto público internacional bem recebido, cujo segredo é ser "visível, tangível e eficiente" em vez de ter conversas vazias. Há 400 anos, a China e a América Latina abriram "Rota da Seda Marítima no Oceano Pacífico". A China está disposta a promover a cooperação substancial em todas as áreas com os países da região sobre os conceitos e métodos de construção de "Um Cinturão e Uma Rota", aprofundando a comunicação das políticas, a conectividade de infraestruturas, o livre fluxo de comércio, a circulação de capitais e o entendimento entre os povos, criando as novas oportunidades e expandindo novos espaços para desenvolvimento (FÓRUM CHINA-CELAC, 2018, s/p).

Em 2018, esses e outros processos seriam esvaziados, devido à ascensão dos governos neoliberais ou de extrema direita na região, que tem no Brasil de Bolsonaro o seu foco mais explícito. Identificando a integração sul-americana como um projeto "comunista bolivariano antiamericano", o governo brasileiro foi um dos líderes para acelerar o fim da UNASUL, substituída por um arranjo sem funcionalidade: a PROSUL. Uma das prioridades da PROSUL era dar um caráter pragmático à integração, segundo seus defensores, no que se inclui a aproximação com os EUA (leia-se, no caso brasileiro, alinhamento automático).

Mesmo antes de Bolsonaro, o Brasil já havia mudado sua matriz de política externa, com Michel Temer (2016/2018) que assumiu após o impeachment de Dilma Rousseff (2011/2016). Temer, de agenda neoliberal, priorizou a agenda Norte-Sul, com temas como liberalização comercial, entrada do Brasil como membro da OCDE, ainda que não tenha abandonado outras iniciativas como os BRICS e o apoio do Brasil ao multilateralismo. Essa mudança de ênfase já havia sido iniciada por Rousseff em seu segundo mandato, derivada de seus ajustes no campo econômico. A autonomia estratégica desenvolvida por Lula com forte diplomacia presidencial, de caráter reformista em aliança com os demais emergentes e ênfase nos temas sociais e ambientais (AMORIM, 2015) já havia perdido vigor em sua sucessora.

A grande diferença entre Bolsonaro e os demais governos não é apenas o alinhamento aos EUA, ou a Trump, mas sim a pauta de extrema direita conservadora e a desvalorização do multilateralismo. O apoio às ações de intervenção e ingerência dos EUA na América Latina na Venezuela (reconhecimento de Guaidó) e Bolívia (apoio à renúncia e deposição de Evo Morales e sua substituição por Jeanine Áñez) e o alinhamento a Israel representam medidas inéditas em uma trajetória de equilíbrio nas relações internacionais do país baseadas em um conjunto de tradições de paz, não ingerência e coexistência pacífica.

Segundo Casarões (2019), a política externa a partir de 2019 deriva das prioridades que compõem a coalizão governamental de sustentação a Bolsonaro. Essa coalizão é composta de 5 "Bs", conforme análise do autor: evangélica (bíblia), ruralista (boi), militares e segurança pública (bala), antiglobalistas (que o autor denomina de "bolso-olavistas") e econômica (bancos). A aliança com Trump-EUA encontrava-se associada às dinâmicas antiglobalista e evangélica, assim como de alguns grupos militares, enquanto os "bancos e o boi" responderiam pelo lado pragmático nos quais se inserem pautas como o comércio bilateral com a China e o Acordo Mercosul-UE.

Entretanto, na diplomacia, essas compartimentalizações não funcionam no mundo real, à medida que os temas se sobrepõem; e para que funcionem, dependem da boa vontade dos outros Estados envolvidos. Episódios recorrentes de mal-estar gerado com a China por conta de declarações xenofóbicas prejudicam o intercâmbio e com a UE a agenda ambiental e direitos humanos é uma trava à implementação do acordo (e um empecilho à entrada na OCDE).

Os alinhamentos automáticos do Brasil aos EUA no período Trump na agenda de costumes, na cessão do uso da Base Alcântara e na abertura de mercados em pouco ou nada resultaram com promessas como a entrada do Brasil na OTAN, na OCDE, acordos preferenciais no comércio, ficando no limbo ou limitadas a acordos no quadro de facilitação de legislação, como no caso do suposto tratado bilateral de comércio Brasil-EUA (ATEC, 2020). O Brasil incorreu prejuízos em sua balança comercial, sendo sobretaxado por Trump em setores como agronegócio e siderurgia, isolou-se na comunidade internacional e abdicou de uma visão pragmática de sua diplomacia e de CSS.

Com Biden, fissuras desde o início: na agenda temática social e ambiental, como analisado, nos direitos humanos e no próprio trato diplomático de parabenizar e reconhecer a vitória do democrata quase em último e não condenar os ataques ao Capitólio e à democracia dos EUA. Como analisado em 4.3 e 5.1, essas são dinâmicas políticas de conflito e polarização que levam o Brasil a perder oportunidades de barganha e aprofundar suas crises. Esse é um padrão que, em maior ou menor grau, estendeu-se na América Latina do pós-2012.

Parte do problema que explica essas oscilações deriva dos desdobramentos e disputas sociopolíticas dos países latinos, enquanto outra parte pode ser atribuída à influência direta e indireta que os EUA exercem na região. O papel da China como indutora do desenvolvimento regional e como parceria de reforma da ordem internacional é condicionado no hemisfério por esses pilares, que afetam, em alguma medida, a sua competição global com os EUA; no caso, mais especificamente, a capacidade da China, ao lado dos demais emergentes, em formar coalizões e estruturas que ofereçam, pela CSS, uma alternativa à ordem internacional liberal.

O agravamento da situação econômica da região em 2019 traz tendências de uma potencial nova mudança de ciclo, em meio a uma crescente turbulência. Já em 2019, relatório do Banco Mundial intitulado "Global economic prospects: darkening skies — Latin America and the Caribbean" já colocava a região como a de menor crescimento em 2020 e com perspectivas pouco animadoras para 2021. Como visto em 4.4, a América Latina enquadra-se no parâmetro: ruim antes da Covid-19, pior ainda durante e provavelmente depois.

Ao longo de 2019, os sintomas dessa situação já se mostravam presentes em indicadores sobre diminuição da renda, precarização do trabalho, desemprego e dificuldade de acesso a bens e serviços básicos, como alimentos, saúde e educação. Protestos populares eclodiram em nações vistas como modelos do neoliberalismo regional há muitos anos, como o Chile, e foram violentamente reprimidos pela polícia e as Forças Armadas. Depois do encerramento do segundo mandato de Michelle Bachelet[20] em 2018, o governo de Sebastian Pinera (que havia sido seu sucessor também no primeiro mandato que se encerrara em 2010), a pressão por reformas não tem diminuído, mas sem transformações

---

[20] Ao encerrar seu mandato, Bachelet, em 2018, tornou-se Alta Comissária da ONU para os Direitos Humanos, cargo no qual tem experimentado embates frequentes com alguns governantes da América Latina: Brasil e Venezuela.

significativas. Em outros países, além dos protestos e instabilidades, trocas de governo são observadas.

Na Argentina, Mauricio Macri, que se elegera em 2015 com uma plataforma neoliberal, com acusações de corrupção ao governo de Cristina Kirchner e com pauta pró-EUA, não conseguiu sua reeleição e foi derrotado por Alberto Fernandez, com Cristina Kirchner como vice. Na Bolívia, as eleições convocadas pela presidente interina levaram ao poder um aliado de Evo Morales, Luis Arce. Diante desse cenário, indicou-se a possibilidade do retorno da Onda Rosa. Contudo, o movimento é desigual: no Equador a direita se manteve no poder com Guillerme Lasso, em uma eleição apertada com a centro-esquerda, devido ao racha dos movimentos progressistas. Em maio de 2021, novos protestos violentos, agora na Colômbia. Por sua vez, a Venezuela permanece sob o comando de Maduro, com a sombra de Guaidó, e foco de crise humanitária, refugiados, violência, pobreza e instabilidade.

Para 2021 e 2022, novos ciclos eleitorais podem ajudar a compreender os encaminhamentos regionais e seu conteúdo estratégico. Por enquanto só uma previsão é clara: a permanência da instabilidade e da crise, associada à Covid-19, mas com raízes muito mais profundas. Internamente, as coalizões de direita ainda se mostram mais fortalecidas que as da esquerda e de centro, que não conseguem construir candidatos de consenso, mesmo como tática eleitoral. Antigos nomes mostram-se à frente das pesquisas e mesmo governos em exercício associados às crises.[21] Na América Central, práticas como golpes de Estado (El Salvador, Honduras), violência de gangues e aumento do poder dos cartéis do narcotráfico, associadas à crescente pobreza tornam o cenário ainda mais volátil (e que, como visto, agravam o problema migratório).

---

[21] No Brasil, apesar do alto número de casos e mortes pela doença, falta de vacinas e crise econômica, o apoio ao governo continua em cerca de 30%, derivado do setor evangélico e parte da classe média neoliberal.

Externamente, prevalece um vácuo estratégico no que se refere aos EUA e à China, optando-se por visões de soma zero ou assimétricas: ou alinhamento aos EUA ou à China, ou a preferência pela aderência política aos EUA e a econômica à China. Mais grave, os processos de integração regional, principalmente na América do Sul, encontram-se parados ou retrocedendo, indicando que a liderança do Brasil é essencial na sua condução e consolidação.

A América Latina e o Brasil desempenham um papel coadjuvante, aquém de suas potencialidades, possibilidades e oportunidades, apesar das brechas existentes. No processo de reconfiguração do poder global em tempos de crise, do Ocidente ao Oriente, todas as hipóteses são possíveis: troca de Pax Hegemônica (*Americana*, *Sinica* ou *Consortium*), Multipolaridade, Coexistência Competitiva, "Nova Guerra Fria" ou Bimultipolaridade. Dentre essas, a mais provável no século XXI parece ser a da Coexistência Competitiva Bimultipolar.

Em eras de transição, com dois polos em disputa e possibilidades diversas de parcerias ao Norte e ao Sul, a opção da barganha deveria surgir como autoevidente para formuladores de política e governantes. Porém, a análise dos cenários, preferências e coalizões é resultado de cálculos estratégicos de custo e benefício que resultam do choque de grupos de interesse. Política é competição e eficiência, e os que apresentarem melhor desempenho eleitoral decidirão os rumos de um Estado e sua população. Rumos esses que não necessariamente serão os mais adequados ao seu tempo, mas que refletirão a percepção que aquela sociedade e Estado têm do mundo e de si mesma.

Considerações Finais

Ao longo destas páginas, parece que surgiram mais perguntas do que respostas. Ainda que algumas percepções pareçam estar mais claras como as de um cenário de crises sequenciais políticas, econômicas, sociais e estratégicas, as interpretações sobre as suas origens, consequências e resultados não parecem levar a um consenso. Em um contexto de polarização política, desencanto crescente e a sensação permanente de emergência, a maneira como as pessoas percebem o seu mundo cada vez mais parece estar descolada do concreto e dependente de bolhas de pensamento, interações imediatas e respostas fáceis.

Alguns chegam a negar até mesmo a existência dessas crises (estando aí incluída a pandemia da Covid-19 e outras que vieram antes dela ou virão depois), aceitando, em contrapartida, teorias da conspiração ou negacionismo como fontes de explicações. Ou tudo é divino, ou tudo é culpa de um outro, o que retira de cada um a sua capacidade de pensar sobre aquilo que é concreto. Outros falam de um "novo normal" solidário e diferente, uma evolução social com foco em agendas humanitárias e ambientais, de recriação e positividade. Protestos em redes sociais, manifestações virtuais são palcos de trocas de acusações e quase raramente de ideias que ofereçam alternativas às narrativas dominantes.

Talvez só uma constatação pareça ser mais evidente: a transição hegemônica dos EUA-China é um movimento diferente e inédito, e suas ondas de choque afetam todo o sistema internacional. Observa-se uma dinâmica que não se assemelha aos jogos de potências dos séculos XV-XIX, às eclosões das guerras mundiais do século XX ou à Guerra Fria. E uma dinâmica que se dá entre a nação que na Guerra Fria e depois dela é uma superpotência, e um país do Sul, emergente do Terceiro Mundo e com uma ampla história e identidade civilizacional.

O que a experiência chinesa ensina é que nada é perene ou definitivo, e que os acontecimentos possuem seus ritmos e histórias próprias. Ao mesmo tempo, a trajetória dos EUA indica que é possível a reinvenção do poder, preservando a dominação pela cooptação ou gerando instabilidade que impede a ascensão de outras nações ou a multipolaridade.

Em um mundo de imediatismos e pressões por certezas absolutas, verdadeiras ou falsas, a paciência e o exercício do pensar ficam de lado. As respostas nunca estão nos extremos, mas nas áreas cinzentas, onde podem se encontrar os opostos: a dor e a esperança, a luta e a acomodação, a raiva e a empatia. Mais do que gestos vazios ou ações efêmeras, o século XXI demonstra, com suas oscilações e alternâncias, que é preciso uma reflexão abrangente.

Como ser *stakeholder* sem a capacidade de compreender o mundo? Como escrever a história sem saber de onde se veio? Tudo que parece novo não é melhor ou tudo que parece velho é pior. Para o Brasil, e para cada um de nós, o desafio é compreender dilemas constantes: nem sempre o tempo que passa traz a luz, mas sim a distância daquilo que se deseja, e daquilo que se pode ser. A boa notícia é que o tempo passa, para o que é bom e para o que é ruim. E este tempo passará.

Referências

ABENOMICS. Disponível em: https://www.japan.go.jp/abenomics/index.html. Acesso em: 10 abr. 2021.

ACNUR. CLIMATE CHANGE AND DISASTER DISPLACEMENT. Disponível em: https://www.unhcr.org/climate-change-and-disasters.html. Acesso em: 10 abr. 2021.

ALMEIDA, Celia; CAMPOS, Rodrigo Pires. "Multilateralismo, ordem mundial e Covid-19: questões atuais e desafios futuros para a OMS." Saúde em Debate, v. 44, Número Especial, Dez. p. 13-39.

ALTMAN, Roger C. "The great crash 2008 — a geopolitical setback for the West. Foreign Affairs, v. 88, n. 1, January/February 2009. p. 2-14.

ALVES, José Augusto Lindgren. "O Sistema Internacional de Proteção dos Direitos Humanos e o Brasil." Cadernos do IPRI, n. 10. Brasília: Ed. FUNAG. 1993. Disponível em: http://funag.gov.br/loja/download/cadernos-do-ipri-num-10.pdf. Acesso em: 15 jun. 2018. p. 5-30.

ALVES, José Augusto Lindgren. "Dificuldades Atuais do Sistema Internacional de Direitos Humanos." Cadernos de Política Exterior/Instituto de Pesquisa de Relações Internacionais. v. 3, n. 6 (dez. 2017). [Brasília]: FUNAG, 2017. p. 149-180.

ALVES, José Augusto Lindgren. A década das conferências: 1990-1999. 2ª ed. Brasília: FUNAG, 2018.

AMORIM, Celso. "Aula Inaugural por ocasião da abertura do Curso de Relações Internacionais da Universidade Federal do Rio de Janeiro." Rio de Janeiro, 13/04/2009. In:

Discursos, Palestras e Artigos do Chanceler Celso Amorim, 2003-2010. v. 1. Brasília: Ministério das Relações Exteriores, Departamento de Comunicações e Documentação: Coordenação Geral de Documentação Diplomática, 2011, p. 167-173.

AMORIM, Celso. Teerã, Ramalá e Doha — memórias da política externa ativa e altiva. Rio de Janeiro: Benvirá, 2015.

APPIAH, Juliana Abena. "Avaliando a arquitetura de paz e segurança africana (APSA) a partir de uma abordagem institucionalista e pela diferença que fez na África desde 2002." Revista Brasileira de Estudos Africanos, v. 3, n. 5, Jan./Jun. 2018. p. 49-66. Disponível em: https://seer.ufrgs.br/rbea/article/view/80909/49323. Acesso em: 11 nov. 2018.

ARAUJO, Ernesto. "Trump e o Ocidente." Cadernos de Política Exterior/Instituto de Pesquisa de Relações Internacionais. v. 3, n. 6 (dez. 2017). [Brasília] p. 323-358.

ARBIX, Glauco; MIRANDA, Zil; TOLEDO, Demétrio; ZANCUL, Eduardo. "Made in China 2025 e Industrie 4.0 — A difícil transição chinesa do catching up à economia puxada pela inovação". Tempo Social, Revista de sociologia da USP, v. 30, n. 3, 2018.

ARENDT, Hannah. As origens do totalitarismo. São Paulo: Ed. Cia das Letras, 1989.

ARON, Raymond. Paz e guerra entre as nações. 2ª ed. Brasília: Ed. UnB, 1986.

ARRIGHI, Giovanni. O longo século XX. São Paulo: Unesp, 1996.

BAKER, Cayli. "The Trump administration major environmental deregulations." Brookings Institution. Disponível em: https://www.brookings.edu/blog/up-front/2020/12/15/the-trump-administrations-major-environmental-deregulations/. Acesso em: 15 abr. 2021.

BARACUHY, Braz. "Geoeconomics as a dimension of grand strategy." In: WIGELL, Mikael; SCHOLVIN, Soren; AALTOLA, Mika. Geoeconomics and power politics in the 21st century. London and New York: Routledge, 2019. p. 14-27.

BARRAL, Welber (Org.). O Brasil e a OMC. Curitiba: Ed. Juruá, 2ª ed. revista e atualizada, 2007.

BARRAL, Welber; AMARAL, Renata. "Fim do contencioso do algodão: lições de uma disputa na OMC". RBCE Funcex, n. 122, Janeiro/Março 2015. Disponível em: http://www.funcex.org.br/publicacoes/rbce/material/rbce/122_WBRA.pdf. Acesso em: 10 abr. 2021.

BARU, Sanjaya. "Geo-economics and Strategy." Survival: Global Politics and Strategy, 54:3, 2017. 47-52.

BAUMANN, Renato. "Os novos bancos de desenvolvimento: independência conflitiva ou parcerias estratégicas." Revista de Economia Política, v. 37, n. 2 (147), p. 287-303, abril-junho/2017.

BBC. Covid vaccine update: Those that work — and the others on the way. Disponível em: https://www.bbc.com/news/health-51665497. Acesso em: 15 abr. 2021.

BERGSTEN, C Fred. "The dollar and the deficits- how Washington can prevent the next crisis." Foreign Affairs, v. 88, n. 6, November/December, 2019. p. 19-38.

BLACKWILL, Robert D.; HARRIS, Jennifer M. War by other means-geoeconomics and statecraft. Bleknap Press: Cambridge, Massachusetts, London, 2016.

BIJIAN, Zheng. "China's 'Peaceful Rise' to Great-Power Status." Foreign Affairs, v. 84, n. 5 (Sep.–Oct., 2005), p. 18-24.

BOBBIO, Norberto; MATTEUCCI, Nicola; PASQUINO, Gianfranco. Dicionário de Política. Brasília. Ed. UnB, v. 1, 1998.

BRESSER-PEREIRA, Luiz Carlos. Em busca do desenvolvimento perdido — um projeto neo-desenvolvimentista para o Brasil. Rio de Janeiro: FGV Editora, 2018.

BRICS: estudos e documentos/Renato Baumann et al. Brasília: FUNAG, 2015.

BRICS INFORMATION CENTRE. "I BRIC Summit Joint statement." Disponível em: http://www.brics.utoronto.ca/docs/090616-leaders.html. Acesso em: 15 nov. 2018.

BRZEZINSKI, Zbigniew. América: laboratório do mundo — a era tecnetrônica & o desafio universal. Rio de Janeiro: Ed. Artenova, 1971.

BRZEZINSKI, Zbigniew. O grande desafio EUA-URSS. Rio de Janeiro: Nórdica, 1986.

BRZEZINSKI, Zbigniew. O grande fracasso — o nascimento e morte do comunismo no século XX. Rio de Janeiro: Ed. Record, 1989.

BRZEZINSKI, Zbigniew. Out of Control. New York: Touchstone, 1995.

BRZEZINSKI, Zbigniew. The grand chessboard- American primacy and its geostrategic imperatives. Nova York: Basic Books, 1997.

BRZEZINSKI, Zbigniew. Strategic Vision — America and the crisis of global power. Nova York: Basic Books, 2012.

BULL, Hedley. A sociedade anárquica. Brasília/ São Paulo: Ed. UnB/ IPRI? Imprensa Oficial do Estado, 2002.

CARR, E.H. Vinte anos de Crise — 1919-1939. Brasília: IPRI/IMESP/FUNAG, 2001.

CASARÕES, Guilherme. "Eleições, política externa e os desafios do novo governo brasileiro." Pensamiento Proprio, 49-50, 2019. p. 231-254.

CASARÕES, Guilherme; MAGALHÃES, David. "The hydroxychloroquine alliance: how far-right leaders and alt-science preachers came together to promote a miracle drug." BRAZILIAN JOURNAL OF PUBLIC ADMINISTRATION, 55 (1), Jan.–Feb, 2021. p. 197-214.

CHADE, Jamil. "Em ato histórico, Biden apoia quebra de patente de vacinas; Brasil é contra." Disponível em: https://noticias.uol.com.br/colunas/jamil-chade/2021/05/05/em-ato-historico-biden-apoia-quebra-de-patente-de-vacinas-brasil-e-contra.htm. Acesso em: 05 mai. 2021.

CHITTY, Naren; JI, Li; RAWNSLEY, Gary D.; HAYDEN, Craig (ed.). The Routledge handbook of soft power. Nova York: 2017.

CHIU Dominic. "The East is green: China´s global leadership in renewable energy." Disponível em: https://csis-website-prod.s3.amazonaws.com/s3fs-public/171011_chiu_china_Solar.pdf?i70f0uep_pGOS3iWhvwUlBNigJMcYJvX. Acesso em: 15 abr. 2021.

CHODOR, Tom. Neoliberal hegemony and the pink tide in Latin America-breaking up with TINA? London: Palgrave Macmillan, 2015.

CHURCHILL, Winston. Sinews of peace. Westmisnter College, 1946. Disponível em: https://winstonchurchill.org/resources/speeches/1946-1963-elder statesman/the-sinewsof-peace/. Acesso em: 01 mar. 2021.

COMUNICADO MINISTERIAL DO GRUPO DOS 20 in GARCIA, Eugênio Vargas (Org.). Diplomacia Brasileira e Política Externa — Documentos Históricos 1493-2008. Rio de Janeiro: Ed. Contraponto/FUNAG, 2008. (Ata de Iguaçu, Tratado de Assunção, Comunicados, Declaração de Brasília IBAS, dentre outros.)

COOK, Stephen A. "No exit- Why the Middle East still matters to America." Foreign Affairs, v. 99, n. 6, November/December, 2020. p. 132-142.

COSTA, Wanderley Messias. Geografia Política e Geopolítica: Discursos sobre o Território e o Poder. São Paulo: Ed. Hucitec, 1992.

COSTA, Darc. Estratégia Nacional: A Cooperação Sul-Americana para a Inserção Internacional do Brasil. Porto Alegre, L&PM, 2003.

COZENDEY, C. M. "O pedido de acessão do Brasil à OCDE: aceder a quê? Aceder por quê?" Revista Brasileira de Comércio Exterior, ano 31, n. 132, p. 26-32, jul./ago./set. 2017.

COX, Robert. "Social Forces, States and World Orders: Beyond International Relations Theory." In: KEOHANE, Robert O. (ed.). Neorealism and its critics. Nova York: Columbia University Press, 1986. p. 158-293.

DAHL, Robert A. Um prefácio à teoria democrática. Rio de Janeiro: Zahar, 1996.

DODDS, Karl. Geopolitics — a very short introduction. Oxford: OUP, 2007.

ENLAI, Zhu. Citation: "Main Speech by Premier Zhou Enlai, Head of the Delegation of the People's Republic of China, Distributed at the Plenary Session of the Asian-African Conference", April 19, 1955, History and Public Policy Program Digital Archive, Translation from China and the Asian-African Conference (Documents) (Peking: Foreign Languages Press, 1955), 9-20. Disponível em: http://digitalarchive.wilsoncenter.org/document/121623. Acesso em: 10 abr. 2021.

FAO. Food and Agriculture Organization of the United Nations. What We do Fao. Disponível em: http://www.fao.org/about/what-we-do/en/. Acesso em: 10 nov. 2015.

FARIAS, Rogério de Souza. "O Brasil e a OMC." In: Política externa brasileira em debate: dimensões e estratégias de inserção internacional no pós-crise de 2008/organizadores: Walter Antonio Desiderá Neto et al. Prefácio de Rubens Barbosa. Brasília: Ipea: Funag, 2018. p. 103-134.

FLORÊNCIO, Sérgio Abreu e Lima; SEYFFARTH, Anamélia Soccal. "OCDE: o ponto de inflexão necessário na política externa brasileira." In: DESIDERÁ NETO, Walter Antonio et al. Política externa brasileira em debate: dimensões e estratégias de inserção internacional no pós-crise de; prefácio de Rubens Barbosa. Brasília: Ipea: Funag, 2018. p. 189- 210.

FÓRUM CHINA-CELAC. Fórum China-Celac- novas oportunidades de desenvolvimento — discurso do Embaixador Li Jinzhang em 21 de Janeiro de 2018. Disponível em: http://www.chinacelacforum.org/esp/ltdt_2/t1527418.htm. Acesso em: 20 jul. 2018.

FRANCE´S NEXT REVOLUTION. A conversation with Marine Le Pen. Foreign Affairs, v. 95, n. 6, November/December, 2016, p. 2-8.

G1. "Veja a íntegra do discurso de Jair Bolsonaro na Cúpula de Líderes sobre o Clima." Disponível em: https://g1.globo.com/politica/noticia/2021/04/22/veja-a-integra-do-discurso-de-jair-bolsonaro-na-cupula-de-lideres-sobre-o-clima.ghtml. Acesso em: 28 abr. 2021.

GADDIS, John Lewis. We now know. Oxford: Clarendon Press, 1998.

GELDENHUYS, Deon. "O Estado Islâmico (EI): Um Estado contestado único." Austral: Revista Brasileira de Estratégia e Relações Internacionais, v. 6, n. 12, Jul./Dez. 2017, p. 9-37. Disponível em: https://seer.ufrgs.br/austral/article/view/79159/47671. Acesso em: 10 out. 2018.

GILPIN, Robert. A economia política das relações internacionais. Brasília: Ed. UnB, 2002.

GODINHO, Rodrigo de Oliveira. A OCDE em rota de adaptação ao cenário internacional: perspectivas para o relacionamento do Brasil com a Organização. Brasília: FUNAG, 2018.

GRAÇA LIMA, José Alfredo. "VI Cúpula dos BRICS: Perspectivas e Resultados." In: Cadernos de Política Exterior/Instituto de Pesquisa de Relações Internacionais. v. 1, n. 1 (mar. 2015). [Brasília]: FUNAG, 2015. p. 11-26.

GRAMER, Robbie; JOHSON, Keith. "Tillerson praises Monroe Doctrine, warns Latin America of Imperial Chinese ambition." Disponível em: https://foreignpolicy.com/2018/02/02/tillerson-praises-monroe-doctrine-warns-latin-america-off-imperial-chinese-ambitions-mexico-south-america-nafta-diplomacy-trump-trade-venezuela-maduro/. Acesso em: 05 mai. 2019.

GRYGIEL, Jakub J. Great powers and geopolitical change. Baltimore: The Johns Hopkins University Press, 2006.

GUIMARÃES, Samuel Pinheiro. Quinhentos anos de periferia: uma contribuição ao estudo da política internacional. Porto Alegre/Rio de Janeiro: Ed. da Universidade/UFRGS/Contraponto, 1999.

HALLIDAY, Fred. Repensando as Relações Internacionais. Ed. UFRGS: Porto Alegre, 1999.

HALLIDAY, Fred. Two hours that shook the world. London: Al Saqi, 2002.

HAMRE, John. Statement. Disponível em: https://www.csis.org/ statement-dr-john-j-hamre-csis-president-and-ceo. Acesso em: 26 mai. 2017.

HAUSHOFER, Karl. "Why Geopolitik?", 1942. In: TUATHAIL, Gearóid Ó; DALBY, Simon; ROUTLEDGE, Paul (ed.). The geopolitics reader. London and New York: Routledge, 1998. p. 33-35.

HERWIG, Holger H. "Geopolitik: Haushofer, Hitler and Lebensraum" in GRAY, Colin S.; SLOAN, Geoffrey R. Geopolitics, geography and strategy. New York: Routledge, 2013. p. 218-241.

HERZ, Monica; HOFFMAN, Andrea Ribeiro; TABAK, Jana. Organizações Internacionais-História e Práticas. Rio de Janeiro: Ed. Campus Elsevier, 2015.

HIRST, Monica Ellen Seabra. "Potências emergentes e negociações de paz: a experiência brasileira nas conversações nucleares com o Irã." Austral: Revista Brasileira de Estratégia e Relações Internacionais. v. 8, n. 15. p. 68-93, 2019.

HOBSBAWM, Eric. Nações e nacionalismo desde 1780. São Paulo: Ed. Paz e Terra, 1990.

HOFFMANN, Stanley. "An American Social Science: International Relations." Daedalus, v. 106, n. 3, Discoveries and Interpretations: Studies in Contemporary Scholarship, v. I (Summer, 1977), p. 41- 60.

HORIMOTO, Takenori. "Explaining India's Foreign Policy: From Dream to Realization of Major Power." International Relations of the Asia-Pacific, v. 17, 2017. p. 463-496.

HUMPREYS, Keith; CAULKINS, Jonathan P.; FELBAB-BROWN, Vanda. "Opioids of the masses — stopping an American epidemic from going global. Foreign Affairs, v. 97, n. 3, May/June, 2018. p. 117-129.

HUNTINGTON, Samuel P. O choque de civilizações e a recomposição da ordem mundial. Rio de Janeiro: Objetiva, 1997.

HUNTINGTON, Samuel P. "The lonely superpower." Foreign Affairs, v. 78, n. 2, March/April, 1999. p. 35-49.

IMF. World Economic Outlooks Report. Disponível: https://www.imf.org/en/Publications/WEO. Acesso em: 10 abr. 2021.

INDYK, Martin. "Trump's Accidental Diplomacy in the Middle East-How a Botched Peace Plan Produced the Abraham Accord." Disponível em: https://www.foreignaffairs.com/articles/middle-east/2020-08-19/trumps-accidental-diplomacy-middle-east. Acesso em: 10 abr. 2021.

ISTO É. "Brasil paga o dobro da UE por vacinas de Oxford/AstraZeneca contra a Covid-19." Disponível em: https://istoe.com.br/brasil-paga-o-dobro-da-ue-por-vacinas-de-oxford-astrazeneca-contra-a-covid-19/. Acesso em: 20 mar. 2021.

IKENBERRY, John G. Liberal Leviathan: The Origins, Crisis, and Transformation of the American World Order. Princeton University Press: Nova York, 2012.

JAEGER, Bruna Coelho; BRITES, Pedro V. F. "Geoeconomics in the light of International Political Economy: a theoretical discussion." Brazilian Journal of Political Economy, v. 40, n. 1, p. 22-36, January-March/2020.

JAFFE, Amy Myers. Green giant — renewable energy and Chinese power. Foreign Affairs, v. 97, n. 2, March/April, 2018. p. 82-93.

JOFFE, Josef. "How America does it." Foreign Affairs, v. 76, n. 5, September/October, 1997. p. 13-27.

JOHNSON, Chalmers. The Sorrows of Empire. Nova York: Metropolitan Books, 2004.

KAPLAN, Robert. A vingança da geografia. Rio de Janeiro: GEN, 2013.

KAPLAN, Robert. The return of Marco Polo´s World: War, Strategy and America Interests in the twenty-first century. London: Random House, 2019.

KATAGIRI, Nori. "Shinzo Abe's Indo-Pacific Strategy: Japan's recente achievement and future direction." Asian Security, May, 2019. p. 1-22.

KENNEDY, Paul. Ascensão e queda das grandes potências. Campus, Rio de Janeiro, 1991.

KEOHANE, Robert O. After hegemony. Princeton: Princeton University Press, 1984.

KEOHANE, Robert O.; NYE JR., Joseph S. Power and interdependence. Scott, Foresman and Company, 2ª ed., 1989.

KISSINGER, Henry. Diplomacy. Simon and Schuster, NY, 1994.

KISSINGER, Henry. On China. New York: Penguin Press, 2011.

KLARE, Michael T. Resource wars. New York: Owl Books Edition, 2002.

KRAUTHAMMER, Charles. The unipolar moment. Foreign Affairs, v. 70, n. 1, Winter, 1990/1991. p. 23-33.

LAGO, André Aranha Côrrea do. Estocolmo, Rio, Joanesburgo — O Brasil e as Três Conferências Ambientais das Nações Unidas. Brasília: IRBr/FUNAG, 2006.

LAYNE, Christopher. The peace of illusions- American Grand Strategy from 1940 to the Present. Cornell University Press. Ithaca and London, 2007.

LEVITSKY, Steven e Ziblatt, Daniel. Como as democracias morrem. Rio de Janeiro: Zahar Ed., 2018.

LIMA, Thiago. Brazil's Humanitarian Food Cooperation: From an Innovative Policy to the Politics of Traditional Aid. AGRARIAN SOUTH: JOURNAL OF POLITICAL ECONOMY, v. 9, 2020.

LONSDALE, David J. "Information power: strategy, geopolitics and the fifth dimension." In: GRAY, Colin S.; SLOAN, Geoffrey R. Geopolitics, geography and strategy. Nova York: Routledge, 2013. p. 137-157.

LYNCH, Marc. "The Arab uprisings never ended." Foreign Affairs, v. 100, n. 1, January/February, 2021. p. 110-122.

LUTTWAK, EDWARD. "From Geopolitics to Geo-Economics: Logic of Conflict, Grammar of Commerce." In: TUATHAIL, Gearóid Ó; DALBY, Simon; ROUTLEDGE, Paul (ed.). The geopolitics reader. London and New York: Routledge, 1998. p. 125-130.

LYRIO, Mauricio Carvalho. A ascensão da China como potência: fundamentos políticos internos. Brasília: Ed. FUNAG, 2010.

MACKINDER, H. J. The geographical pivot of history. London: Cosimo Books, 2020.

MACKINDER, H. J. Democratic Ideals and Reality: A study in the politics of reconstruction. New York: Henry Holt, 1919.

MACKINDER, H. J. "The round world and the winning of the peace." Foreign Affairs, acervo online, 1943. Disponível em: https://www.foreignaffairs.com/articles/1943-07-01/round-world-and-winning-peace. Acesso em: 25 mar. 2021.

MARKOV. Serguei. "Rússia na mais importante etapa política das eleições parlamentares de 2007 e presidenciais de 2008." In: Seminário de Rússia-Conferência Nacional de Política Externa e Política Internacional (2ª: Rio de Janeiro, 2007): O Brasil no mundo que vem aí. Seminário: Rússia. Brasília: Fundação Alexandre de Gusmão, 2008, p. 21-47.

MEARSHEIMER, John. Back to the future — Instability in Europe after the Cold War. International Security, v. 15, n. 1, Summer, 1990.

MEARSHEIMER, John. The tragedy of great power politics. W. W. Norton & Company, NY, 2003.

MEARSHEIMER, John J. "Bound to fail- the rise and fall of the liberal international order." International Security, v. 43, n. 4 (Spring, 2019), p. 7–50.

MELLO, Leonel Itaussu. Quem tem medo da geopolítica. São Paulo: Hucitec/Edusp, 1999.

MILAN, Marcelo. "The financial crisis and the dollar hegemony." Austral, 1 (1) Janeiro/Junho 2012. Disponível em: http://seer.ufrgs.br/austral/article/view/27996/18019. Acesso em: 25 jun. 2012, p. 125-140.

MILAN, Marcelo. "Restauração oligárquica e retomada neoliberal plena: um ensaio sobre as origens das crises gêmeas e do golpe de Estado de 2016 no Brasil." Austral: Revista Brasileira de Estratégia e Relações Internacionais, v. 5, n. 9, Jan./Jun, 2016. p. 76-119.

MORGENTHAU, Hans J. "Bretton Woods and International Cooperation". Foreign Affairs online. Disponível em: https://www.foreignaffairs.com/articles/1945-01-01/bretton-woods-and-international-cooperation. Acesso em: 20 mar. 2021.

MUKHERJEE, Rohan; MALONE, David M. "Indian foreign policy and contemporary security challenges." International Affairs, v. 87, n. 1 (January, 2011), p. 87-104.

MÜLLER, Jan-Werner. "False Flags- The Myth of the Nationalist Resurgence." Foreign Affairs, v. 98, n. 2, March/April, 2019. p. 35-41.

MYERS, Margaret; WISE, Carol (ed.). The political economy of China-Latin American relations in the new millennium — brave new world. New York: Routledge, 2017.

NERINT. DOSSIÊ ESPECIAL. "Pandemias e Relações Internacionais: contribuição para uma análise estratégica." Disponível em: https://www.ufrgs.br/nerint/pandemias/. Acesso em: 16 abr. 2020.

NYE Jr., Joseph S. Bound to lead. Basic Books: Nova York, 1990.

NYE Jr., Joseph S. Soft power — the means to success in world politics. Public Affairs: New York, 2005.

NYE Jr., Joseph S. The powers to lead. Oxford: OUP, 2008.

NYE Jr., Joseph S. The future of power. Public Affairs: New York, 2011.

OAS. NAÇÕES UNIDAS. DECLARAÇÃO DO MILÊNIO. Disponível em: https://www.oas.org/dil/port/2000%20Declara%C3%A7%C3%A3o%20do%20Milenio.pdf. Acesso em: 13 abr. 2021.

ODM Brasil. Disponível em: http://www.odmbrasil.gov.br/os-objetivos-de-desenvolvimento-do-milenio. Acesso em: 10 abr. 2021.

ODS. Disponível em: http://www.itamaraty.gov.br/pt-BR/politica-externa/desenvolvimento-sustentavel-e-meio-ambiente/134-objetivos-de-desenvolvimento-sustentavel-ods. Acesso em: 10 abr. 2021.

OLIVEIRA, Marcelo Fernandes de. "Multilateralismo, Democracia e Política Externa no Brasil: Contenciosos das Patentes e do Algodão na Organização Mundial do Comércio (OMC)." Contexto Internacional, v. 29, n. 1, janeiro/junho 2007, p. 7-38.

OLIVEIRA, Thiago Godoy Gomes; LEITE, Lucas Amaral Batista. "O futuro não pertence aos globalistas: Donald Trump e a instrumentalização política do nacionalismo." Rev. Conj. Aust. v. 12, n. 57 | jan.–mar., 2021.

OLIVEIRA, Jose A. Puppim de; BARABASHEV, Alexey G; TAPSCOTT, Christopher; THOMPSON, Lisa Ingrid; QIAN, Haoqi. "The role of intergovernmental relations in response to a wicked problem: an analysis of the COVID-19 crisis in the BRICS countries." BRAZILIAN JOURNAL OF PUBLIC ADMINISTRATION, 55(1), Jan.–Feb., 2021, p. 243-260.

OLSON, Mancur. The logic of collective action — public action and the theory of goods. London: Harvard University Press. 2ª ed., 1971.

OPEN SECRETS. Campaign Financing. Disponível em: https://www.opensecrets.org/2020-presidential-race/donald-trump/contributors?cycle=2020&id=N00023864&src=o&type=f e em: https://www.opensecrets.org/2020-presidential-race/joe-biden/candidate?id=N00001669. Acesso em: 10 abr. 2021.

OVERTVEDLT, Johan Van. O fim do euro. Rio de Janeiro: Ed. Elsevier, 2012.

PADULA, Raphael. Economia Política Internacional da Saúde, autonomia estratégica e segurança nacional. Carta Internacional, 12(2), 174-196. 2017.

PADULA, Raphael. O pensamento geoestratégico e os documentos estratégicos dos Estados Unidos no pós-Guerra Fria. Rev. Carta Inter., Belo Horizonte, v. 13, n. 2, 2018, p. 31-55.

PADULA, Raphael; FONSECA, Felipe de Carvalho Borges. "BRICS: potencialidades de cooperação e papel na governança global de saúde no contexto da pandemia." Saúde em Debate, v. 44, Número Especial, Dez., 2020. p. 40-61.

PAUTASSO, Diego. "Desenvolvimento e poder global da China: a política Made in China 2025." Austral: Brazilian Journal of Strategy & International Relations, v. 18, p. 183-198, 2019.

PECEQUILO, Cristina Soreanu. A política externa dos EUA. Porto Alegre: Ed. UFRGS. 3ª ed., 2011.

PECEQUILO, Cristina Soreanu. Teoria das Relações Internacionais. Rio de Janeiro: Ed. Alta Books, 2016.

PECEQUILO, CRISTINA SOREANU. Geopolítica e Geoeconomia: história e atualidade no pensando de Zbgniew Brzezinski. Revista da Escola de Guerra Naval, v. 23, p. 554-588, 2017.

PECEQUILO, CRISTINA SOREANU. Zbgniew Brzezinski: Estratégia e Prática. In: Leonardo Ramos; Marcos Costa Lima; Rafael Duarte Villa. (Org.). Teóricos das Relações Internacionais II. Recife: FASA, 2021, v. 1, p. 51-80.

PECEQUILO, Cristina Soreanu e CARMO, Corival Alves do. O Brasil e a América do Sul. Rio de Janeiro: Ed. Alta Books, 2015.

POH, Angela and LI, Mingjiang. "A China in transition: the rhetoric and substance of Chinese foreign policy." Asian Security, 13:2, 2017.

RAMOS, Leonardo. "Potências médias emergentes e reforma da arquitetura financeira mundial?: Uma análise do BRICS no G20." Rev. Sociol. Polit., Curitiba, v. 22, n. 50, p. 49-65, June 2014. Disponível em: http://www.scielo.br/scielo.php?script=sci_arttext&pid=S0104-44782014000200005&lng=en&nrm=iso. Acesso em: 04 dez. 2018.

REINHART, Carmen; REINHART, Vincent. The crisis next time — what we should have learned form 2008. Foreign Affairs, v. 97, n. 6, November/December, 2018. p. 83-96.

REIS, Maria Edileuza Fontenele. "BRICS: surgimento e evolução." In: PIMENTEL, José Vicente de Sá (Org.). O Brasil, os BRICS e a agenda internacional / Apresentação do Embaixador José Vicente de Sá Pimentel. 2ª ed. rev. ampl. Brasília: FUNAG, 2013. p. 47-71.

RINALDI, A. L.; PECEQUILO, CRISTINA SOREANU. The Contemporary World Order, BRICS and the R2P+ Principle: the Cases of Brazil and China (2005/2017). COLOMBIA INTERNACIONAL, v. 1, p. 3-28, 2021.

ROLLAND, Nadège. "A China–Russia Condominium over Eurasia", Survival, 61:1, 7-22, 2019.

RUGGIE, John Gerard. Winning the Peace. Nova York: Columbia University Press, 1996.

SAKWA, Richard. Russian politics and society. London: Routdledge, 4ª ed., 2008.

SCANDIUCCI FILHO, José Gilberto. "O BRASIL E O G20 (2008-2015)." In: DESIDERÁ NETO, Walter Antonio et al. Política externa brasileira em debate: dimensões e estratégias de inserção internacional no pós-crise de; prefácio de Rubens Barbosa. Brasília: Ipea: Funag, 2018.

SEGRILLO, Angelo. "A Nova Rússia: balanço e desafios." In: Conferência Nacional de Política Externa e Política Internacional — II CNPEPI, Rio de Janeiro: 2007: o Brasil no mundo que vem aí. Brasília: Fundação Alexandre de Gusmão, 2008, p. 89-105.

SCHWARTZ, Peter. The art of the long view. New York: Doubleday, 1991.

SCHMITT, Carl. O conceito do político. Belo Horizonte: Delrey Editora, 2009.

SCHOLVIN, Soren; WIGELL, Mikael. "Geo-economic power politics: an introduction." In: WIGELL, Mikael, SCHOLVIN, Soren and AALTOLA, Mika. Geoeconomics and power politics in the 21st century. London and New York: Routledge, 2019. p. 1-13.

SILVA, J. G. da; BELIK, W.; TAKAGI, M. Para os críticos do fome zero. In: SILVA, J. G. da; DEL GROSSI, M. E.; FRANÇA, C. G. de. (Org.). Fome Zero: a experiência brasileira. Brasília: MDA, 2010. p. 39-52.

SLOAN, Geoffrey R.; GRAY, Colin S. "Why Geopolitics?" In: GRAY, Colin S. and SLOAN, Geoffrey R. Geopolitics, geography and strategy. New York: Routledge, 2013. p. 1-11.

SLOAN, Geoffrey. "Sir Halford Mackinder: The heartland theory them and now." In: GRAY, Colin S. and SLOAN, Geoffrey R. Geopolitics, geography and strategy. New York: Routledge, 2013. p. 15-38.

SPYKMAN, Nicholas J. The Geography of the Peace. London: Harcourt Brace & Co, 1944.

SPYKMAN, Nicholas J. America's Strategy in World Politics. New York: Routledge, 1942.

STEWART, Patrick. "When the system fails- COVID-19 and the costs of global dysfunction." Foreign Affairs, v. 99, n. 4, July/August, 2020. p. 39-50.

STRANGE, Susan. States and markets. London, Continuum, 1994.

SUMIDA, Jon. "Alfred Thayer Mahan, Geopolitician." In: GRAY, Colin S. and SLOAN, Geoffrey R. Geopolitics, geography and strategy. New York: Routledge, 2013. p. 39-62.

TEIXEIRA, Tatiana. Os think tanks e sua influência na política externa dos EUA. Rio de Janeiro: Revan, 2007.

TORRES, Ernani Teixeira. Poder Monetário Estrutural: do padrão ouro ao dólar flexível. Economia e Sociedade, Campinas, v. 28, n. 3 (67), p. 621-639, set.-dez., 2019.

THE STATE COUNCIL. THE PEOPLE'S REPUBLIC OF CHINA. 2-11. "China's Peaceful Development." Disponível em: http://english.www.gov.cn/archive/white_paper/2014/09/09/content_281474986284646.htm. Acesso em: 10 mar. 2021.

THE STATE COUNCIL. THE PEOPLE'S REPUBLIC OF CHINA. 2015. Full text: Action plan on the Belt and Road Initiative. Disponível em: http://

english.www.gov.cn/archive/publications/2015/03/30/content_281475080249035.htm. Acesso em: 10 mar. 2021.

THE WHITE HOUSE. Interim Strategic Guidance. Disponível em: https://www.whitehouse.gov/wp-content/uploads/2021/03/NSC-1v2.pdf. Acesso em: 23 mar. 2021.

THE WHITE HOUSE. Biden´s Inaugural Address. January 20th, 2021. Disponível em: https://www.whitehouse.gov/briefing-room/speeches-remarks/2021/01/20/inaugural-address-by-president-joseph-r-biden-jr/. Acesso em: 20 fev. 2021.

THE WHITE HOUSE. The American´s job plan. Disponível em: https://www.whitehouse.gov/briefing-room/statements-releases/2021/03/31/fact-sheet-the-american-jobs-plan/. Acesso em: 20 abr. 2021.

THE WHITE HOUSE. Remarks by President Biden at the Virtual Leaders Summit on Climate Session 5: The Economic Opportunities of Climate Action. Disponível em: https://www.whitehouse.gov/briefing-room/speeches-remarks/2021/04/23/remarks-by-president-biden-at-the-virtual-leaders-summit-on-climate-session-5-the-economic-opportunities-of-climate-action/. Acesso em: 20 abr. 2021.

THE WHITE HOUSE PRESIDENT BARACK OBAMA. FACT SHEET: U.S.-Africa Cooperation on Trade and Investment Under the Obama Administration. Disponível em: https://obamawhitehouse.archives.gov/the-press-office/2016/09/21/fact-sheet-us-africa-cooperation-trade-and-investment-under-obama. Acesso em: 20 abr. 2021.

THE WHITE HOUSE. National Security Strategy. Washington, 2010. Disponível em: http://www.whitehouse.gov/sites/default/files/rss_viewer/national_security_strategy.pdf. Acesso em: 10 jun. 2013.

THE WHITE HOUSE. National Security Strategy, 2017. Washington. Disponível em: https://www.whitehouse.gov/wp-content/uploads/2017/12/NSS-Final-12-18-2017-0905.pdf. Acesso em: 20 abr. 2021.

THE WHITE HOUSE. "National Strategy to Secure 5G of the United States of America". 2020. Disponível em: https://www.whitehouse.gov/wp-content/uploads/2020/03/National-Strategy-5G-Final.pdf. Acesso em: 05 ago. 2020.

TRENIN, Dmitri. Getting Russia right. Washington: Carnegie Endowment for International Peace, 2007.

TRENIN, Dmitri. "20 Years of Vladimir Putin. How Russia foreign policy has changed." Moscow Times, 2019.

TUATHAIL, Gearóid Ó. "Thinking Critically About Geopolitics." In: TUATHAIL, Gearóid Ó, DALBY, Simon and ROUTLEDGE, Paul (ed.). The geopolitics reader. London and New York: Routledge, 1998. p. 15-25.

UNIFESP. Telessaúde- Qual a diferença? Disponível em: https://www.telessaude.unifesp.br/index.php/dno/redes-sociais/159-qual-e-a-diferenca-entre-surto-epidemia-pandemia-e-endemia. Acesso em: 16 abr. 2021.

UK GOVERNMENT. NATIONAL STATISTICS. Disponível em: https://www.gov.uk/government/statistics/immigration-statistics-october-to-december-2017/how-many-people-do-we-grant-asylum-or-protection-to#:~:text=Including%20dependants%2C%20the%20number%20of,(under%2018%20years%20old). Acesso em: 10 abr. 2021.

US CONGRESS. America's rescue plan. Disponível em: https://www.congress.gov/117/bills/hr1319/BILLS-117hr1319enr.pdf. Acesso em: 15 abr. 2021.

VAISSE, Justin. "Zbig, Henry, and the New US Foreign Policy Elite." In: GATI, Charles (ed.). Zbig- the strategy and statecraft of Zbigniew Brzezinski. Baltimore: The Johns Hopkins University Press, 2013.

VANGELI, Anastas. "A Framework for the Study of the One Belt One Road Initiative as a Medium of Principle Diffusion." In: XING, Li (ed.). Mapping China's One Belt, One Road Initiative. Cham: Palgrave MacMillan, 2019.

VENIER, Pascal. "Main currents in geopolitical though in the twentieth century." L'Espace Politique. Disponível em: https://journals.openedition.org/espacepolitique/1714. Acesso em: 10 mar. 2021.

VENTURA, Deisy de Freitas Lima; BUENO, Flávia Thedim Costa. "De Líder a Paria de la Salud Global: Brasil Como Laboratorio Del 'Neoliberalismo Epidemiológico'." Ante La COVID-19. Foro Internacional (FI), LXI, 2021, n. 2, cuad. 244, 427-467.

VISENTINI, Paulo Fagundes. O Grande Oriente Médio — da descolonização à Primavera Árabe. Rio de Janeiro: Elsevier, 2014.

VISENTINI, Paulo Fagundes. "Eixos do poder mundial no século XXI: uma proposta analítica". Austral: Revista Brasileira de Estratégia e Relações Internacionais. v. 8, n. 15, Jan./Jun., 2019. p. 9-25.

VISENTINI, Paulo Fagundes. O regime militar e a projeção mundial do Brasil- Autonomia nacional, desenvolvimento econômico e potência média. 1. ed. São Paulo: Ed. Almedina, 2020. v. 1. 344 p.

VISENTINI, Paulo Fagundes. O eixo e a URSS na Guerra Mundial: diálogo com a narrativa histórica anglo-americana. Porto Alegre: Ed. Leitura XXI/Nerint-UFRGS, 2020. v. 1. 200 p.

VISENTINI, Paulo Fagundes. As grandes potências e os conflitos mundiais. Rio de Janeiro: Alta Cult, 2021.

VISENTINI, Paulo Fagundes. Por que o Socialismo Ruiu? De Berlim a Moscou (1989-1991). São Paulo: Ed. Almedina, 2021.

US DEPARTMENT OF DEFENSE. Fact Sheet: 2022 National Defense Strategy, Disponível em: https://media.defense.gov/2022/Mar/28/2002964702/-1/-1/1/NDS-FACT-SHEET.PDF. Acesso em: 12 mai. 2022.

WALLERTSEIN, Immanuel. Geopolitica y Geocultura- ensayos sobre el moderno sistema mundial. Barcelona: Editorial Kairós, 2007.

WALT, Stephen. Taming American power. Nova York: W.W Norton & Company, 2006.

WAPMUK, Sharkdam; AKINKWOTU, Oluwatooni. "As dinâmicas da África nas relações mundiais: do afropessimismo para o afro-otimismo." Revista Brasileira de Estudos Africanos, v. 2, n. 4, Jul./Dez., 2017. p. 11-31. Disponível em: https://seer.ufrgs.br/rbea/article/view/75450/47101. Acesso em: 10 out. 2018.

WEBER, Max. Ensaios de Sociologia. Rio de Janeiro: LTC Editora, 5ª ed., 1982.

WEFFORT, Francisco. O populismo na política brasileira. São Paulo: Ed. Paz e Terra, 2008.

WHO. The Access to COVID-19 Tools (ACT) Accelerator. Disponível em: https://www.who.int/initiatives/act-accelerator. Acesso em: 10 abr. 2021.

WHO. COVAX OVERVIEW. Disponível em: https://www.who.int/initiatives/act-accelerator/covax. Acesso em: 10 abr. 2021.

WILSON CENTER DIGITAL ARCHIVE. April 14, 1950, National Security Report, NSC-68, , United States Objectives and Programs for National Security. Disponível em: https://digitalarchive.wilsoncenter.org/document/116191.pdf?v=2699956db534c1821edefa61b8c13ffe. Acesso em: 10 mar. 2021.

WORLD BANK. "Gloal economic prospects: darkening skies- Latin America and the Caribbean". Disponível em: http://pubdocs.worldbank.org/en/920371542818427773/Global-Economic-Prospects-Jan-2019-Regional-Overview-LAC.pdf. Acesso em: 27 set. 2019.

WORLD BANK. Disponível em: https://www.worldbank.org/en/home. Acesso em: 13 abr. 2021.

WU, Zhengyu. Classical geopolitics, realism and the balance of power theory, Journal of Strategic Studies, 41:6, 786-823, 2018.

X. "The sources of soviet conduct." Foreign Affairs, 25(4) July 1947. p. 566-582.

XIAOPING, Deng. Selected works of Deng Xiaoping Volume III (1982/1992). Pequim: Foreign Language Press, 1994.

XING, Li (ed.). Mapping China´s One Belt, One Road Initiative. Cham: Palgrave MacMillan, 2019.

ZAKARIA, Fareed. The post American world. NY: WW Norton, 2008.

Índice

Símbolos

5G 226
11/09 77, 79, 80, 118

A

ação coletiva, dilema 25
acordo 123 259
acordo de Marraqueche 110, 118
acordo geral de comércio e tarifas (GATT) 108
   fases 108
acordos internacionais 102
acordo transatlântico de comércio e investimento (TTIP) 89
África
   inclusão na BRI 269
agenda da segurança em saúde global (ASSG) 199
análise de cenários 26
antigeopolítica 71

B

balcãs eurasianos 78
Black Lives Matter 188
bolhas de pensamento 181
bolsa-família 161
BREXIT 232-235
   particularidades do 233
   pós-Brexit 221
BRICS, grupo 126-128, 127, 258
   banco dos 129
   projetos dos 131
   sem a China 131
   trajetória do 127-128

C

capitalismo de Estado de bem-estar (EBE) 147-148
China
  13º Plano Quinquenal da 86
  ascensão da 81, 100
  China 2025 e 2035, planos 151
  competição EUA 226
  Deng Xiaoping 148
  economia socialista de mercado 82
  Estados Unidos e a 214-230
  gestão Xi Jinping 84
  grande periferia chinesa 83
  internacionalização da moeda da 134-135
  interpenetração de mercados 21
  líder em tecnologia 132
  made in China 2025 82
  poder econômico 20
  produção de vacinas 21
  sem os BRICS 131
  Xi Jinping 166
cibernético
  poder 12, 14, 16
  recursos de tipo 12
coexistência competitiva bimultipolar 284
comunidade de destino comum (CDC) 21
condicionalidades, políticas 103
conferência de Bandung 62
conferência de Estocolmo 156
conferência de Viena 155
configuração de poder global
  definição 9
consenso de Beijing 126, 152
Covid-19, pandemia 20, 134, 137, 189, 191, 194, 235, 269, 271, 285
  impactos do BREXIT 185
criptomoedas 97
crise
  de 2008, EUA 141
  dos mísseis em Cuba 62
  do subprime 142
  econômica cíclica 138
  sanitária 137
cúpula do Milênio 159

D

DARPA (Defense Advanced Research Projects Agency) 12
darwinismo social 36
declaração e programa de ação de viena 155
demografia 10
Deng Xiaoping 148
  socialismo de características chinesas 149
depressão de 2008 81
determinismo geográfico 36
doutrina 79
  Carter 67
  de contenção e diretrizes NSC-20 59
  Obama 91
  Truman 59

E

economia socialista de mercado 82
era nuclear 58
escola geopolítica alemã 40
esfera da informação 14
estado de bem-estar (EBE) 145
estados 33-35
  falidos 76
  párias 76
  sistema de 34
estrangulamento (encirclement) 45
eurásia 50
  conquista da 48
  controle da 51-52
  intervencionismo na 50
  projeto de expansão na 80

F

fome-zero, política 161
fórum de cooperação África-China (FOCAC) 266

G

geocultura 17
geoeconomia 77, 95-136
  caso do 5G 226
  instrumentos de poder 102
geoestratégia 38-39
geopolítica 29-94, 72
  geoestratégia 38-39
  geografia 38
  objetos da 30
  ordem de caráter europeu 35
  poder duro 10, 17
  trajetória da 31-32
geopolítica crítica 72
glasnost 247, 250
globalização 36, 99
Grande Depressão 49
grupo de Cairns 110
guerra
  da Coreia 60
  do Afeganistão 61, 80
  do Iraque 75
  do Vietnã 61
  Fria 58, 59
    dimensões eurasianas da 61
  primeira 44

H

Halford J. Mackinder 40
Heartland 46, 49, 60, 83
hiperglobalização 115, 138

I

índice de desenvolvimento humano (IDH) 160
indústria 4.0 13-14, 243
infoesfera 16
instituições multilaterais 102
inteligência
  contextual 25
  emocional 25
interdependência 70-71

internacionalismo multilateral 57
isolacionismo 50

J

jogos de soma zero 25

L

liberalismo interpenetrado 56
líder 24
liderança 22-28
  papel da 9, 22, 27
low intensity conflicts 68

M

Mackinder, Halford J. 40
Mao Tse-Tung 60
marginalização 263
movimento não alinhado 62
multilateralismo 77, 81, 257
  pilares políticos do 265
mundo pós-americano 80

N

nacionalismo, bases do 34
New Deal 147
novas abordagens para desafios econômicos (NAEC) 117-118

O

objetivos do desenvolvimento do milênio (ODM) 159-161
objetivos do desenvolvimento sustentável (ODS) 163
oceano central 47
ordem internacional 35
organização europeia para a cooperação econômica (OCEE) 106

P

padrão ouro-dólar 103
  quebra do 104
parceria transpacífico (TPP) 89

partido comunista chinês (PCCh) 151
pax americana 52, 56, 58, 76, 79-80, 226
    fim da 71
pensamento geoeconômico 99
    primeira geração 99
    quarta geração 100
    segunda geração 99
    terceira geração 99
perestroika 247
PIIGS 143, 235
pivot area 44
plataforma industrie 4.0 13
poder
    cibernético 11-12, 16
    civil global 241
    definição 8
    duro 10-11, 17
    exercer 9
    geopolítico 17
    inteligente 21-22
    tipos de 10
    virtual 15
política das quatro
        modernizações 81-82
populismo 177
porta rotatória 53
primavera árabe 269, 270, 274
    eclosão da 275
proxy wars 68, 87, 220

Q

quarta revolução industrial 13
    Industrie 4.0 13

R

regionalismo aberto 116
relatório Noboru 116-117
reprodução cultural 17
república popular da china (RPC) 60
responsabilidade de proteger (R2P) 91
revoada dos gansos 240
revolução científica-tecnológica
        (RCT) 13

revolução comunista da china 60
revolução cubana 61
revolução incompleta 175
revoluções coloridas 227
Rimland 49, 83
Rio-92 156-157
rodada do desenvolvimento de
        Doha (RDD) 118

S

smart power (poder inteligente) 21
socialismo de características
        chinesas 149
sociedade 5.0 14, 243

T

teoria do Idealismo Wilsoniano 31
terceira revolução industrial 13
think tanks 30
transnacionalização 70-71
tratado
    de Maastricht 183
    de não proliferação nuclear 65
    de Nice 183
    de Utrecht 33
    de Versalhes 44
    de Vestfália 33
    do atlântico norte (OTAN) 60

U

unilateralismo 235
universidade da Guerra Fria 53-54

X

Xi Jinping 85, 166, 215
    gestão de 84

Z

zonas econômicas especiais 82

Projetos corporativos e edições personalizadas
dentro da sua estratégia de negócio. Já pensou nisso?

Coordenação de Eventos
Viviane Paiva
viviane@altabooks.com.br

Contato Comercial
vendas.corporativas@altabooks.com.br

A Alta Books tem criado experiências incríveis no meio corporativo. Com a crescente implementação da educação corporativa nas empresas, o livro entra como uma importante fonte de conhecimento. Com atendimento personalizado, conseguimos identificar as principais necessidades, e criar uma seleção de livros que podem ser utilizados de diversas maneiras, como por exemplo, para fortalecer relacionamento com suas equipes/ seus clientes. Você já utilizou o livro para alguma ação estratégica na sua empresa?

Entre em contato com nosso time para entender melhor as possibilidades de personalização e incentivo ao desenvolvimento pessoal e profissional.

PUBLIQUE SEU LIVRO

Publique seu livro com a Alta Books. Para mais informações envie um e-mail para: autoria@altabooks.com.br

/altabooks   /alta-books   /altabooks   /altabooks

CONHEÇA OUTROS LIVROS DA **ALTA CULT**

Todas as imagens são meramente ilustrativas.

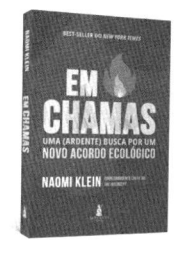